Kimon Riefenstahl

Kimons Griechische Küche

Klassiker neu interpretiert

teNeues

Dieses Buch widme ich

in großer Dankbarkeit

meiner Mutter und meinem Vater

Danai und Otto Riefenstahl.

HALLO
6

FRÜHSTÜCK
10

HONIG
30

GRIECHISCHE SALATE
34

MEZE
42

OLIVENÖL
100

PASTA & REIS
102

DER GOTT DES WEINS
114

HAUPTGERICHTE
116

FLEISCH
120

VOM BOOT FRISCH AUF DEN TISCH
144

FISCH & MEERESFRÜCHTE
146

SUPPEN
174

DESSERTS
188

COCKTAILS
210

FÜR DIE VORRATSKAMMER
222

WIEDERSEHEN
232

REGISTER
236

IMPRESSUM
240

Hallo

Ich bin Kimon. Ich bin kein Meisterkoch. Kein Vorbild. Keine Ikone. Sie sollen nach der Lektüre dieses Buches nicht zu mir aufschauen. Mein Leben ist genauso bodenständig und turbulent wie Ihres. Ich bin ein offener Mensch und heiße Sie in meiner Welt willkommen. Vielleicht meinen Sie, als Autor eines Kochbuchs bräuchte ich eine professionelle Ausbildung, revolutionäre Rezepte oder eine gewisse Berühmtheit. Vielleicht würde ich Ihnen sogar recht geben, aber in meinem Fall lägen wir beide falsch. Viel wichtiger sind echte Leidenschaft, Geduld und fantastische Menschen, die mich bestärken. Ich brauche Selbstvertrauen und den festen Glauben, dass die Leser meine Geschichte hören möchten. Von mir.

Mein Buch fängt ein, was mir am Herzen liegt. Ich liebe es, Mahlzeiten gemeinsam zuzubereiten, bei einem Glas Wein am Tisch zu sitzen, in Ruhe einzukaufen und mich an guten Rezepten zu erfreuen.

Ich möchte Ihren Horizont in Sachen Ernährung erweitern, Sie dazu ermutigen, neue Geschmacksrichtungen zu probieren und Momente der Gastlichkeit zu erleben, die zu Ihren schönsten Erinnerungen werden. Ich möchte nicht für eine bestimmte Ernährungsweise werben oder Ihnen sagen, was Sie essen sollen. Nahrung ist nicht nur das, was man isst, sondern auch das, was man liest, was man kauft und mit wem man sich umgibt. Nahrung ist alles, was wir unserem Körper zuführen – physisch und emotional. Lassen Sie sich durch dieses Buch zu einem achtsamen Umgang damit inspirieren.

Manche Rezepte sind aus der traditionellen griechischen Küche, aber es macht mir auch Spaß, mit der Tradition zu brechen. Gesundes und köstliches Essen waren für mich früher nicht dasselbe, bis ich erkannte, dass das nicht so sein muss. Wichtig ist allein, wie man Nahrungsmittel richtig zubereitet: mit Rezepten, die den Nährstoffbedarf decken, herrlich schmecken und die Kreativität beflügeln. Mein Blick für die Produkte, die in meinen Töpfen und Pfannen landeten, hat sich mit der Zeit geschärft und ich entwickelte ein Bewusstsein dafür, woher mein Essen kommt. Es ist mir ein Herzenswunsch, dass Originalprodukte eine Blüte erleben und Kleinbauern sowie Käse- oder Olivenölproduzenten gestärkt werden.

Das alles ging mir durch den Kopf, als mir vor vielen Jahren erstmals der Gedanke kam, ein Kochbuch zu schreiben. Es war ein steter Prozess, aber überstürzte Vorhaben sind ohnehin nicht meine Sache. Ich wusste, es würde dauern. Ich wusste, mein Buch würde Gestalt annehmen, wenn die Zeit dafür reif wäre. Und so war es: Meine Ambitionen mochten manchen Dämpfer erhalten, doch der richtige Moment kam mit den richtigen Menschen. Mit Freunden, Kollegen, anderen leidenschaftlichen Köchen und der Familie. Sie alle begleiteten mich kritisch auf meiner Reise. Sie lehrten, unterstützten und inspirierten mich. Und sie holten das Beste aus mir heraus. Das machte das Ganze lohnenswert. Mein Buch ist um diese Menschen herum konzipiert. Und um das, was Sie in meiner Küche finden werden: Freude, gutes Essen und buntes Leben. Genau wie in Ihrer. Willkommen in meiner Welt.

Πρωινό

FRÜHSTÜCK

KALIMERA – GUTEN MORGEN

Ich liebe das Frühstück.

Rasch einen Coffee to go hinunterstürzen und ein Koulouri vom Bäcker aus der Papiertüte knabbern, in Gedanken schon beim nächsten Termin? Das hat mit einem richtigen Frühstück nichts zu tun. Im Laufe der Jahre habe ich beim Frühstück viele glückliche Momente erlebt. Und es werden sicher noch mehr.

Beim Frühstück scheiden sich die Geister. Das Spektrum ist weitgefächert, und manche tendieren eher zu süßen, andere zu herzhaften Varianten. Ich selbst mag mich nicht festlegen, sondern entscheide mich mal für deftiges Rührei mit Chiliflocken, mal für leichten griechischen Joghurt mit Honig und Blütenpollen. Es gibt Menschen, die morgens kaum etwas zu sich nehmen. In meinen Augen ist das traurig. Ich verbrachte einen Großteil der Kindheit bei meinen Großeltern. Morgenstund hat Gold im Mund, und das Frühstück ist der Schlüssel zu einem vielversprechenden Tag – so lautete das Motto meiner Großmutter. Ein altbewährter Leitsatz. Wenn man älter wird, stellt man fest, dass solche schlichten, von Generation zu Generation überlieferten Volksweisheiten oft stimmen. Oder zumindest ein Körnchen Wahrheit enthalten. Damals stieg mir immer ein verlockender Duft in die Nase, wenn ich aufwachte und meine Großmutter unten in der Küche das Frühstück zubereitete.

Essen ist Erinnerung. Im Laufe meines Lebens habe ich zu Hause und auf Reisen viele köstliche Ideen zusammengetragen. Durch die gemeinsame Leidenschaft für das Kochen lasse ich jeden gerne an meinen Entdeckungen teilhaben.

Wenn es nach mir ginge, würde ich montags mit meinen Eltern frühstücken, ganz in Ruhe, ohne Fernsehen oder Musik, beim vertrauten Klang der Stimmen und dem Rascheln der Zeitung meines Vaters. Mit Blick aufs Meer. Am Dienstag würde ich einen herzhaften ausgiebigen Brunch im Kreise meiner Freunde vorziehen, bei einer lebhaften Diskussion in einem gut besuchten Café im pulsierenden Stadtzentrum von Thessaloniki. Ich würde den Anblick der riesigen Auswahl an süßen und deftigen Köstlichkeiten in der Glastheke genießen und hier und da mit den Leuten ein Wort wechseln, die mir im Vorbeigehen rasch das Neueste berichten. Am Mittwoch säße ich gern in einem Pariser Straßencafé, an einem weißen Tisch mit einem Café au lait vor mir, und würde mich bei meiner Bestellung in haarsträubendem Französisch aus der schwer verständlichen Speisekarte fragen, ob ich der Kellnerin soeben einen Antrag gemacht oder ein hart gekochtes Ei geordert habe. Am Donnerstag würde ich ein paar nette Leute zu mir einladen und für sie kochen. Ich würde eine Reihe von Gerichten auftischen, von Joghurt über Kuchen bis zu Rühreiern, begleitet von einem dampfenden griechischen Kaffee. Servieren würde ich das Ganze an einer schönen Tafel neben meinem Kräutergarten mit einem herrlichen Blick über die Ägäis. Eine anhängliche Katze würde um unsere Beine streifen. Am Freitag wäre ich dann mit ein, zwei Freunden in einem der quirligen Frühstückscafés in New York City, mit ihrem typischen Kaffeeduft und den sanften Jazzmelodien im Hintergrund. Von meinem Platz an der Theke könnte ich das umtriebige Personal beobachten und dem Barista dabei zusehen, wie er eine dampfende Tasse Kaffee nach der anderen zubereitet. Nur zu gern bliebe ich nach dem Frühstück einfach bis mittags sitzen und tauschte meine leere Kaffeetasse gegen ein kühles Glas Wein ein. Am Samstag käme meine ganze Familie. Meine Familie ist mit besonders willensstarken Frauen gesegnet, die mit beiden Beinen fest im Leben stehen. Von der Vorbereitung der Gerichte bis zum Essen am Tisch ist die Küche erfüllt von Gesprächen und Diskussionen über Gott und die Welt. Während ich den Kuchen anschneide, sezieren die Damen gesellschaftliche Themen. Mit den Tischsitten wird es nicht so genau genommen, sodass die Kinder Dinge aufschnappen, die sie vermutlich nicht unbedingt wissen sollten. Es wäre chaotisch und laut und wunderbar. Den Sonntag beginne ich ganz relaxt. Ich muss mich nicht schick anziehen, sondern nehme mir die Freiheit, nur für mich zu experimentieren. Ich könnte ein paar Tomaten aus dem Kühlschrank holen, ein Ei braten, alles zu einem tollen neuen Gericht kombinieren und dabei meine Lieblingsmusik auflegen. Ich würde so lange weiterexperimentieren, bis ich am Ende viel zu viel gekocht hätte und mir schließlich doch noch Besuch einladen würde. Hauptsache, ich kann im Pyjama bleiben – herrlich.

Bisher ging es darum, wo der Frühstückstisch steht und wer mit am Frühstückstisch sitzt. Viel wichtiger aber ist die Frage, was denn wohl auf den Tisch kommt.

Griechischer Joghurt mit Honig, Nüssen und Blütenpollen

Für 1 Portion

Morgens mag ich Joghurt besonders gern. Gleich nach dem Aufwachen, noch im Bett. Für mich ist das ein perfekter Start in den Tag. Und zu jeder anderen Tageszeit liebe ich ihn als Snack. Es gibt unfassbar viele Variationen, aber ich bin mir sicher: Griechischer Joghurt ist besonders. Das folgende Rezept ist das Ergebnis jahrelangen Experimentierens: Naturjoghurt ist eher fad und wird leicht langweilig. Er mag sättigen, aber wer würde sich da einen Nachschlag wünschen? Fügen Sie etwas Honig hinzu. Ich selbst setze ihn sparsam ein, denn ich mag es nicht, wenn die Süße zu dominant wird. Manche Leute würden es einfach bei einem leicht gesüßten Joghurt belassen. Nur Joghurt und Honig. Ich jedoch lasse gern meine Kreativität spielen und mache mit weiteren Zutaten daraus einen echten Wohlgenuss. Mit Nüssen vor allem. Auch hier ist es eine Frage des persönlichen Geschmacks, aber ich mag es, wenn ich beim Löffeln meines Joghurts mit Honig plötzlich auf etwas Knackiges beiße. Bis ich die Vorzüge der folgenden Zutat entdeckt und die richtige Dosierung herausgefunden habe, hat es eine Weile gedauert, aber jetzt kann ich mir ein Leben ohne nicht mehr vorstellen: Blütenpollen sind ein farbenfroher Kontrapunkt. Sie verleihen dem Joghurt das gewisse Etwas und machen mein Rezept zu etwas Besonderem. Verrühren Sie die Zutaten für diesen köstlichen Joghurt einfach so lange, bis sie sich geschmeidig verbinden. Ich nehme mir dabei gern Zeit und genieße den Augenblick. Wenn es einmal schnell gehen muss, eignet sich der Joghurt aber auch sehr gut zum Mitnehmen. Egal, in welcher Variante, Joghurt sättigt und versorgt den Körper mit Nährstoffen. Genießen Sie ihn regelmäßig, wann immer Sie mögen. Dem Wie, Wann und Wo sind keine Grenzen gesetzt. Ich habe Ihnen die leckersten Zutaten genannt, der Rest liegt ganz bei Ihnen.

ZUTATEN

1 ½ TL	Pistazienkerne
300 g	griechischer Joghurt
2 TL	Honig
1 TL	Walnusskerne, gehackt
1 TL	Blütenpollen
1 EL	getrocknete Preiselbeeren oder Rosinen

1. Die Pistazien in einem Mörser zerkleinern

2. Den griechischen Joghurt in eine Schüssel löffeln und 1-2 Minuten mit einem Schneebesen cremig schlagen. Den Joghurt in eine Servierschüssel geben und großzügig mit Honig beträufeln.

3. Zum Schluss den Joghurt mit den Pistazien, Walnüssen, Blütenpollen und den Preiselbeeren oder Rosinen garnieren.

Tipp: Für eine besonders fluffige Textur, etwas flüssige Sahne in den griechischen Joghurt gießen und ca. 2 Minuten lang schlagen.

Bauernfrühstück

Für 1 Portion

Für einen erfolgreichen Start in den Tag stellt man schon beim Frühstück die Weichen. Ich bin der Ansicht, dass erfolglose Menschen Entscheidungen mit Blick auf ihr Hier und Jetzt treffen, während sich erfolgreiche Menschen daran orientieren, wo sie hinwollen. Was aber, wenn Sie im warmen Bett liegen und eigentlich am Tisch frühstücken wollen? An manchen Tagen ist das Aufstehen kein Problem, an anderen wissen Sie jedoch nicht einmal, ob Sie nur eine Umarmung, zwei Liter Kaffee oder zwei Wochen Schlaf brauchen. An einem solchen Morgen überlassen Sie die Entscheidung besser jemand anderem. Zum Beispiel mir. Bei meinem Rezept müssen Sie nicht zwischen Eiern, Schinken, Käse, Spinat, Pilzen oder Brot wählen. Sie nehmen einfach alles. Dass nach einem köstlichen Bauernei der Tag auch weiterhin positiv verläuft, kann ich natürlich nicht versprechen. Aber immerhin haben Sie ihn bereits mit einer guten Entscheidung begonnen.

ZUTATEN

- 2 Handvoll frischer Spinat
- Zitronensaft
- griechisches Olivenöl
- 40 g frische Champignons, in feine Scheiben geschnitten
- 50 g Schinken, gewürfelt
- 40 g Tomaten, geschält und gewürfelt
- feines Meersalz
- 1 Ei
- 60 g Käse (Gouda), gewürfelt
- 1 TL fein gehackter Schnittlauch
- selbst gemachte Croûtons (siehe Seite 226)

1. Für den Spinat reichlich Wasser in einem großen Topf zum Kochen bringen. Den Spinat darin für ca. 40 Sekunden blanchieren. Den Spinat herausnehmen, beiseitestellen und mit Zitronensaft und Olivenöl beträufeln.

2. Etwas Olivenöl in einem kleinen Topf erhitzen und darin die Pilze braun anbraten. Schinken und Tomaten dazugeben und mit etwas Salz würzen. Alles ca. 1 Minute lang gut umrühren.

3. In der Zwischenzeit Wasser in einem separaten Topf erhitzen. Das rohe Ei in das kochende Wasser gleiten lassen und ca. 5 Minuten kochen. Das gekochte Ei mit einer Schaumkelle herausnehmen und vorsichtig schälen.

4. Beim Anrichten der Zutaten von außen nach innen vorgehen: Zuerst die Käsewürfel kreisförmig auf den Teller legen, dabei etwas Platz in der Tellermitte lassen. Mit einem Löffel den Schinken, die Pilze und die Tomaten auf dem Käse verteilen. Den Schnittlauch in die Mitte des Tellers streuen und das hart gekochte Ei daraufsetzen. Mit 1 Prise Salz würzen.

5. Zum Schluss den Spinat rund um das Ei anrichten und vor dem Servieren die Croûtons dekorativ daraufplatzieren.

Augofetes – Griechischer Toast

Für 2 Portionen

ZUTATEN

4	Eier
250 ml	Milch
	abgeriebene Schale von ½ Bio-Orange
30 g	brauner Zucker
1 TL	Backpulver
1	Vanilleschote, Mark herausgekratzt
1	Prise Salz
6	Scheiben Weißbrot, in 1–2 fingerbreite Scheiben geschnitten
	Sonnenblumenöl zum Braten

1. Die Eier mit der Milch und der Orangenschale in einer Schüssel verquirlen. Braunen Zucker, Backpulver, Vanillemark und 1 Prise Salz hinzugeben. Die Brotscheiben 5–10 Minuten in der Mischung einweichen lassen.

2. Für die Zimt-Zucker-Garnitur (falls gewünscht), den Zimt mit dem Rohrzucker in einer Schale mischen und beiseitestellen.

3. Etwas Sonnenblumenöl in einer Bratpfanne bei mittlerer Temperatur erhitzen. Die eingeweichten Brotscheiben von beiden Seiten darin anbraten, bis sie eine goldbraune Farbe annehmen.

4. Die Augofetes mit Honig beträufeln oder einzeln in der Zimt-Zucker-Mischung wenden. Warm servieren.

5. Serviervorschlag: Mit Honig garnieren oder mit 3 TL einer Mischung aus gemahlenem Zimt und 100 g Rohrzucker bestreuen.

Pikantes Rührei mit Feta

Für 2 Portionen

Als ich beim ersten Hahnenschrei erwachte, dachte ich gleich an meine Frühstückseier. Doch an diesem Morgen fand ich am Zaun nur den Hahn. „Die Damen da drinnen sind im Streik." Er nickte zum Stall. „Sie haben sich der Frauenbewegung angeschlossen und kämpfen für gleiche Arbeitsbedingungen. Sie wollen die Aufgaben des Hahns übernehmen! Dabei war immer ich für den Weckruf zuständig! Hühner legen Eier, Hähne wecken Menschen!" Verwirrt ging ich zu den Hennen. „Nehmen Sie Platz. Wir möchten die Bedingungen neu verhandeln." Giselle, die Oberhenne, verlas die Forderungen. Als sie fertig war, sagte ich leise: „Aber meine Damen, wissen Sie denn nicht, dass es nicht der Hahnenschrei ist, der die Menschen weckt?" Die Hennen reckten mir ihre Hälse entgegen. „Dazu braucht es den Duft nach Rühreiern!" Ich schaute sie bedeutungsvoll an. „Ich biete Ihnen einen sicheren Arbeitsplatz: Legen Sie Eier und wecken Sie die Menschen." Der Vorschlag wurde diskutiert. „Das reicht nicht!" Ich kratzte mich am Kinn. „Ich kann Cherrytomaten hinzufügen. Und Fetakäse." „Auch Chili?" „Einverstanden." Giselle druckte den neuen Vertrag aus, ich unterschrieb und nahm meine Frühstückseier. Am nächsten Tag erwachte ich erst gegen Mittag. „Kann ich den Hahn sprechen?", fragte ich im Hühnerstall. Die Hennen warfen mir einen unschuldigen Blick zu. „Der Hahn ist im Schweige-Streik. Er sitzt im Stall und versucht, ein Ei zu legen."

ZUTATEN

- 6 Eier
- feines Meersalz und frisch gemahlener Pfeffer
- 10 Cherrytomaten, halbiert
- griechisches Olivenöl zum Braten
- 1 Frühlingszwiebel, nur weißer Teil fein gehackt
- 1 TL frisch gehackter Dill
- 100 g Fetakäse
- Chiliflocken nach Belieben

1. Die Eier in eine Schüssel schlagen und mit einem Schneebesen schaumig schlagen. Mit 1 Prise Salz und Pfeffer würzen. Auch die halbierten Cherrytomaten mit etwas Salz bestreuen.

2. Eine großzügige Menge Olivenöl in einer Pfanne bei mittlerer Temperatur erhitzen und die Cherrytomaten sowie die Frühlingszwiebel darin glasig anbraten. Nun die Eier in die Pfanne geben und einige Sekunden lang erwärmen. Dann die Eier mit einem Holzlöffel gut durchrühren und zwischendurch immer kurz ruhen lassen. Den Vorgang wiederholen, bis die Eier zu festem Rührei werden, aber an einigen Stellen noch etwas flüssig sind. Den Dill dazugeben und den Feta in die Pfanne krümeln. Dann das Rührei ein letztes Mal gut durchrühren.

3. Für etwas Schärfe das Rührei mit Chiliflocken bestreuen. Heiß mit etwas Salz und Pfeffer zum Nachwürzen servieren.

Original Thessaloniki-Koulouri

Für 8 Stück

Griechen haben Stil. Vor allem die Einwohner Thessalonikis frönen einem rundum angenehmen Lebensstil: Sie lieben Geselligkeit im kleinen und großen Kreis und Mahlzeiten in froher Runde. Natürlich ist auch ihre Ernährung eine runde Sache, und Thessalonikis traditionelles, nahrhaftes rundes Brot ist mein Lieblingssnack! Das Koulouri wird für seinen Nährwert, seinen schlichten Geschmack und seine leichte Zubereitung geschätzt. Die Ursprünge des klassischen Koulouri reichen weit zurück in Thessalonikis Geschichte, bis in die Zeit des Byzantinischen Reiches. Schon damals wurde es frühmorgens von Straßenhändlern verkauft, die ihre Körbe auf dem Kopf trugen. Im Laufe der Jahrhunderte gewann Koulouri in ganz Griechenland an Beliebtheit. Noch heute kann man es an jeder Ecke, auf öffentlichen Plätzen und an den Denkmälern meiner Heimatstadt Thessaloniki finden, auch rings um die Rotunde, einem Monument, dessen Name, wer hätte das gedacht, auf seine massive runde Struktur zurückgeht. Um die Geschichte abzurunden: Das Sesam-Koulouri aus Thessaloniki ist den Griechen als eines ihrer beliebtesten traditionellen Broterzeugnisse ans Herz gewachsen, und sein Rezept wird oft geheim gehalten. Doch als rundum weltoffener Mensch mache ich nur zu gern eine Ausnahme und verbreite es auf der ganzen Welt!

ZUTATEN KRUSTE

150 ml	kochendes Wasser
20 g	Mehl
150 ml	kaltes Wasser
20 ml	Sesamöl
30 g	Honig
4	Handvoll Sesamsamen

ZUTATEN TEIG

720 g	Mehl
420 ml	kaltes Wasser
20 g	frische Backhefe
30 ml	griechisches Olivenöl
60 g	griechisches Tahina oder Sesampaste
45 g	Streuzucker
15 g	feines Meersalz

1. Für die Kruste zunächst kochendes Wasser in eine hitzeresistente Schüssel gießen. Mithilfe eines Schneebesens das Mehl unterrühren. Kaltes Wasser und das Sesamöl hinzugeben und zum Schluss den Honig hineinträufeln. Alle Zutaten gut miteinander vermischen, dann die Mischung in eine Backform füllen und vorerst ruhen lassen.

2. Einen tiefen Teller mit Sesam bedecken. Diesen zunächst beiseitestellen und mit der Zubereitung des Teigs beginnen.

3. Den Backofen auf 200 °C vorheizen und ein Backblech mit Backpapier belegen. Für den Teig Mehl, kaltes Wasser, Hefe, Olivenöl, Tahina oder Sesampaste, Zucker und Salz in eine Schüssel geben. Die Zutaten mit einem elektrischen Rührgerät 3-4 Minuten bei mittlerer Stufe verrühren und anschließend 5-6 Minuten bei höchster Stufe zu einem glatten Teig mixen.

4. Den Teig aus der Schüssel nehmen und in einzelne Stücke mit einem Gewicht von jeweils ca. 100 Gramm teilen. Die einzelnen Teigstücke per Hand zu ca. 30 cm langen Schlangen ausrollen und diese zu Ringen legen.

5. Zum Glasieren die rohen Koulouri-Ringe in die Mischung für die Kruste tauchen. Die glasierten Ringe dann von beiden Seiten im Sesam wenden, sodass jedes Koulouri mit Sesam bedeckt ist. Die Koulouri auf das Backblech legen und 10-15 Minuten im Ofen backen.

6. Während des Backens werden die Ringe hellbraun und knusprig. Anschließend 10 Minuten abkühlen lassen. Das traditionelle Gebäck nach Belieben mit Frischkäse servieren oder pur zu einer Tasse Kaffee genießen.

Marmorkuchen

Für 4 Portionen (1 Kuchen)

Griechenland ist noch immer ein Labyrinth zerklüfteter Pfade, auf der Suche nach einem Ausweg. Manche Wege scheinen kein Ende zu nehmen, es gibt falsche Abzweigungen, und manchmal, wenn das Ziel schon in greifbarer Nähe scheint, befindet sich das Land wieder am Ausgangspunkt. In den Augen der Welt liegt noch immer ein Schatten über Griechenland, die Schatten der hohen Hecken des Labyrinths. Es wirkt in vielerlei Hinsicht verloren. Doch ich lebe hier, und wenn ich morgens vor die Tür trete, lacht mir die Sonne ins Gesicht, und die Schönheit der Natur perlt in dicken, süßen Tropfen von jedem Blatt herab wie Morgentau. Für mich besitzt Griechenland Charme: Es ist so viel reicher, als es arm ist. Wenn ich die wärmenden Strahlen genieße, weiß ich genau, dass ich meiner Heimat in hellen Tagen ebenso verbunden bin wie in dunklen. Griechenland ist für mich eine Mischung aus beidem, wie ein Kuchen aus dunklem und hellem Teig. Egal, wie oft die Welt auch denken mag, das Land versinkt in Dunkelheit, ich stehe hier und sehe, wie es bei jedem Sonnenaufgang erwacht und ein neuer, heller Morgen anbricht.

ZUTATEN

250 g	Butter, geschmolzen, etwas mehr zum Einfetten
250 g	Streuzucker
300 g	Mehl
5	Eier, Größe M
1 TL	Backpulver
1	Prise Vanillezucker
	Kakaopulver
	dunkle Schokoraspeln zum Dekorieren

GLASUR

1	Eigelb

BACKFORM

Kastenform ca. 25 x 10 cm

1. Den Backofen auf 180 °C vorheizen. Die Backform einfetten.

2. Für den Teig Butter, Zucker, Mehl, Eier, Backpulver und Vanillezucker in einer Schüssel mischen. Die Zutaten mit einem elektrischen Rührgerät ca. 2 Minuten bei mittlerer Stufe mixen, bis ein lockerer Teig entsteht.

3. Die Hälfte des Teigs in die Backform gießen und ruhen lassen. In der Zwischenzeit so viel Kakaopulver teelöffelweise unter die andere Hälfte des Teigs mischen, bis der Teig eine dunkle, schokoladige Farbe erhält. Den dunklen Teig auf den hellen Teig in der Form gießen und ein Messer spiralförmig durch den Teig ziehen. So entsteht ein Marmormuster.

4. Für die Glasur das Eigelb mit einer Gabel in einer kleinen Schüssel verquirlen. Die Oberfläche des rohen Kuchens mit dem Eigelb bepinseln, damit er nach dem Backen eine glänzende Oberfläche erhält. Den Kuchen ca. 40 Minuten im Ofen backen. Den fertigen Kuchen in der Form leicht auskühlen lassen, dann auf ein Kuchengitter stürzen. Zum Dekorieren mit dunklen Schokoraspeln bestreuen.

Traditionelle Pastete mit Spinat und Feta

Für 8 Stücke

„Was brauche ich, damit meine Pastete auch so gut schmeckt?" „Lebenslange Erfahrung." Über das Gesicht der kleinen, alten Dame huscht ein stolzes Lächeln, während ihre Hände unfassbar schnell den Teig kneten. „Sie hätten Karriere als Bäckerin machen können!" „Das habe ich!" Sie lacht heiser auf. „Und nicht nur das. Ich war auch Politikerin, Lehrerin, Krankenschwester und so vieles andere, was man braucht, um eine Familie durchzubringen. Aber als Bäckerin genoss ich die größte Anerkennung." Sie lacht erneut. Wir widmen uns der Pastete, und ich denke, welche Möglichkeiten die Generationen von Frauen heute haben. Sie können reisen, eine Ausbildung machen und ein selbst gewähltes Leben führen. „Ich bin in diesem Dorf zur Welt gekommen und habe schon früh gelernt, wie man einen Haushalt führt ... Ich war kaum je woanders, habe geheiratet, Kinder bekommen und sie in diesem Haus aufgezogen. Dann kamen die Enkelkinder, und ehe ich mich versah, war ich alt und runzlig", erzählt sie lachend. Ich werfe ihr einen bedauernden Blick zu. „Ein solches Leben ist ziemlich selten geworden. Sie wissen schon: Sie haben Ihr Leben dem Haushalt und Ihren Kindern gewidmet und sind dabei einfach alt geworden." Sie schaut mich nachdenklich an. „Wie recht Sie haben!" Ihr Gesicht strahlt. „Manchmal vergesse ich, wie viel Glück ich habe! Dieses Privileg bleibt vielen versagt."

TIPPS ZUM MEHL

Die Mehlsorte bestimmt den Geschmack der Kruste. Hartweizenmehl ist ideal, aber auch griechisches Thebes-Mehl mit Mais- oder Zitronenmehl vermischt ist geeignet und erleichtert das Kneten. Oder probieren Sie eine Mischung im Verhältnis 1:3 mit einer anderen Sorte wie Roggen-, Gersten- , Hafer-, Mais- oder Vollkornmehl.

TIPPS ZUR KRUSTE

Vermischen Sie das Mehl mit Olivenöl und reiben Sie es zwischen Ihren Händen. Träufeln Sie etwas Wasser darüber und lassen Sie diesen Vorteig ruhen. Je länger die Ruhezeit, desto knuspriger wird die Kruste beim Backen. Bei der Zubereitung drücken Sie beim Übereinanderlegen der Schichten jede Teigschicht mit den Fingerspitzen kurz an, um heiße Luft zwischen Teig und Füllung zu verdrängen.

ZUTATEN FÜLLUNG

1 kg	Spinat, gewaschen, abgetropft und gehackt
1	Zwiebel, gerieben oder fein gehackt
5	Stangen Lauch, dünn geschnitten
10	Frühlingszwiebeln, weiße und grüne Teile, dünn geschnitten
	feines Meersalz und frisch gemahlener Pfeffer
1	Bund frischer Dill, gehackt
220 g	Tarhana (fermentierte Mischung aus Getreide und Joghurt)
450 g	Fetakäse, zerkrümelt
2	Eier
200 ml	Kondensmilch
220 ml	griechisches Olivenöl zzgl. mehr zum Einfetten
50 ml	Wasser

ZUTATEN TEIG

1	Packung Blätterteig oder 6 Blätter hausgemachter Blätterteig
110 ml	griechisches Olivenöl zum Bepinseln

BACKFORM

Eine große Backform:
quadratisch 40 x 42 cm oder
rund 36 cm Durchmesser

---

1. Für die Füllung die Spinatblätter in einem Mörser zu einem Brei zerkleinern. Zwiebel, Lauch und Frühlingszwiebeln dazugeben und mit Salz und Pfeffer würzen. Die Zutaten 1-2 Minuten lang mit der Hand vermischen und das Gemüse immer wieder zwischen den Handflächen zerreiben, um die Aromen freizusetzen. Nun den Dill und zum Schluss das Tarhana und den Fetakäse dazugeben. Die Zutaten nochmals grob mit der Hand mischen.

2. Die Eier in eine kleine Schüssel schlagen und Kondensmilch sowie Olivenöl unterrühren. Etwa die Hälfte der Flüssigkeit abnehmen und vorerst beiseitestellen. Den Rest zum Gemüse gießen und alles erneut kurz durchmischen.

3. Die restliche Eimischung mit 50 ml Wasser verdünnen. Die Backform großzügig mit Olivenöl einfetten.

4. Nun die Pastete einschichten. Die erste Lage Blätterteig auf den Boden der Form legen und mit den Fingern vorsichtig festdrücken. Der Teig darf über den Rand der Form ragen. Den Teig mit der verdünnten Eimischung bepinseln.

5. 2 weitere Blätterteiglagen auf die erste Schicht legen. Jeweils mit etwas Olivenöl und die oberste Schicht mit der Eimischung bepinseln. Nun löffelweise das Gemüse in die Form geben.

6. Die Füllung mit weiteren 3 Schichten Blätterteig wie oben beschrieben bedecken. Bei der letzten Schicht den überstehenden Teigrand abschneiden. Den überstehenden Rand der ersten Schicht über die Oberseite schlagen, um die Pastete zu verschließen. Die Oberseite mit der restlichen Eimischung bepinseln. Den Backofen auf 180 °C vorheizen.

7. Mit einer scharfen Messerspitze auf der Teigoberseite 8 Stücke markieren, den Teig jedoch nicht ganz durchschneiden. Die Oberseite der Pastete mit Olivenöl beträufeln. Die Pastete ca. 1 Stunde im Ofen knusprig und goldbraun backen. Die Pastete aus dem Ofen nehmen, kurz auf einem Kuchengitter auskühlen lassen und in Stücke schneiden. Heiß servieren.

8. Serviervorschlag: für ein intensiveres Aroma die Pastete nach Wunsch mit etwas frischer Minze, Petersilie, Myrrhe, Angelikawurzel oder Stamnagathi würzen.

HONIG

Wären Menschen wie Bienen, brächten wir das Leben jeden Tag zum Blühen.

Wenn ich eine Biene wäre, käme ich wohl aus der Gegend von Sithonia. Aus Nikiti, einer kleinen Stadt in der Nähe meines Wohnortes, in der es mehr als 85 000 Bienenstöcke und eine der größten Bienenpopulationen Europas gibt. Ich stamme zwar aus der Gegend, aber das ist so ziemlich das Einzige, was ich mit einer Biene gemeinsam habe. Wenn ich an einem warmen Sommermorgen auf der Terrasse frühstücke, stört mich ihr Summen zugegebenermaßen. Aber wie würde wohl manches Frühstücksgericht ohne süßen Honig schmecken? Was würden wir in Milch und Tee rühren, um unsere Halsschmerzen zu kurieren, wenn es keinen Honig gäbe? Bienen geben uns nicht nur Honig, sondern auch Pollen, Propolis und Gelée royale. Kein einziges dieser gesundheitsfördernden Erzeugnisse kann von Menschenhand nachgemacht werden. Ebenso wenig können wir etwas anderes nachmachen, was Bienen tun: Sie kennen das Geheimnis, das dem Leben Süße verleiht, und lassen es jeden Tag blühen.

Wären Menschen wie Bienen, dann wären wir die ehrenwertesten Geschöpfe der Erde. Nicht weil wir hart arbeiteten, sondern weil wir es für andere täten. Wir würden die Früchte unserer Mühen teilen, ohne eine Gegenleistung zu erwarten. Wären Menschen wie Bienen, dächten wir nicht, unsere tägliche Plackerei sei letztlich egal. Wären Menschen wie Bienen, wüssten wir, dass selbst das Geringste, was jeder von uns leistet, zum großen Ganzen beiträgt. Wir wären nie auf uns allein gestellt. Wenn wir wie Bienen wären, arbeiteten wir als Team zusammen und gäben unser Bestes, um unser Heim, unsere Familie und die Natur zu erhalten. Wir wüssten instinktiv, dass das Leben süßer ist, wenn wir es teilen. Und egal, wie weit wir fliegen würden, wir kämen immer wieder heim. Wir sähen alle gleich aus, würden den süßen Nektar des Lebens kosten und unsere Erde bewahren. Und das jeden Tag. Grenzenlos, nichts wäre unmöglich. Eine Hummel kann wissenschaftlich gesehen nicht fliegen. Aber die Hummel weiß nicht, dass sie es nicht kann – und fliegt davon. Könnten wir das nicht auch?

Χωριάτικη σαλάτα

GRIECHISCHE SALATE

GRIECHISCHE SALATE

Salatrezepte gibt es viele, aber für mich gibt es nichts besseres als Griechischen Salat. Den Traditionellen Griechischen Salat: rein, aber nicht makellos. Oder Boho-Art: gehaltvoll, aber nicht überladen. Oder für Feinschmecker: schön anzusehen, aber nicht für die Ewigkeit.

Griechischer Salat ist rein, gehaltvoll und schön – wie die Natur. Ich liebe die täglichen Spaziergänge durch meinen Gemüsegarten, den Blick über das smaragdgrüne Meer, die tägliche Portion reifer Tomaten und Gurken und das intensive Grün dickflüssigen Olivenöls. Jeden Tag steht ein Teller dieses farbenfrohen, reichhaltigen Salats auf meinem Tisch. Wenn alles aufgegessen ist, tunke ich Brot in die salzigen Reste von Olivenöl und Tomatensaft und wische die letzten Fetakrümel auf. Jeden Tag macht mich die Gewissheit froh, dass mich die gleichen Freuden auch am nächsten Tag erwarten. Salat erinnert mich Tag für Tag daran, dass die Natur rein, gehaltvoll und schön ist, aber nicht makellos, nicht überladen und nicht unzerstörbar. Er erinnert mich auch daran, dass eines Tages kein Teller mehr auf meinem Tisch warten könnte. Und dass eines Tages der letzte Tropfen Öl aufgesogen ist.

Traditioneller Griechischer Salat

Für 2 Portionen

ZUTATEN

2	große Tomaten, in Spalten geschnitten
	feines Meersalz
1	kleine, rote Zwiebel, in dünne Ringe geschnitten
½	Gurke, geschält und grob geschnitten
je ¼	rote sowie gelbe Paprikaschote, in dünne Streifen geschnitten
	griechisches Olivenöl
1 EL	Kapern
1 EL	Kapernblätter
1	Handvoll schwarze Oliven
1 TL	frisch gehackter Oregano
100 g	Fetakäse, zerkrümelt

1. Die Tomatenspalten mit etwas Salz bestreuen und 10 Minuten stehen lassen, damit das Wasser entzogen wird.

2. In der Zwischenzeit Zwiebelringe, Gurke und rote sowie gelbe Paprika in eine Schüssel geben.

3. Die Tomatenspalten untermischen und die Zutaten großzügig mit Olivenöl beträufeln. Kapern, Kapernblätter und Oliven hinzugeben. Den Salat gut durchmischen.

4. Den Salat mit Oregano würzen und den Feta über den Salat krümeln. Mit gegrillten Weißbrotscheiben servieren.

Griechischer Salat nach Boho-Art

Für 2 Portionen

ZUTATEN

1	Gurke, geschält
1	rote Zwiebel, in feine Ringe geschnitten
1	grüne Paprikaschote, in feine Streifen geschnitten
1	Frühlingszwiebel, fein geschnitten
1	Handvoll schwarze Oliven, entsteint und halbiert
1 TL	Kapern
	griechisches Olivenöl
2 TL	weißer Balsamicoessig
	feines Meersalz
	frische Basilikumblätter, fein gehackt
10	Cherrytomaten, halbiert
	Katiki Domokou (griechischer körniger Frischkäse)

1. Mit einem Julienneschäler oder Spiralschneider die Gurke in feine Streifen schneiden und diese in eine Servierschale legen.

2. Zwiebel, grüne Paprika, Frühlingszwiebel und Kapern hinzugeben. Den Salat großzügig mit Olivenöl beträufeln und 1 Teelöffel Balsamicoessig darüberträufeln. Mit etwas Salz würzen und vorerst beiseitestellen.

3. Etwas Olivenöl, Basilikum, 1 Teelöffel Balsamicoessig und Salz in einer Schale verrühren. Die halbierten Cherrytomaten hinzugeben und alles mit der Hand gut durchmischen, bis alle Tomatenhälften mit der Marinade benetzt sind. Dann die Tomaten zum restlichen Salat geben.

4. Zum Schluss den Frischkäse auf dem Salat verteilen und den Salat mit gegrilltem Weißbrot servieren.

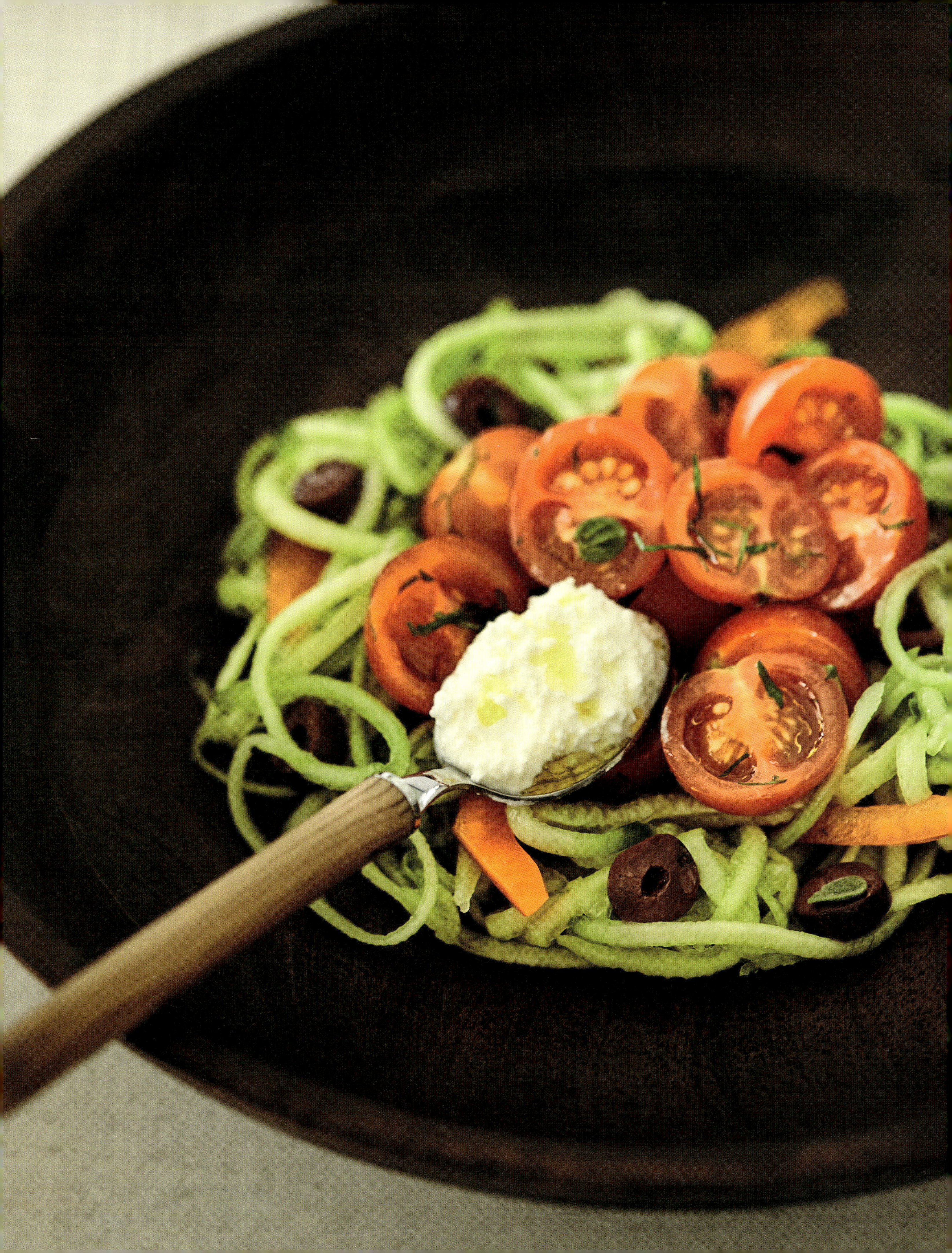

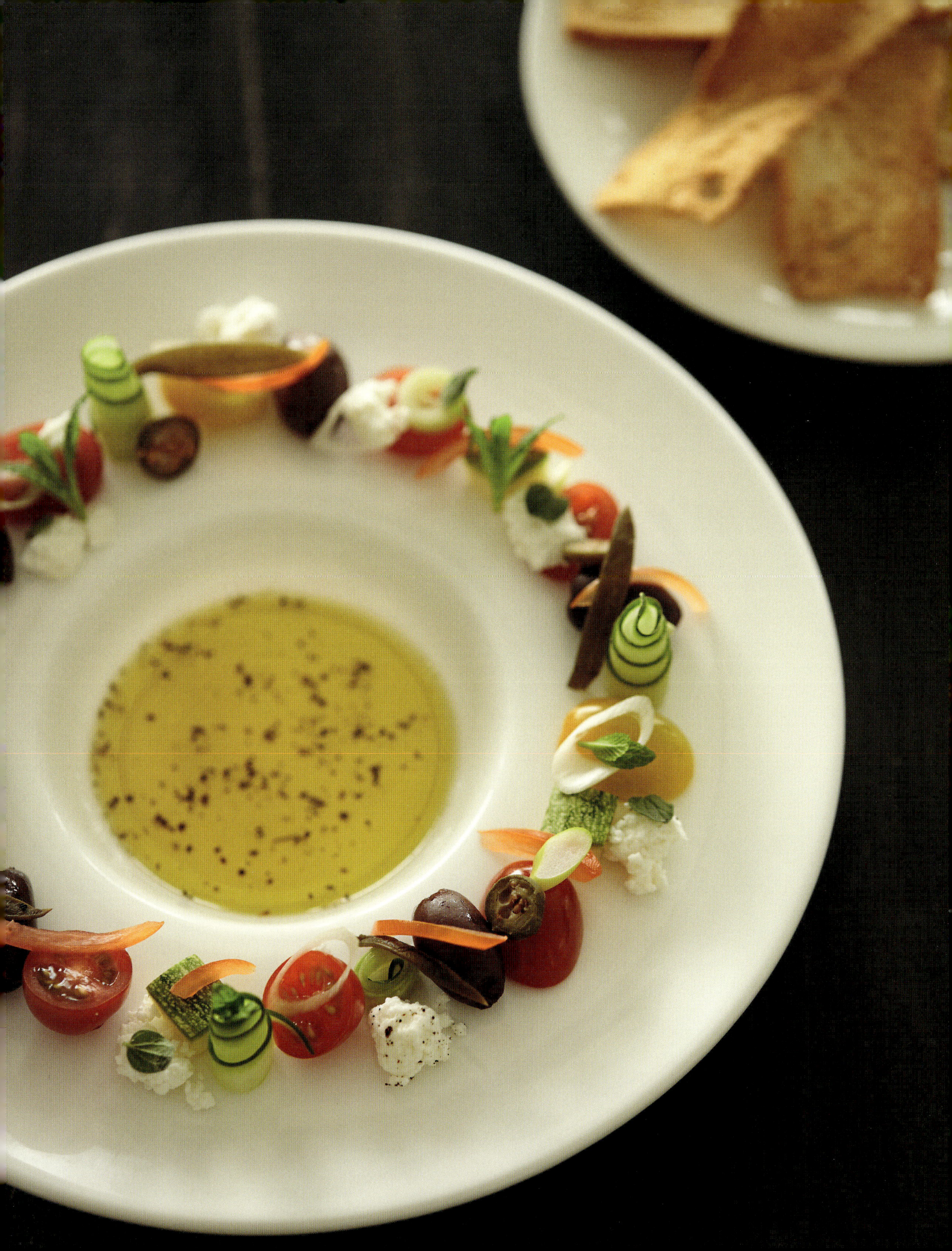

Griechischer Salat für Feinschmecker

Für 2 Portionen

ZUTATEN

1	Handvoll Santorini-Cherrytomaten, halbiert
½	Gurke, ungeschält in sehr dünne Scheiben geschnitten
1	rote Zwiebel, in dünne Ringe geschnitten
¼	rote Paprikaschote, in Streifen geschnitten
¼	gelbe Paprikaschote, in Streifen geschnitten
100 g	Fetakäse, gewürfelt
4	schwarze Oliven, entsteint und halbiert
1 TL	Kapern
1 TL	Kapernblätter
	griechisches Olivenöl
1 TL	frisches Oregano
	feines Meersalz

1. Die halbierten Cherrytomaten in regelmäßigen Abständen auf dem breiten Rand eines tiefen Tellers verteilen. Die Gurkenscheiben zylinderförmig aufrollen und ebenfalls auf dem Tellerrand platzieren.

2. Die Zwiebelringe, rote und gelbe Paprika, Fetawürfel, Oliven, Kapern und Kapernblätter zwischen die Tomaten und Gurken legen.

3. Eine großzügige Menge Olivenöl in die Tellermitte gießen und mit Oregano und 1 Prise Salz bestreuen.

4. Die farbenfrohen Zutaten zum Verzehr mit einer Gabel vom Tellerrand in das Olivenöl schieben und den Salat mit gegrilltem Weißbrot genießen.

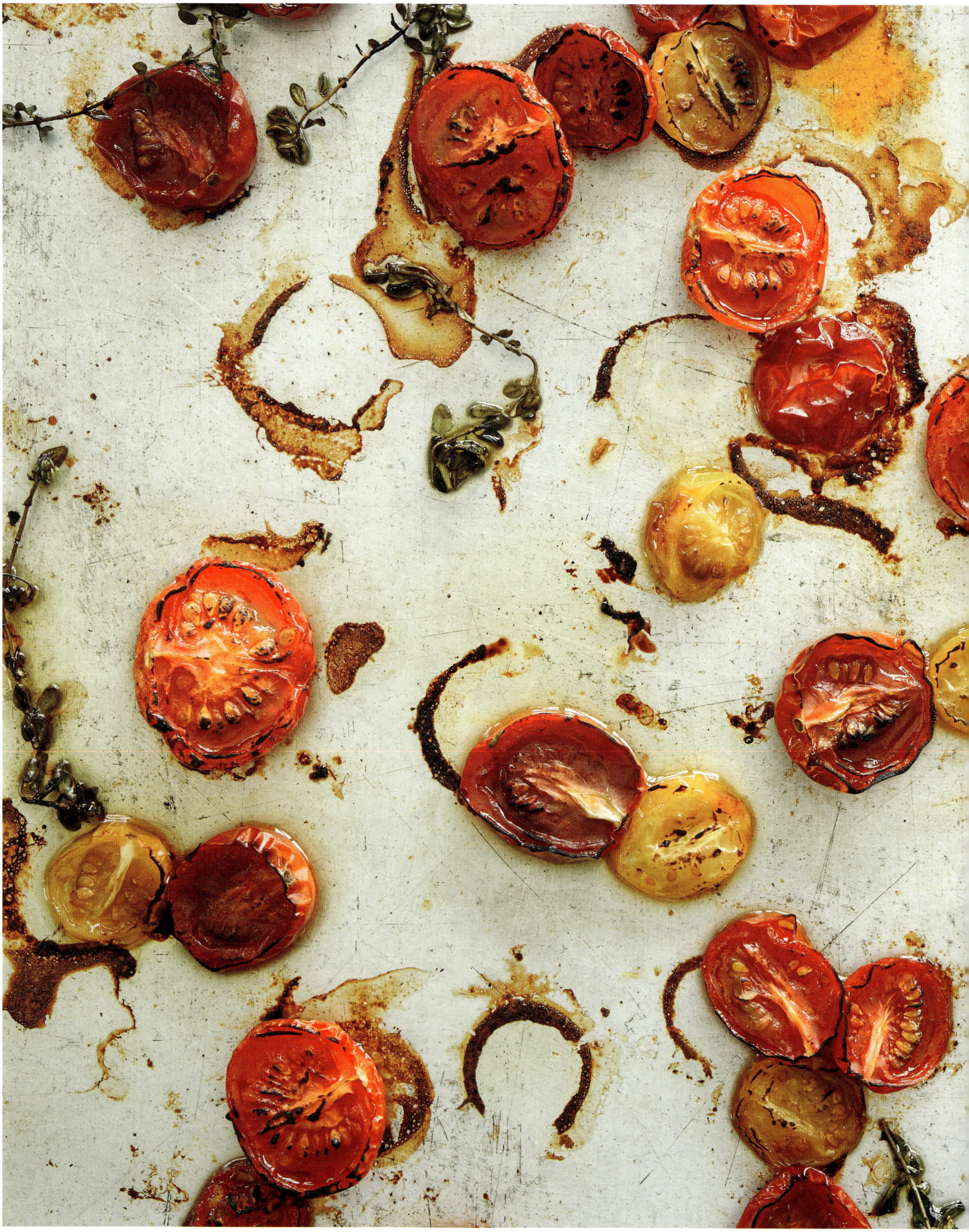

Mezés

MEZE

MEZE BEDEUTET FREUNDSCHAFT

Manchmal kommen Leute an einem Tisch zusammen, einfach, um in angenehmer Atmosphäre miteinander zu essen. Manchmal jedoch kommen Leute an ihrem Lieblingsplatz zusammen, und das Treffen besitzt einen besonderen Zauber. An diesem Tag verbinden sie kleine Gerichte, aber ihre Freundschaft verbindet sie jeden Tag. Das ist ein Meze.

Ein echtes Meze ist authentisch, es macht Spaß und ist reich an kleinen Köstlichkeiten, zu denen alle am Tisch etwas beigesteuert haben.

Zu der Vielzahl an Gerichten gehört eine Auswahl an leichten Dips. Dips sind wie tiefgründige Gespräche. Anfangs vielleicht herausfordernd, aber dann läuft alles wie von selbst. Manche Dips sind würzig, andere süß. Die Faustregel lautet: Es sollte viele verschiedene Dips in unterschiedlichen Geschmacksrichtungen geben. Zu allen wird Brot gereicht. Brot ist ein Symbol des Teilens. Hier wird nicht einfach nur der eigene Teller gefüllt. Die Atmosphäre lebt davon, dass sich alle selbst bedienen und ihr Stück Brot in dieselbe Schüsseln tauchen, um jeden Dip zu probieren. Dips bringen Schwung ins Meze-Büfett.

Nun folgen in der Regel ein paar Gemüsegerichte. Nicht jeder ist ein großer Gemüsefan, aber ganz darauf verzichten möchte auch niemand. Und mit der richtigen Zubereitung ist es ein Hochgenuss. Gemüse ist wie eine lebhafte Diskussion. Es bereichert das Meze mit seinen Nährstoffen, es ist gesund, interessant und vielfältig – es hat all das, was Körper und Geist guttut. Jedes anständige Meze braucht für die Abwechslung ein paar Gemüsesnacks.

Als Nächstes sollte etwas Reines, Ursprüngliches auf den Tisch kommen, am besten gebratene Kalamari oder Fisch. Sie stehen für Authentizität. Denn diese Gerichte müssen so serviert werden, wie sie sind, mit ihren kleinen Makeln und ihren Vorzügen. Sie sind so beliebt, weil sie unverfälscht sind, weder gekünstelt noch aufgehübscht. Und wenn Ihre Gäste nicht zu wählerisch sind, akzeptieren und lieben sie kleine Makel als etwas Natürliches.

Servieren Sie dazu immer eine großzügige Portion bunten, schlichten griechischen Salat. Frisch und unkompliziert, einfach und leicht. Oft ist die Salatschüssel das Herz des ganzen Meze.

Nicht alle Freunde werden bis zum Ende des Meze bleiben, so wie nicht jede Freundschaft ewig hält. Vielleicht brechen manche Gäste früher auf als erwartet. Andere gehen zwischendurch weg und kehren später zurück. Der eine oder andere verabschiedet sich vielleicht unerwartet, weil er das Meze zwar genossen hat, aber sich letztlich doch in der Gesellschaft eines anderen Mezes wohler fühlt oder sich seine Prioritäten ändern. Solch ein unerwarteter Aufbruch ist für den Gastgeber nicht leicht zu verschmerzen, aber es ist besser, den Umstand zu akzeptieren, als den anderen zum Bleiben überzeugen zu wollen. Mit der Zeit würde sich die Distanz zwischen den Stühlen zu einer immer größer werdenden Lücke ausweiten und irgendwann gleicht das Meze kaum mehr dem was es einst war. Aber solange ein paar Gäste um Ihren Tisch sitzen und es sich schmecken lassen – selbst die Gerichte, die nicht zu ihren Favoriten zählen –, ist es in meinen Augen ein echtes Meze. So ist es auch bei einer echten Freundschaft. Man erkennt, was echte Freundschaft ist.

Griechisches Tsatsiki – das Original

Für 6 Portionen

Tsatsiki ist das Herz der griechischen Küche. Es ist allgegenwärtig und besteht aus allem, was wir Griechen lieben. Tsatsiki ist so griechisch wie ein Volkslied, das auf einer Bouzouki erklingt. Wie Freunde, die Sirtaki tanzen. Wie Ouzo – eines der Herzstücke unserer sprichwörtlichen Gastlichkeit. Das Rezept wird von Generation zu Generation weitergegeben, so wie der Teller am Tisch herumgereicht wird. Wenn wir eine Schüssel Tsatsiki teilen, teilen wir unsere größten Leidenschaften: fürs Essen, für die Musik und für die Freundschaft.

ZUTATEN

1	Gurke
15 g	feines Meersalz zzgl. mehr zum Abschmecken
1 kg	griechischer Joghurt
2	Knoblauchzehen, gerieben
1	Bund frischer Dill, gehackt
¼	Bund frische Minze, gehackt
20 ml	Ouzo
1	Prise weißer Pfeffer
100 ml	griechisches Olivenöl
	geröstetes Pitabrot zum Servieren

1. Die ungeschälte Gurke über eine grobe Reibe in eine Schale raspeln. Zum Entwässern mit etwas Salz bestreuen und die Gurkenraspel zunächst beiseitestellen.

2. Joghurt, Knoblauch, Dill, Minze, Ouzo, Pfeffer und Olivenöl in eine separate Schüssel geben. Alles mit der Hand gut durchmischen. Die Mischung mit etwas Salz abschmecken.

3. Aus der geraspelten Gurke mit den Händen die restliche Flüssigkeit ausdrücken und die Gurke zur Joghurtmischung geben. Das Tsatsiki mit einem Holzlöffel gut durchrühren, bis es cremig ist.

4. Das Tsatsiki mit etwas geröstetem Pitabrot servieren.

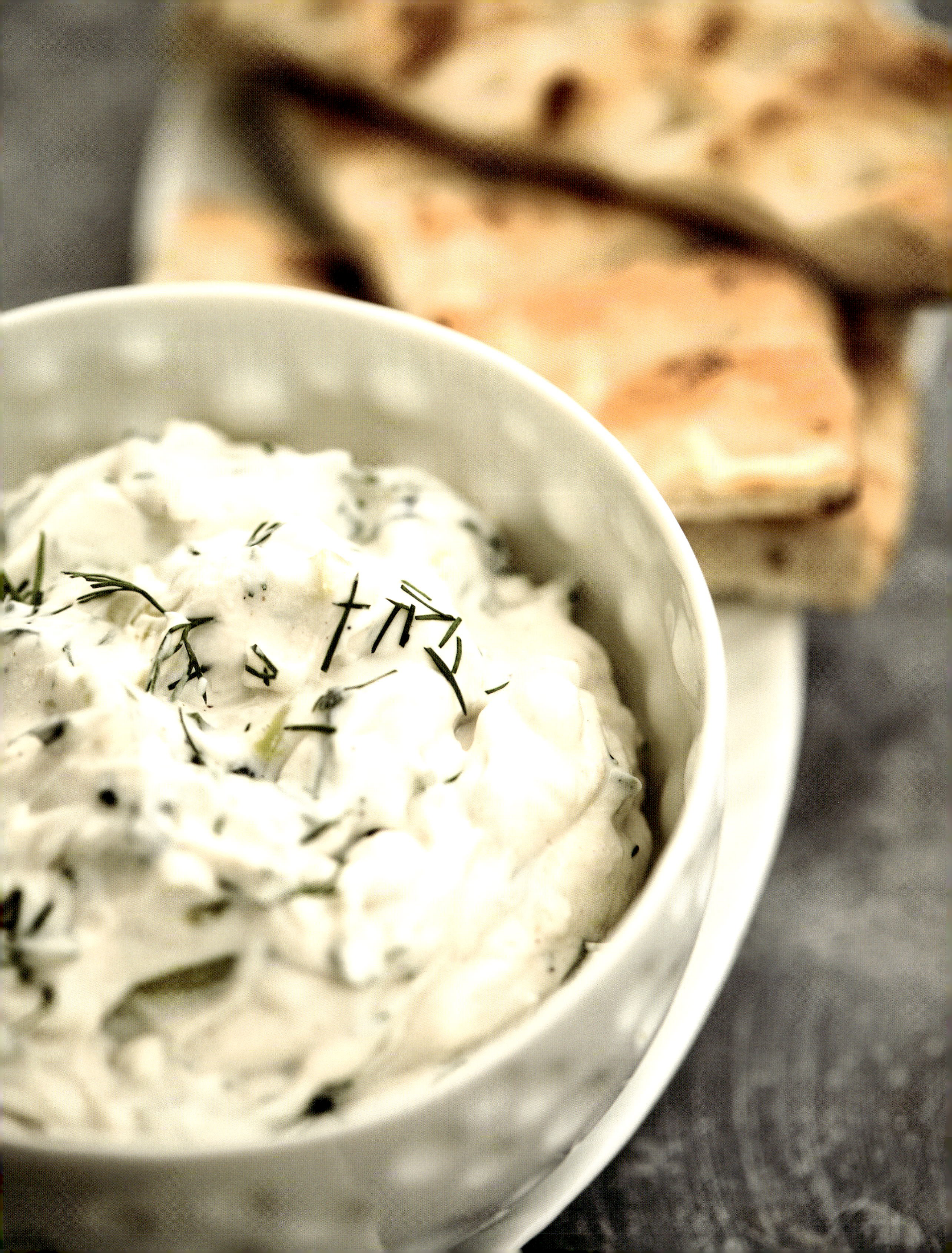

Ziegenkäsetaler mit süßer Cherrytomatenkonfitüre

Für 2 Portionen

———✳———

Wie oft begegnet man einem Rezept, das so verlockend und doch so einfach ist? Ich kam darauf, als ich überlegte, was ich mit meinen Cherrytomaten tun könnte. Ich liebe es, in meinem Garten eigene Tomaten zu ziehen. Schon eine einzige Pflanze ist während der Sommermonate übervoll mit saftigen Früchten, und ich habe acht davon. Ich pflücke meine mundgerechten Tomaten während der ganzen Saison, sogar an den heißesten Sommertagen, und ich bin wild entschlossen, nicht eine davon verkommen zu lassen.
Schon beim Pflücken frage ich mich, was ich wohl später mit ihnen mache. Tomaten sind ungeheuer flexibel. Nach längerem Experimentieren kam ich auf die Idee, eine selbst gemachte süße Konfitüre mit knusprigem Käse zu vereinen. Herausgekommen ist eine meiner absoluten Lieblingsvorspeisen – schlicht und doch unglaublich köstlich.

ZUTATEN KONFITÜRE

100 ml	Wasser
200 g	Kristallzucker
200 g	Cherrytomaten, halbiert
2	Zimtstangen
4	Tropfen Zitronensaft
20 g	Butter

ZUTATEN ZIEGENKÄSETALER

1	großes Ei
25 g	gemahlene Mandelkerne
25 g	gemahlene Pistazienkerne
50 g	zerstoßene Cornflakes
	Wasser
	Mehl für die Panade
100 g	Ziegenkäse, in Taler geschnitten
	Pflanzenöl zum Frittieren

1. Für die Konfitüre das Wasser in einem kleinen Topf bei mittlerer Hitze erwärmen, den Zucker einrühren und die halbierten Cherrytomaten und Zimtstangen dazugeben. Das Wasser zum Kochen bringen und die Temperatur auf niedrige Hitze reduzieren. Die Konfitüre 20 Minuten lang köcheln lassen und bei Bedarf immer wieder aufsteigenden Schaum mit einer kleinen Suppenkelle abschöpfen.

2. Den Zitronensaft und die Butter hineingeben und vorsichtig weiterrühren, bis die Butter in der Konfitüre geschmolzen ist. Weitere 10 Minuten köcheln lassen, dann den Topf vom Herd nehmen. Die Zimtstangen entfernen und die Konfitüre abkühlen lassen.

3. Für die Ziegenkäsetaler das Ei in einen tiefen Teller schlagen und mit einer Gabel schaumig rühren. Die gemahlenen Mandeln, die Pistazien und die zerstoßenen Cornflakes in einer separaten Schüssel mischen.

4. Zum Panieren vier Stationen vorbereiten. Für die erste Station einen tiefen Teller mit Wasser füllen, für die zweite einen tiefen Teller mit Mehl, für die dritte in einem Teller das Ei verquirlen und für die letzte Station die Pistazien-Cornflakes-Mischung in einen tiefen Teller geben.

5. Die Taler nun folgendermaßen panieren: Zuerst die Taler in Wasser tauchen, dann in Mehl wenden, durch das Ei ziehen und zum Schluss in der Pistazien-Cornflakes-Mischung wenden.

6. Reichlich Pflanzenöl stark erhitzen. Testen, ob das Öl heiß genug ist. Dazu einen kleinen Brotwürfel hineinwerfen: Wenn das Öl brutzelt, ist es heiß genug zum Frittieren. Die panierten Taler nun einzeln von jeder Seite ca. 2 Minuten frittieren, bis sie knusprig sind. Dann mit einer Schaumkelle herausnehmen.

7. Die Ziegenkäsetaler warm, gekrönt mit einem großzügigen Löffel der süßen Cherrytomatenkonfitüre, servieren.

Spetsofai – Griechischer Bauerneintopf

Für 4 Portionen

ZUTATEN

7	grüne Paprikaschoten
	griechisches Olivenöl zum Braten
	Sonnenblumenöl zum Braten
3	Auberginen, in Scheiben geschnitten
800 g	griechische Bauernwurst, in grobe Scheiben geschnitten
2	Knoblauchzehen, fein geschnitten
1	weiße Zwiebel, fein geschnitten
½	scharfe Peperoni, fein geschnitten
1 ½ TL	Passata
1 TL	Tomatenmark
2 TL	frisch gehackte Minze
3 TL	feines Meersalz
2 TL	frisch gemahlener Pfeffer
	Chiliflocken nach Belieben

1. Die Paprikaschoten in einer Pfanne bei mittlerer Hitze von allen Seiten in Olivenöl anbraten. Nachdem die Schoten gut gebräunt sind, aus der Pfanne nehmen und schälen, solange sie noch warm sind. Stiel, Samen und weiße Fasern entfernen, das Fruchtfleisch in grobe Stücke schneiden.

2. In einer separaten Pfanne etwas Sonnenblumenöl erhitzen und die Auberginenscheiben bei mittlerer Hitze braten, bis sie weich sind. Die Scheiben aus der Pfanne nehmen und restliches Öl mit einem Küchenpapier auswischen. Die Auberginenscheiben ebenfalls in mundgerechte Stücke schneiden.

3. Etwas Sonnenblumenöl in einer dritten Pfanne erhitzen und darin die Bauernwurst, Knoblauch und Zwiebel bei mittlerer Hitze anbraten. Die Peperoni, Passata, Tomatenmark, Auberginenstücke und die geschnittenen Paprika hinzugeben. Alle Zutaten 4-5 Minuten anbraten. Mit Minze, Salz und Pfeffer würzen.

4. Das Spetsofai zum Schluss gut durchrühren und mit Chiliflocken nach Belieben Schärfe verleihen.

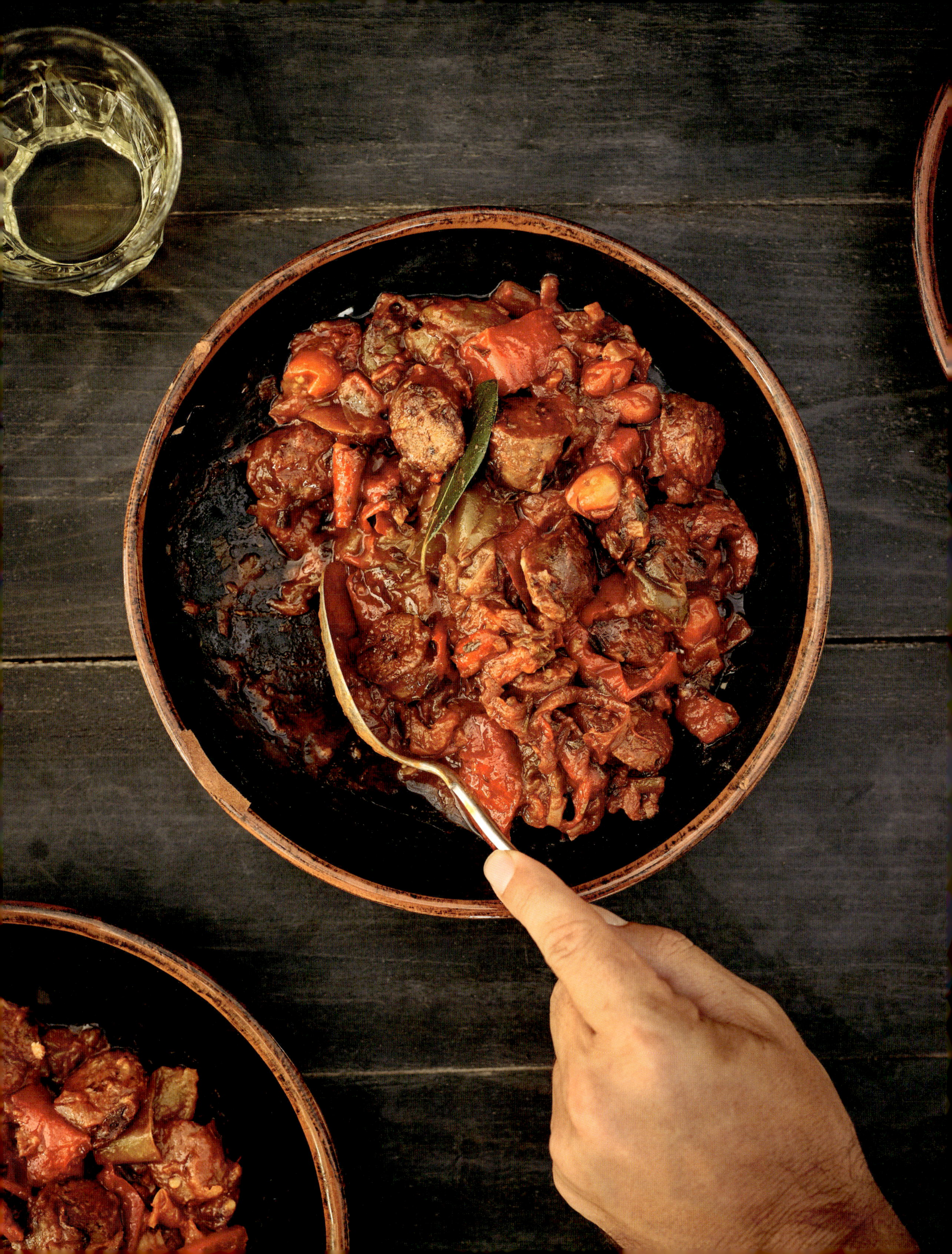

Knusprige Kalamari

Für 2 Portionen

———✳———

Alle Griechen sind sich einig, dass es fast das Schönste ist, wenn die nackten Füße am Meer den weichen Sand berühren, eine sanfte Welle über die Zehen spült und ein kühler Schauer durch den Körper rieselt. Genauso sind sich alle Griechen einig, dass es fast das Schönste ist, wenn die orange-rote Sonne am Horizont mit dem Meer zu verschmelzen scheint und dem sonst tiefen Blau goldene Nuancen verleiht. Aber das ist nichts im Vergleich zum Klang der rauschenden Wellen und dem Gesang der Möwen, was tatsächlich für alle Griechen fast das Schönste ist. Doch für jeden einzelnen Griechen, den ich kenne, ist es ohne jeden Zweifel das beinahe Allerschönste, wenn er einen tiefen Atemzug nehmen und die saubere Luft riechen kann, und dabei das Aroma von Salz, Wind, Algen und der belebenden Frische des Meerwassers in sich aufnimmt. Ich hebe die Gabel zum Mund und kann dem nur zustimmen. Wie alle Griechen verschließe ich demütig meine Sinne vor allem anderen um mich herum. Und nehme einen ersten Bissen vom Allerschönsten.

ZUTATEN

500 g	Kalamari (Tintenfischtuben)
2 TL	feines Meesalz
	Mehl zum Panieren
	Sonnenblumenöl zum Frittieren
	Zitronenspalten zum Servieren

DIP (OPTIONAL)

30 g	Pinienkerne
70 g	frisches Basilikum, fein gehackt
2	Knoblauchzehen, fein geschnitten
2 TL	geriebener Parmesan
8 TL	griechisches Olivenöl
1 TL	weißer Balsamicoessig zzgl. mehr zum Abschmecken
	feines Meersalz und frisch gemahlener Pfeffer

1. Falls gewünscht, für den Dip die Pinienkerne in einer Pfanne bei mittlerer Hitze ohne Fett rösten.

2. Basilikum, Knoblauch, Parmesan und die gerösteten Pinienkerne in einen Mixer geben und die Zutaten bei hoher Stufe ca. 1 Minute lang mixen. Zum Schluss das Olivenöl und den Balsamicoessig hinzugeben. Die Zutaten erneut mixen, bis ein glatter Dip entsteht. Mit Salz, Pfeffer und Balsamicoessig abschmecken. Den Dip vorerst beiseitestellen.

3. Nun die Kalamari zubereiten. Die Tintenfischtuben gründlich unter fließendem Wasser waschen und in ca. 1 cm breite Ringe schneiden. Die Tintenfischringe mit Salz würzen.

4. Zum Panieren einen tiefen Teller mit Mehl und einen zweiten mit Wasser füllen. Die Tintenfischringe zuerst in Mehl wenden, dann kurz in das Wasser tauchen.

5. Zum Frittieren reichlich Sonnenblumenöl in einer mittelgroßen Pfanne erhitzen oder eine Fritteuse verwenden. Das Öl bei mittlerer Hitze erhitzen und testen, ob es heiß genug ist. Dazu einen panierten Tintenfischring hineingeben. Wenn das Öl brutzelt, ist es heiß genug. Die Kalamari portionsweise frittieren, bis sie knusprig und goldbraun sind.

6. Die fertigen Kalamari mit einer Schaumkelle herausnehmen, auf einen Teller legen und restliches Öl mit Küchenpapier abtupfen. Die Kalamari heiß mit Zitronenspalten und dem Dip servieren.

Roter Paprikaaufstrich

Für 2 Portionen

Wie ein Tier nach dem Winterschlaf erwacht auch ein Haus beim Frühjahrsputz. In allen Zimmern gründlich Staub zu wischen ist, als riebe man den Schlaf aus den Augen, blinzelte ins gleißende Sonnenlicht, das durch die offenen Fenster fällt, und atmete tief die hereinströmende frische Luft ein. Der Frühling ist ein fantastischer Architekt. Im Licht, das durch die Flure strömt und die Wände emporklettert, erwacht mein Haus zum Leben und ist nicht wiederzuerkennen. Ich ziehe Schubladen auf und finde darin Schätze, die ich vergessen oder verlegt hatte. Glas klirrt, als ich durch alte Rotweinflaschen stöbere, und plötzlich halte ich ein kleines Einmachglas in den Händen. Es schlummert weit hinten in einer dunklen Schublade wie ein reifender Jahrgangswein. Ich wecke es auf, öffne den Deckel und schnuppere das Aroma seines blumigen Buketts – eine reiche Mischung aus wärmenden Gewürzen und einer scharfen Chilinote, die meine Zunge kitzelt. Die rote Paprikapaste in diesem Glas entfaltet sich wie eine Frühlingsblume, sie schmilzt auf meiner Zunge wie die letzten Schneeflocken, und in diesem Moment wird mir klar, wie sehr ich den Frühling vermisst habe, wie lieblich er schmeckt. Langsam und genüsslich leere ich das Glas Löffel für Löffel, wie einen herzhaften Muntermacher nach einem langen Winterschlaf.

ZUTATEN

- 2 TL griechisches Olivenöl zum Braten
- 1 Knoblauchzehe, geschält
- 1 kg rote Paprikaschoten
- 1 TL edelsüßes Paprikapulver
- 1 TL Chiliflocken
- 2 Prisen feines Meersalz
- 1 Prise frisch gemahlener Pfeffer
- 2 TL Balsamicoessig
- 100 g Fetakäse, zerkrümelt
- geröstetes Weißbrot zum Servieren

1. Olivenöl in einer Pfanne erhitzen. Den Knoblauch und die ganzen Paprikaschoten darin bei mittlerer Hitze anbraten, bis die Schoten weich und von allen Seiten braun sind.

2. Die Paprika aus der Pfanne nehmen und schälen. Stiel, Samen und weiße Fasern entfernen. Die Paprika mit dem sautierten Knoblauch, Paprikapulver, etwas Olivenöl und Chiliflocken in eine Küchenmaschine geben. Alles bei mittlerer Stufe zu einer glatten Paste mixen.

3. Die Paste mit Salz, Pfeffer und Balsamicoessig würzen. Zum Schluss den Fetakäse hinzugeben und alles erneut bei mittlerer Stufe mixen, bis die Paste eine samtige Konsistenz annimmt.

4. Den Aufstrich auf geröstetem Weißbrot genießen und in einem luftdichten Behälter aufbewahren.

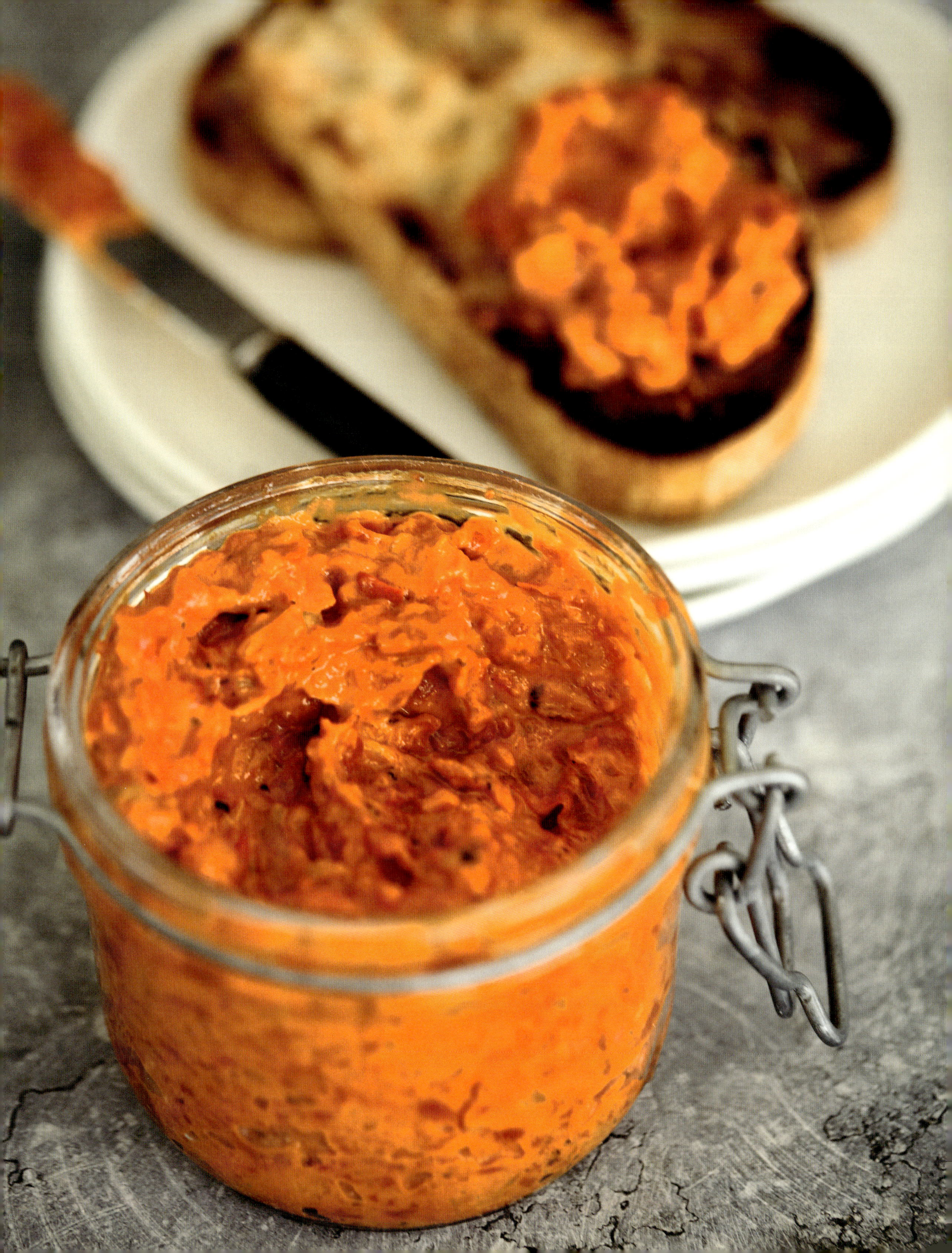

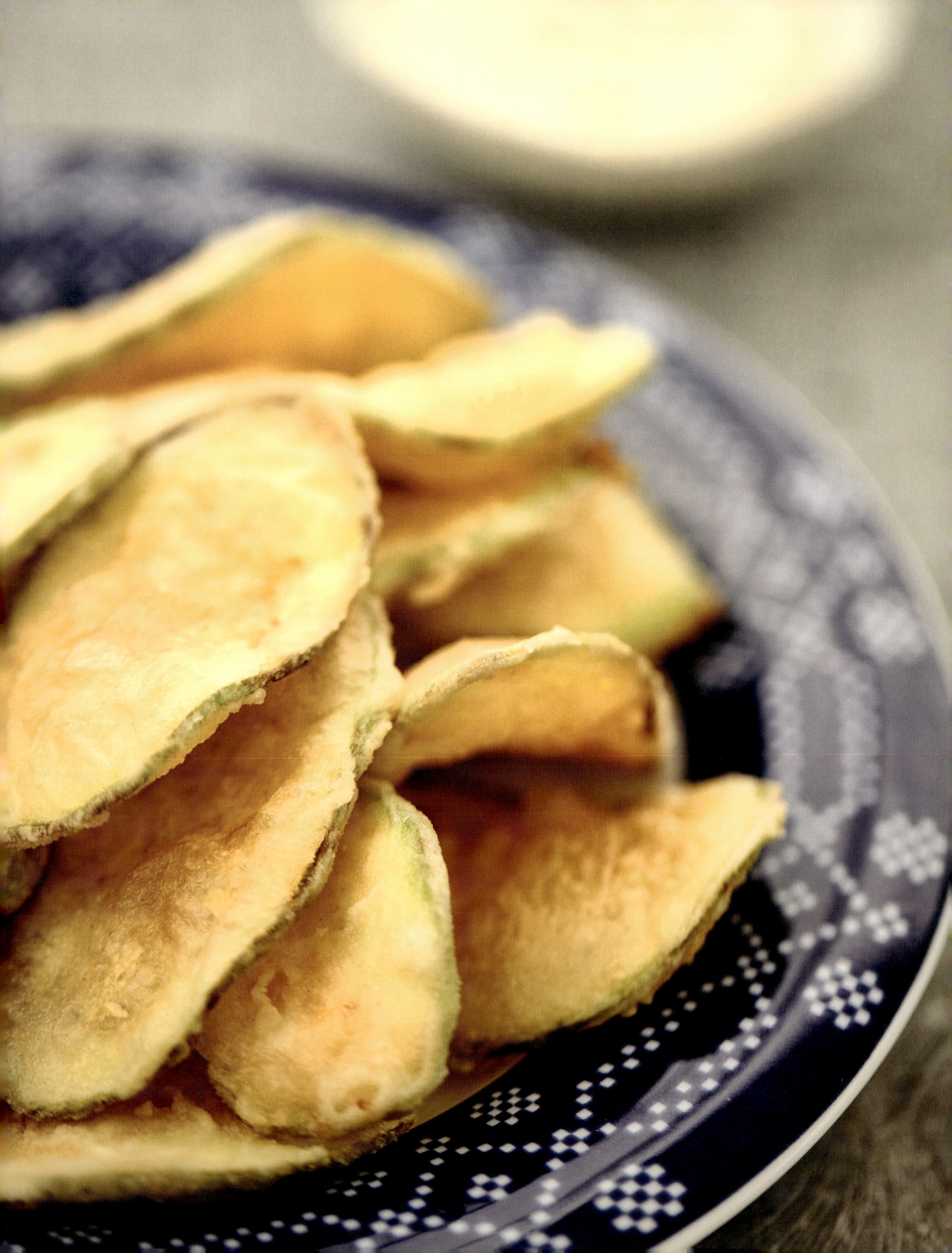

Knusprige Zucchinichips

Für 4 Portionen

„Jesus!", entfuhr es mir, als ich mich im Spiegel sah. Die Ähnlichkeit war verblüffend. Ich kam gerade von meiner ersten Reise zu den Klöstern auf dem Berg Athos zurück: mit Vollbart und noch immer in dem schlichten Gewand, das ich dort getragen hatte. Jeden Morgen hatte ich dort im Garten mit den Mönchen, die etwas freie Zeit hatten, über ihren entspannten Lebensstil geplaudert. Die einfache Kleiderordnung und der Wegfall jeglichen Stylings ersparten mir morgens bis zu 30 Minuten im Bad. Oder eher bis zu zwei Stunden, denn es gibt dort keine Frauen, die den Spiegel für ihre Morgentoilette in Beschlag nehmen könnten. Zwei gewonnene Stunden für gute Gespräche unter Männern, nachmittags auf einer Bank mit einem Glas Wein und knusprigen Zucchinichips, wie Freunde vor dem Fernseher mit einer Dose Bier und einer Packung Chips. Ich reibe mir den Bauch und nehme einen Schluck. Männer allein zu Haus.

ZUTATEN

- 2 mittelgroße Zucchini
- feines Meersalz
- Mehl zum Panieren
- Sonnenblumenöl zum Frittieren
- Skordalia zum Servieren (Rezept siehe Seite 230)

1. Die Zucchini gründlich waschen, die Stiele und Enden entfernen. Die Zucchini mit einem Gemüsehobel in dünne Scheiben hobeln.

2. Die Zucchinischeiben in reichlich Salzwasser legen und 10-15 Minuten darin ziehen lassen.

3. Für die Panade eine Schüssel mit Mehl füllen, die zweite mit Wasser. Die Zucchinischeiben zuerst in Mehl wenden und dann kurz in das Wasser tauchen.

4. Zum Frittieren reichlich Sonnenblumenöl in einer mittelgroßen Pfanne erhitzen oder eine Fritteuse verwenden. Das Öl bei mittlerer Hitze erhitzen und testen, ob es heiß genug ist. Dazu einen panierten Zucchinichip hineingeben. Wenn das Öl brutzelt, ist es heiß genug. Die Scheiben portionsweise frittieren, bis sie knusprig und goldbraun sind. Die Chips heiß mit Skordalia servieren.

Geräucherte Makrelen

Für 3 Portionen

Wie ein weißer Pinselstrich auf der blauen Leinwand des Himmels weckt der Anblick eines Flugzeugs in mir das Heimweh nach Orten, an denen ich noch nie war, und einen Appetit auf Speisen, die ich noch nie gekostet habe. Selbst ohne in ein Flugzeug zu steigen kann ich durch ein, wie ich es nenne, „kulinarisches Fenster" einen Blick in ein anderes Land werfen. Auf diese Weise reise ich zu allen möglichen Orten, ohne mein Plätzchen im Schatten der Kiefern zu verlassen – mit Blick aufs Meer, einem Glas Ouzo und einem Teller geräucherter Makrelen vor mir. Exotische Zutaten sind mein Kompass, wenn ich mein Fernweh stillen will, und so wurde eine Makrele nach japanischer Art zu einem Souvenir, das ich von einer früheren, nicht räumlichen, sondern kulinarischen Reise aus Fernost mitbrachte. Sie passt perfekt zum Ouzo. Sie steht für einen aufregenden Mix der Kulturen, der Nostalgie des Vertrauten mit dem Hunger nach dem Unbekannten. Und wer weiß? Vielleicht sitzt irgendwo da draußen ein Japaner friedlich in seinem Zen-Garten im Schatten eines blühenden Kirschbaums, isst Makrelen und genießt ein Glas gekühlten Ouzo. Dann würden wir beide gerade um die Welt reisen, zumindest ein bisschen.

ZUTATEN

80 ml	Mirin (süßer japanischer Reiswein)
270 ml	Sake
20 ml	Sojasauce
200 ml	Wasser
1	kleine rote Zwiebel, in feine Ringe geschnitten
3	Makrelen, gewaschen und filetiert

1. Für die Marinade Mirin, Sake, Sojasauce und Wasser in eine Edelstahl- oder Glasschüssel gießen. Die Zutaten mit einer Gabel vermischen. Die Zwiebelringe dazugeben.

2. Die Makrelenfilets hineinlegen und 40 Minuten zugedeckt an einen kühlen, trockenen Ort stellen.

3. Den Räucherofen vorheizen und den Fisch darin langsam räuchern, bis er saftig wird. Die geräucherte Makrele pur oder mit einem kühlen Glas Ouzo oder Tsipouro genießen.

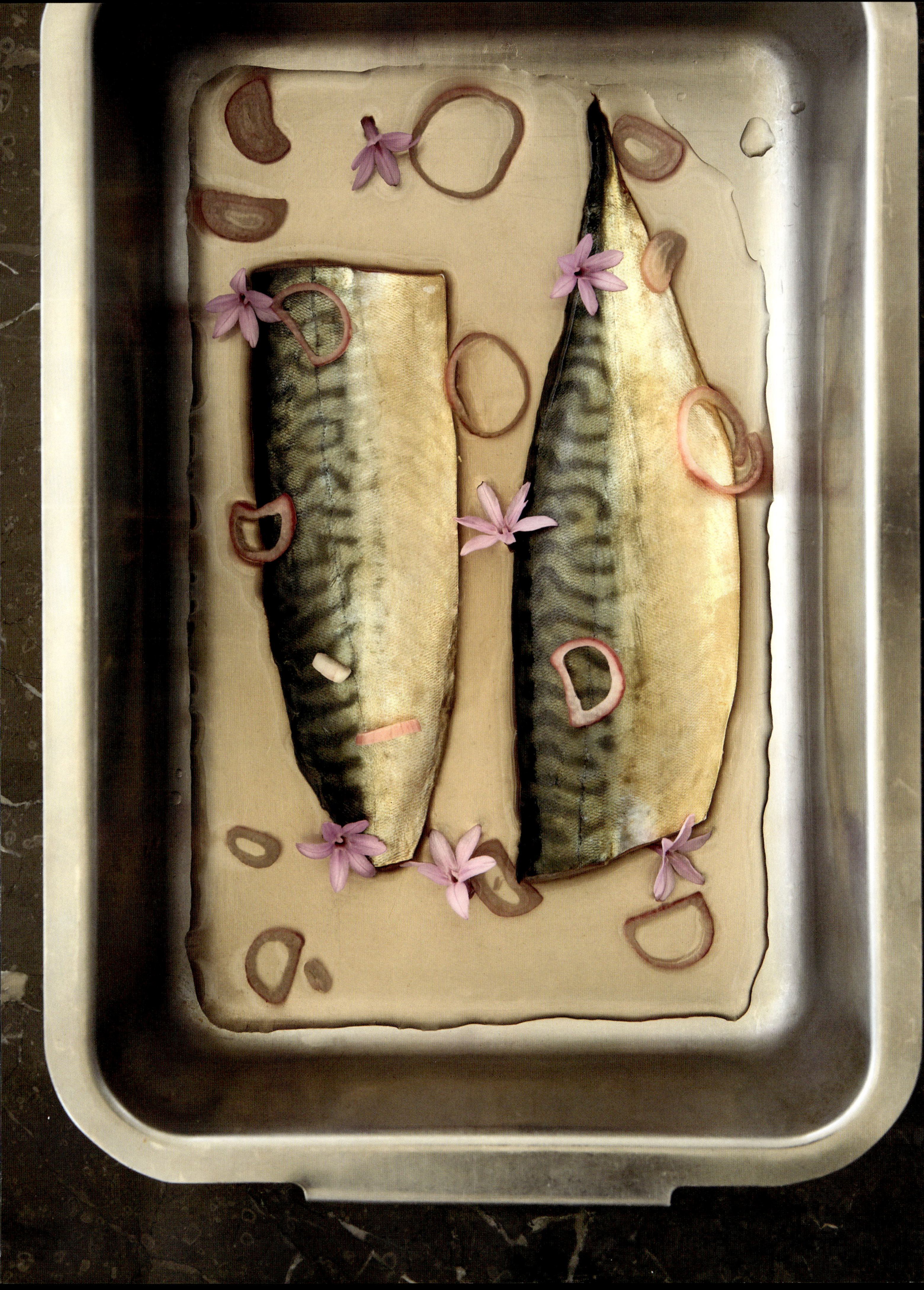

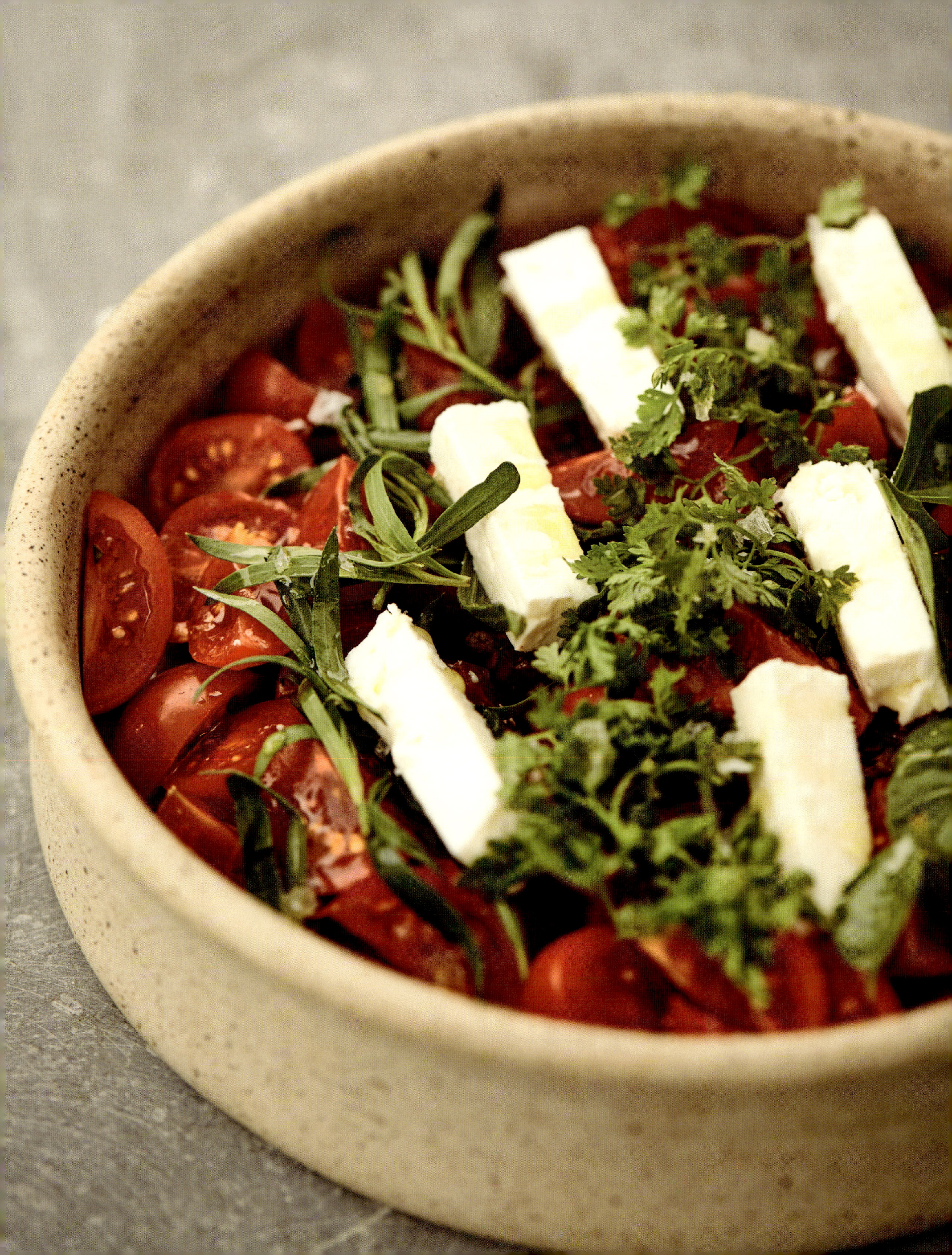

Saftige Cherrytomaten mit Ziegenkäse und frischen Kräutern

Für 2 Portionen

Das winzige Restaurant meines Freundes trägt den Namen seiner Mutter, die das Familienunternehmen führte, bevor es an ihn überging. Ich saß an einem der alten Holztische, als er mir den bestellten Salat brachte, und summte das alte griechische Lied mit, das im Hintergrund lief. Ich wusste, das Rezept dieses Salates stammte noch von seiner verstorbenen Mutter. Der Dielenboden knarrte unter seinen Schritten, als er hinter dem altmodischen Tresen zwei Weingläser holte. „Hast du nie daran gedacht, hier zu renovieren?" Mein Blick fiel auf die Schwarz-Weiß-Fotos an der Wand. „Warum machst du nicht etwas Eigenes daraus, anstatt es so zu lassen wie bei deiner Mutter? Oder hätte sie das nicht gewollt?" „Das hatte ich früher einmal vor", sagte er und zeigte auf ein altmodisches Glasgefäß auf einem der Schränke. „Ich weiß noch, wie sie diese Vase dort drüben polierte, als ich verkündete, ich hätte große Pläne. Ich würde hieraus ein modernes Restaurant mit innovativer Küche machen und malte ihr meine Träume aus. Lächelnd sagte sie, auch sie hätte solche Pläne gehabt, als sie das Restaurant von ihrer Mutter übernahm. Doch sie habe es sich anders überlegt." „Du auch?" Er nickte. „Als sie dir das Restaurant vererbte", folgerte ich. „Ja, denn ab dem Tag war dieser Ort alles, was mir von meiner Mutter blieb."

ZUTATEN

20	Cherrytomaten, halbiert
	weißer Balsamicoessig
	grobes Meersalz
	griechisches Olivenöl
	Basilikumblätter
	Estragonblätter
	Korianderblätter
100 g	Ziegenkäse, in 6 Rechtecke geschnitten

1. Die halbierten Cherrytomaten auf einem Servierteller anrichten.

2. Die Tomaten nach Geschmack mit Balsamicoessig beträufeln und mit etwas Salz bestreuen. Olivenöl in Wellenlinien über den Teller träufeln.

3. Die Tomaten mit Basilikum-, Estragon- und Korianderblättern garnieren und zum Schluss den Ziegenkäse darauf anrichten.

Gefüllte Auberginen mit Hackfleisch und Feta

Für 4 Portionen

Man sagt, die Griechen lieben nur ihre eigene Küche. Dem muss ich energisch widersprechen, da ich persönlich die italienische Küche sehr schätze. Meine griechischen Freunde sind fremden Genüssen gegenüber allerdings weniger aufgeschlossen. Also lud ich sie kurzerhand ins Bella Italia ein, um ihren kulinarischen Horizont zu erweitern. An der Tür der Pizzeria begrüßte uns ein betörender Duft. „Buona sera! Benvenuti!" Der Kellner führte uns zu meinem Lieblingstisch, auf dem eine karierte Decke lag und eine Kerze brannte. Im Hintergrund spielte italienische Musik. „Das Übliche", sagte ich und zwinkerte dem Kellner zu. Ich rieb mir die Hände und sagte zu meinen Freunden: „Das ist das beste italienische Restaurant, das ich kenne. Original italienische Küche! Wenn ihr meine Bestellung probiert, seid ihr sicher genauso überzeugt!" Skeptische Blicke empfingen den Kellner, als er Gabeln, Messer, kleine Teller, Schneidebretter und eine Auflaufform auf dem Tisch auslegte, während ich meine Einkäufe auspackte: Auberginen, griechisches Olivenöl, Fetakäse und, und, und … „Wartet's ab!", rief ich und bereitete echt griechische gefüllte Auberginen zu. Der Kellner brachte meine Bestellung: eine kleine Schüssel mit italienischer Napolitana-Tomatensauce, die ich auf die Auberginen löffelte, bevor ich sie ihm zum Garen im Ofen überließ. „Seht ihr?" Meine Freunde schlossen genießerisch die Augen, nickten zustimmend und erklärten, es sei das beste italienische Essen, das sie je gegessen hätten. Ich muss zugeben, diese gefüllte Aubergine mit Napolitana-Sauce ist so köstlich, dass man meinen könnte, sie sei aus Griechenland.

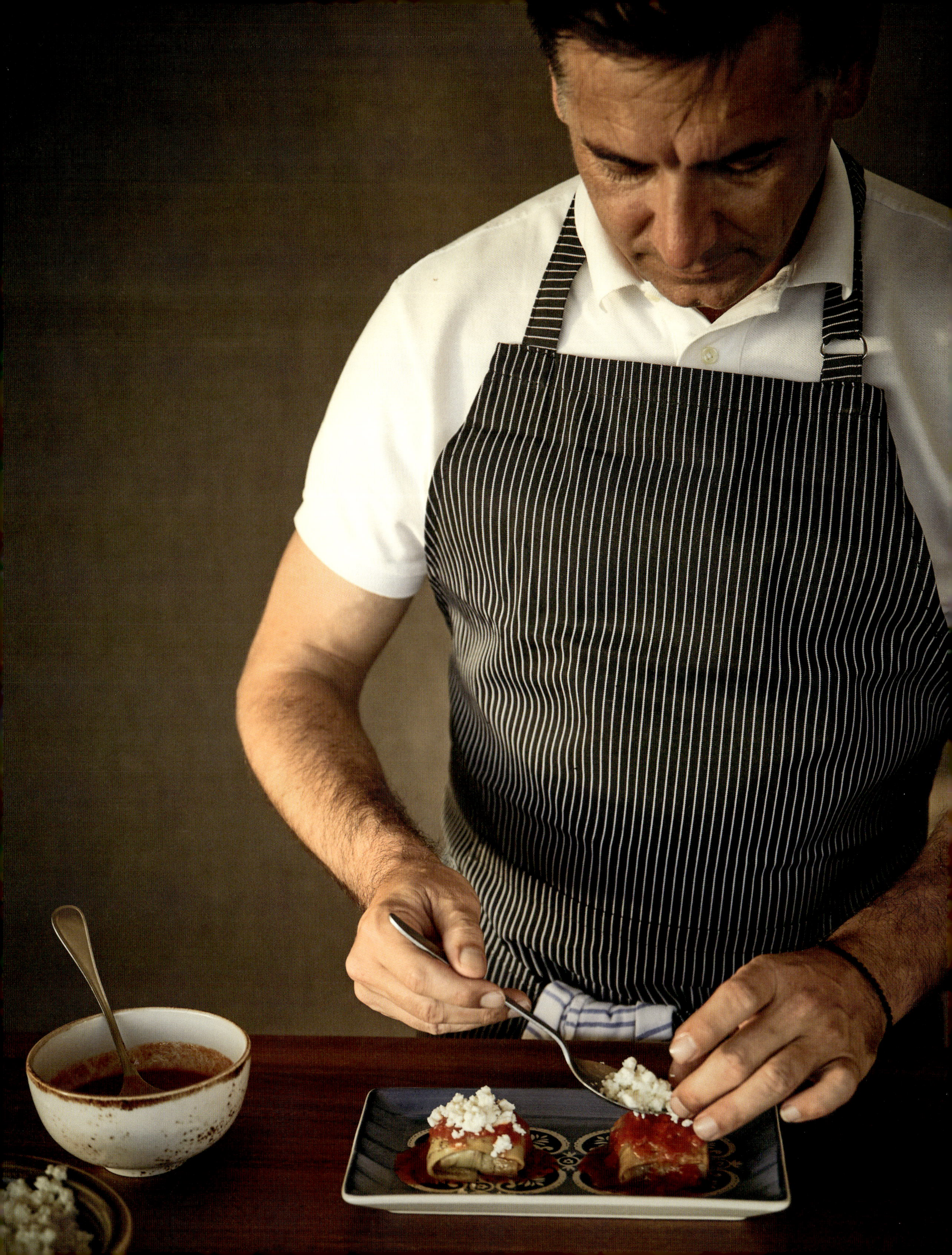

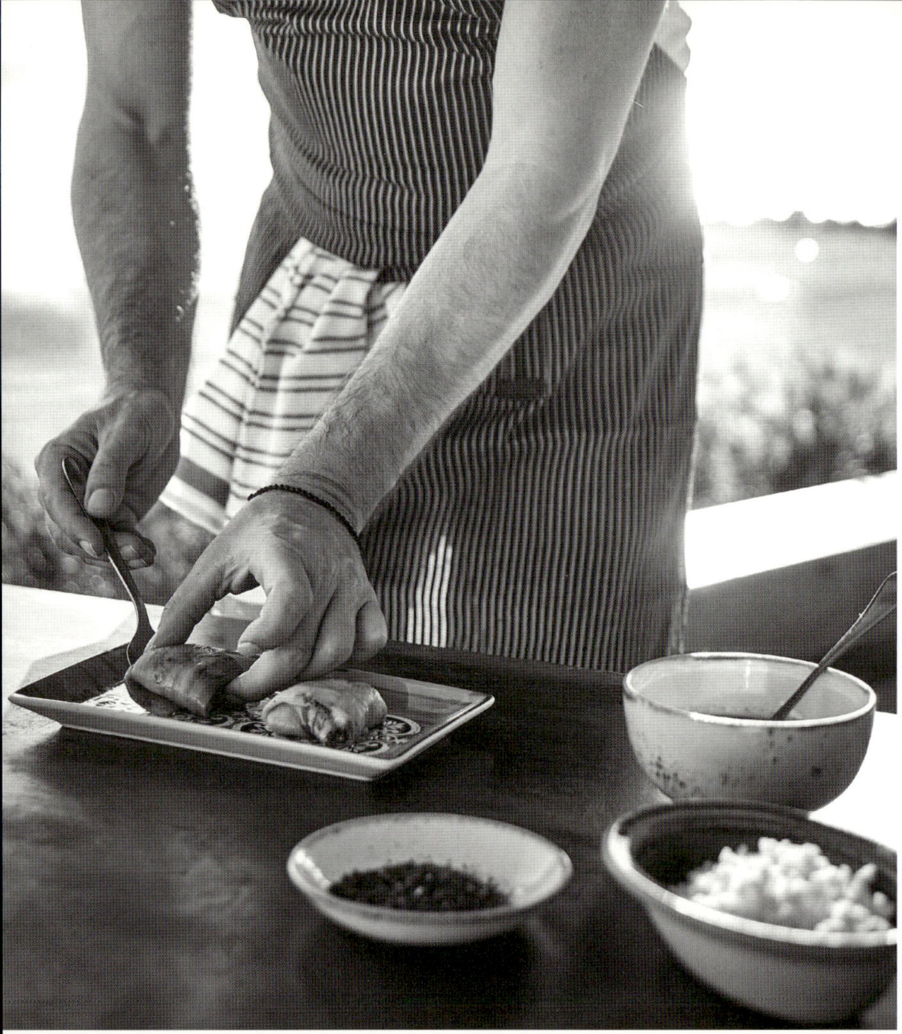
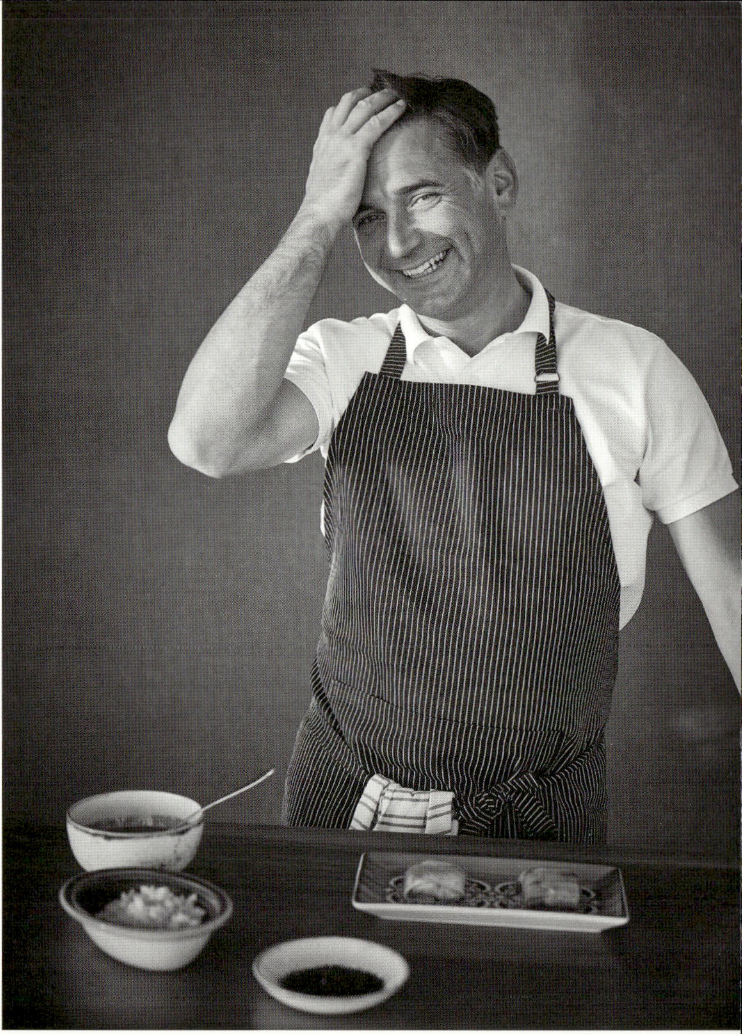
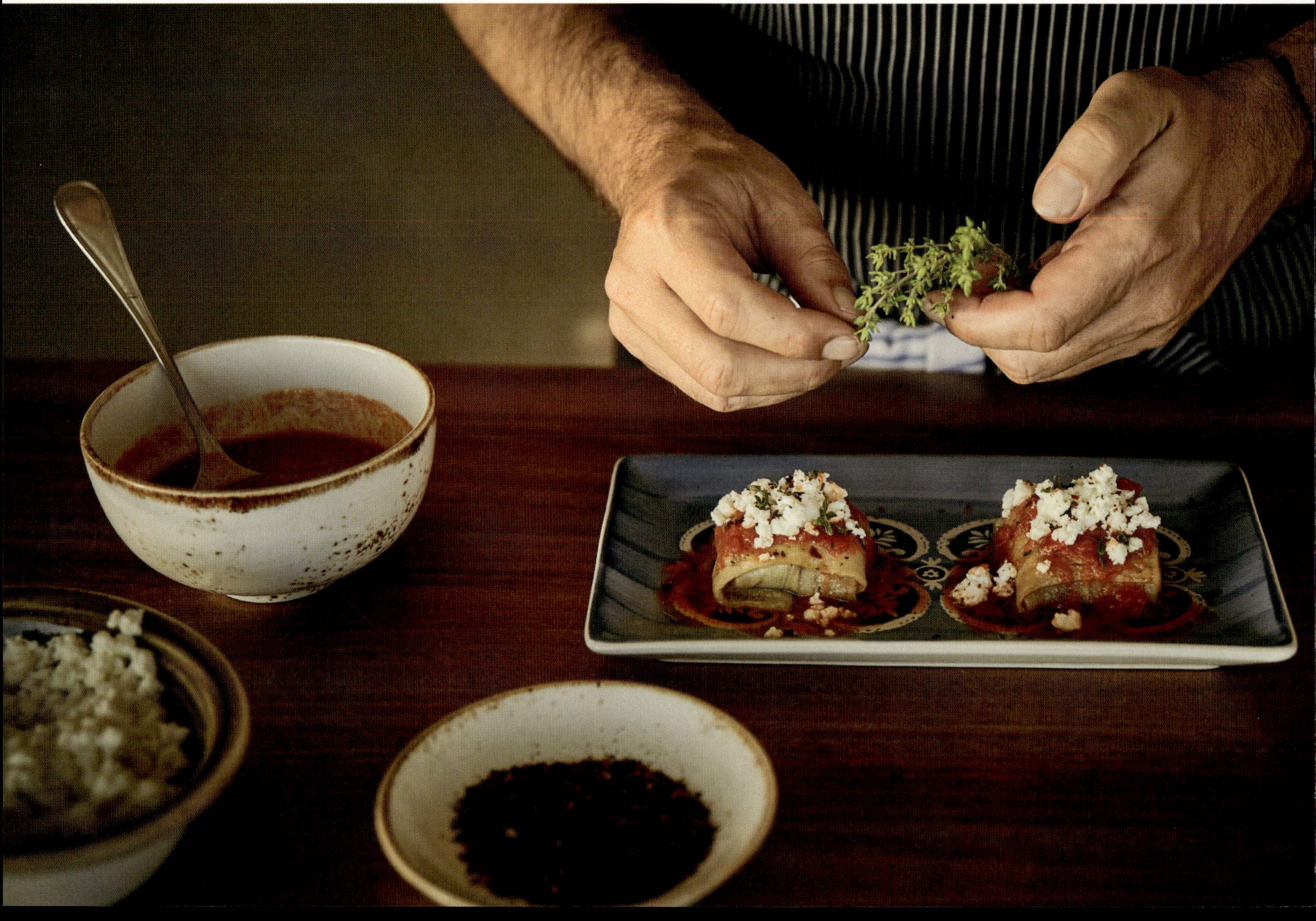

ZUTATEN

5	Auberginen
	Sonnenblumenöl zum Braten
	griechisches Olivenöl zum Braten und Einfetten
2	weiße Zwiebeln, fein gehackt
2	Karotten, fein gehackt
2-3	Zweige frischer Thymian
½	Knoblauchzehe, fein gehackt
300 g	Hackfleisch
8	Zweige Oregano, Blättchen abgezupft
60 ml	Rotwein
	feines Meersalz und frisch gemahlener Pfeffer
1	Handvoll frische Petersilie, gehackt
1 EL	weißer Balsamicoessig
300 g	Napolitana-Sauce
100 g	griechischer Fetakäse

1. Den Ofen auf 180 °C vorheizen.

2. Die Auberginen der Länge nach in ca. 5 mm dünne Streifen schneiden. Die Streifen in Sonnenblumenöl bei mittlerer Hitze ca. 1 Minute von beiden Seiten anbraten. Dann aus der Pfanne nehmen und mit Küchenpapier abtupfen. Die Schale mit einer scharfen Messerspitze abziehen. Dann zwei Streifen nehmen und kreuzförmig übereinanderlegen. Den Vorgang wiederholen, bis alle Auberginenstreifen in kleinen Kreuzen auf der Arbeitsfläche liegen.

3. Für die Füllung etwas Olivenöl in einer Pfanne bei mittlerer Hitze heiß werden lassen. Zwiebeln, Karotten, Thymian und Knoblauch darin anschwitzen. Die Hitze reduzieren und alles bei niedriger Hitze garen. Zwischenzeitlich in einer zweiten Pfanne etwas Olivenöl heiß werden lassen. Das Hackfleisch darin bei hoher Hitze anbraten, bis es braun und durchgebraten ist, dabei mit einem Holzlöffel umrühren. Die Blättchen von 6 Oreganozweigen dazugeben und weitere 2 Minuten garen. Dann mit Rotwein ablöschen, mit Salz sowie Pfeffer abschmecken und weiter ziehen lassen.

4. Nach ca. 2 Minuten das angeschwitzte Gemüse aus der ersten Pfanne zum Hackfleisch geben. Alles gut verrühren und 6-10 Minuten erhitzen, dann die Petersilie hinzugeben. Die Pfanne vom Herd nehmen und alles mit Salz sowie Pfeffer abschmecken. Restliche Oreganoblättchen und Balsamicoessig dazugeben und die Zutaten gut durchrühren.

5. Etwas Hackfleischmischung mit einem Esslöffel in die Mitte der Auberginenkreuze geben. Die Kreuze anschließend zu kleinen Päckchen falten.

6. Eine kleine ofenfeste Form mit Olivenöl einfetten und die kleinen Auberginenpäckchen hineinsetzen. 1-2 Esslöffel Napolitana-Sauce auf jedes Päckchen geben und mit etwas Fetakäse bestreuen. Die Päckchen 15 Minuten im Ofen garen. Vor dem Servieren nochmals etwas Fetakäse auf jedes Päckchen verteilen.

Drei Dips

Ich habe für dieses Buch nicht mehr als drei Dips ausgewählt, in der Hoffnung, dass sie ausreichen. Vielleicht ist das ein Fehler. Allerdings habe ich in meinem Leben sicher schon mehrere Fehler begangen. Ich habe Versprechen, Regeln und Herzen gebrochen. Vermutlich kommt nach diesem Geständnis die Frage auf, was ich bloß für ein Mensch sei.
Ich bin ein Mensch, der Risiken eingegangen ist und dabei gescheitert ist. Ich wollte führen, lehren und habe versagt. Ich bin ein Mensch, der Angst hat, der Tränen vergießt und der vor Zorn schäumt. Oft jedoch verbirgt sich hinter meiner Angst Sorge, hinter meinen Tränen Glück und hinter meinem Zorn Liebe. Ich bin bereit zu folgen, um zu führen, zu lernen, um zu lehren, und zu versagen, um Erfolg zu haben. Ich habe gelernt, Risiken abzuwägen, loszulassen, und bin schließlich zu einem Menschen geworden, der etwas erreicht hat. Oft hielt ich Versprechen, achtete Regeln, und vielleicht habe ich sogar ein paar Herzen geheilt. Richtig oder falsch zu liegen oder keins von beidem, geliebt oder verachtet und vergessen zu werden, hat mich zu dem gemacht, der ich heute bin. Sollte ich jemals gefragt werden, was für ein Mensch ich sei, dann antworte ich darauf nur mit drei Worten, in der Hoffnung, dass sie ausreichen: nur ein Mensch.

Auberginen-Granatapfel-Dip

Für 4 Portionen

ZUTATEN

6	Auberginen
1	Knoblauchzehe, fein gehackt
	Kerne von 2 Granatäpfeln
½	Handvoll Petersilie, fein gehackt
3 TL	fein gehackte Walnusskerne
50 ml	griechisches Olivenöl
4 TL	weißer Balsamicoessig
4	Prisen feines Meersalz

ZUM GARNIEREN

Walnusskerne, fein gehackt
Granatapfelkerne

1. Den Ofen auf 180 °C vorheizen. Für die Auberginen mit einer scharfen Messerspitze einige Löcher in die Auberginen stechen. Auf ein Backblech legen und 45 Minuten im Ofen weich garen.

2. Ein Sieb auf eine Plastikschüssel legen. Die gegarten Auberginen auf einem Schneidebrett halbieren. Mit einem Löffel das Fruchtfleisch aus den Hälften kratzen und dieses in das Sieb geben. Beim Aushöhlen die Kerne der Aubergine entfernen. Das Auberginenfruchtfleisch im Sieb mit der Schüssel für 1 Stunde in den Kühlschrank stellen, um die Aubergine zu entwässern. Die Flüssigkeit aus dem Fruchtfleisch tropft durch das Sieb in die Schale.

3. Im Mixer Knoblauch, Granatapfelkerne, Petersilie, Walnüsse und Olivenöl bei hoher Stufe zu einem samtigen Dip pürieren.

4. Das entwässerte Auberginenfruchtfleisch dazugeben, mit Balsamicoessig und Salz würzen. Alles erneut bei hoher Stufe mixen. Den Dip auf einem Teller anrichten und mit gehackten Walnüssen und Granatapfelkernen garnieren.

Rote-Bete-Dip

Für 2 Portionen

ZUTATEN

5 TL	griechisches Olivenöl zzgl. mehr zum Beträufeln
7	Prisen feines Meersalz zzgl. mehr zum Abschmecken
5	rohe Rote-Bete-Knollen, ohne Blätter
700 g	griechischer Joghurt
150 g	gemahlene Walnusskerne
1	Knoblauchzehe, gerieben
2 ½ TL	Erdbeerkonfitüre
1 TL	Rosinen
2 ½ TL	weißer Balsamicoessig
1	Prise frisch gemahlener Pfeffer

ZUM GARNIEREN

½ EL	Rosinen
	gemahlene Walnusskerne
	Dill

1. Den Ofen auf 180 °C vorheizen. Aus Alufolie 5 Rechtecke (40 x 20 cm) zuschneiden. Mit Olivenöl beträufeln sowie mit Salz bestreuen. Jede Rote-Bete-Knolle in die Mitte eines Rechtecks legen und zu einem Päckchen einwickeln. Die Alufolie nicht zu fest um die Knolle wickeln, es soll etwas Luft bleiben. Die Knollen 90 Minuten im Ofen backen. Mit einem Zahnstocher hineinstechen und prüfen, ob sie weich sind.

2. Sobald die Knollen weich sind, die Päckchen öffnen. Knollen kurz abkühlen lassen, noch warm schälen. 4 Knollen grob reiben, die Übrige zum Garnieren aufbewahren. Geriebene Bete kurz mit den Händen ausdrücken, dann in eine Schüssel geben.

3. Joghurt, Walnüsse, Knoblauch, Erbeerkonfitüre, Rosinen, Balsamicoessig und Olivenöl hinzugeben. Dann mit Salz und Pfeffer abschmecken. Die Zutaten gründlich mit der Hand vermischen.

4. Die letzte Rote-Bete-Knolle in Würfel schneiden. Den fertigen Dip mit den Würfeln, Rosinen, Walnüssen und Dill garnieren.

Riesenbohnendip

Für 4 Portionen

ZUTATEN

250 g	getrocknete Lima-/Riesenbohnen
	feines Meersalz
100 g	sonnengetrocknete Tomaten
500 ml	Wasser
	griechisches Olivenöl zum Braten
1	Knoblauchzehe, in Scheiben geschnitten
1	weiße Zwiebel, in Ringe geschnitten
2	Zweige frischer Thymian
1	Karotte, in dünne Scheiben geschnitten
1	rote Paprikaschote, geputzt und grob geschnitten
250 ml	Rotwein
5	Sellerieblätter
	Saft von 1 ½ Zitronen
	frisch gemahlener Pfeffer
1–2 TL	Chiliflocken (optional)

ZUM GARNIEREN

Dill
Karotte, in dünne Streifen geschnitten
Radieschen, in dünne Scheiben geschnitten

Am Vortag

1. Die Bohnen über Nacht in Salzwasser einweichen.

Am Folgetag

2. Wasser in einem Topf zum Kochen bringen. Mit einer Schaumkelle die eingeweichten Bohnen aus dem Salzwasser schöpfen und in das kochende Wasser geben. Die Bohnen in 2–2 ½ Stunden weich kochen.

3. In der Zwischenzeit die sonnengetrockneten Tomaten in einer Schüssel mit 500 ml Wasser 30 Minuten einweichen. Die Tomaten anschließend herausnehmen, das Wasser aufbewahren.

4. Den Ofen auf 170 °C vorheizen. Etwas Olivenöl in einem mittelgroßen Topf heiß werden lassen. Knoblauch, Zwiebel und Thymian darin bei mittlerer Hitze anbraten. Mit 1 Prise Salz würzen und alles weitere 3 Minuten anschwitzen. Karotte und Paprika hinzugeben, gut durchrühren und weitere 6–8 Minuten gut anbraten. Die Bohnen abgießen und ebenfalls unter das Gemüse in der Pfanne mischen. Die Zutaten gut durchrühren und mit Rotwein ablöschen. Zum Schluss 400 ml Tomateneinweichwasser in die Pfanne gießen, aufkochen lassen und das Gemüse anschließend etwa 10 Minuten weich garen.

5. Die Mischung in einer tiefen ofenfesten Form verteilen und ca. 15 Minuten im Ofen garen. Mit einer Schöpfkelle die Zutaten in einen Mixer füllen. Sellerieblätter, Zitronensaft und falls gewünscht Chiliflocken dazugeben. Mit Salz sowie Pfeffer würzen.

6. Alles bei hoher Stufe zu einer Paste mixen. Etwas vom restlichen Tomatenwasser dazugießen, falls eine weichere Konsistenz gewünscht ist, und erneut bei hoher Stufe durchmixen. Den Dip auf Teller anrichten und mit Dill, Karottenstreifen und Radieschenscheiben garnieren.

Gegrillter Fetakäse

Für 2 Portionen

„Ein guter Feta will Weile haben", erklärte mir der Käsehersteller. Er bot mir auf einem Holzteller einen weißen Würfel an: „Die Aromen entwickeln sich langsam. Kosten Sie, und ich erzähle Ihnen alles, was es über Feta zu wissen gibt." „Gern, aber ich habe keine Zeit. Ich möchte nur ein paar Gramm Käse kaufen." Ich griff nach dem Käsewürfel, aber er zog ihn rasch weg. „Schade. Wie ich schon sagte, ein guter Feta will Weile haben." Er wandte sich um und wollte gehen. „Schon gut", rief ich ihm nach. Er lächelte verschmitzt, als ich den weichen Würfel nahm.

Beim ersten Bissen gelüstete es mich nach einer frischen Tomate und einer knackigen Gurke. „Für Original-Feta wird Ziegen- und Schafsmilch erhitzt, mit Lab vermischt, abgetropft, gesalzen und gereift. Der rindenlose Käse muss nicht gepresst werden, er braucht keine ausgefallenen Zutaten und auch keine mehrjährige Reifung ..." Der Käsehersteller verfiel in einen langen Monolog. „Bei der Feta-Herstellung haben alle Faktoren großen Einfluss auf den Geschmack. Sie interessieren sich doch sicher für die Faktoren, die den Feta beeinflussen ..." Ich zögerte, aber er streckte mir wieder den Holzteller entgegen. „Noch ein Stück?"

Die angenehme Geschmeidigkeit des Fetas verband sich auf meiner Zunge mit der Würze der mediterranen Küche, während der Käsehersteller weiterredete. „Was die Tiere fressen, hat enormen Einfluss auf Textur und Geschmack." Ich rutschte auf dem Stuhl hin und her, denn inzwischen hatte ich Platz genommen. „Die Methode hat sich nie geändert, Feta wird hierzulande noch immer auf die gleiche Weise hergestellt wie nach dem Krieg. Sie interessieren sich doch sicher für die Geschichte des Fetas?"

„Ich muss wirklich los, ich habe keine ..." Er hielt mir den Holzteller hin. „Noch ein Stück? Ein guter Feta will Weile haben." Der weiche Würfel schmeckte salzig, wie ein Hauch von der Ägäis, als er in meinem Mund schmolz.

„Dem Trojanischen Krieg natürlich. Der erste Käser hatte für die Herstellung ein gutes Auge", sagte er und zwinkerte mir zu. „Der erste erwähnte Feta-Erzeuger war der Zyklop Polyphem in Homers *Odyssee*. Odysseus, der Held der Sage, wollte den Käse stehlen. Seine Mannschaft machte sich gerade darüber her, als der Riese sie in seiner Höhle überraschte ... Sie kennen *Die Odyssee* doch sicher? Nein?" Er nahm ein dickes Buch aus dem staubigen Regal und schlug die erste Seite auf. „Bitte, nehmen Sie noch ein Stück ... Ein guter Feta will Weile haben."

ZUTATEN

100 g	Fetakäse (in einem Stück)
½	Tomate, in Scheiben geschnitten
	griechisches Olivenöl
	feines Meersalz
1	Frühlingszwiebel, klein gehackt
⅓	frische Chilischote, fein geschnitten
	abgeriebene Schale von ½ Bio-Zitrone
1	Prise gehackte Petersilie
1	Prise gehackter Oregano

1. Den Grill oder Ofen auf 180 °C vorheizen.

2. Den Fetakäse mit etwas Küchenpapier trocken tupfen und auf ein großes Stück Alufolie legen. Die Tomatenscheiben darauflegen und großzügig mit Olivenöl beträufeln und mit etwas Salz bestreuen.

3. Nun Frühlingszwiebel und Chili auf dem Käse verteilen. Mit Zitronenschale, Petersilie und Oregano würzen.

4. Die Alufolie sorgfältig über dem Feta zusammenfalten.

5. Das Päckchen ca. 5 Minuten von beiden Seiten grillen oder 12 Minuten im Ofen garen. Anschließend das Päckchen öffnen und den aromatischen Feta heiß mit Weißbrot genießen.

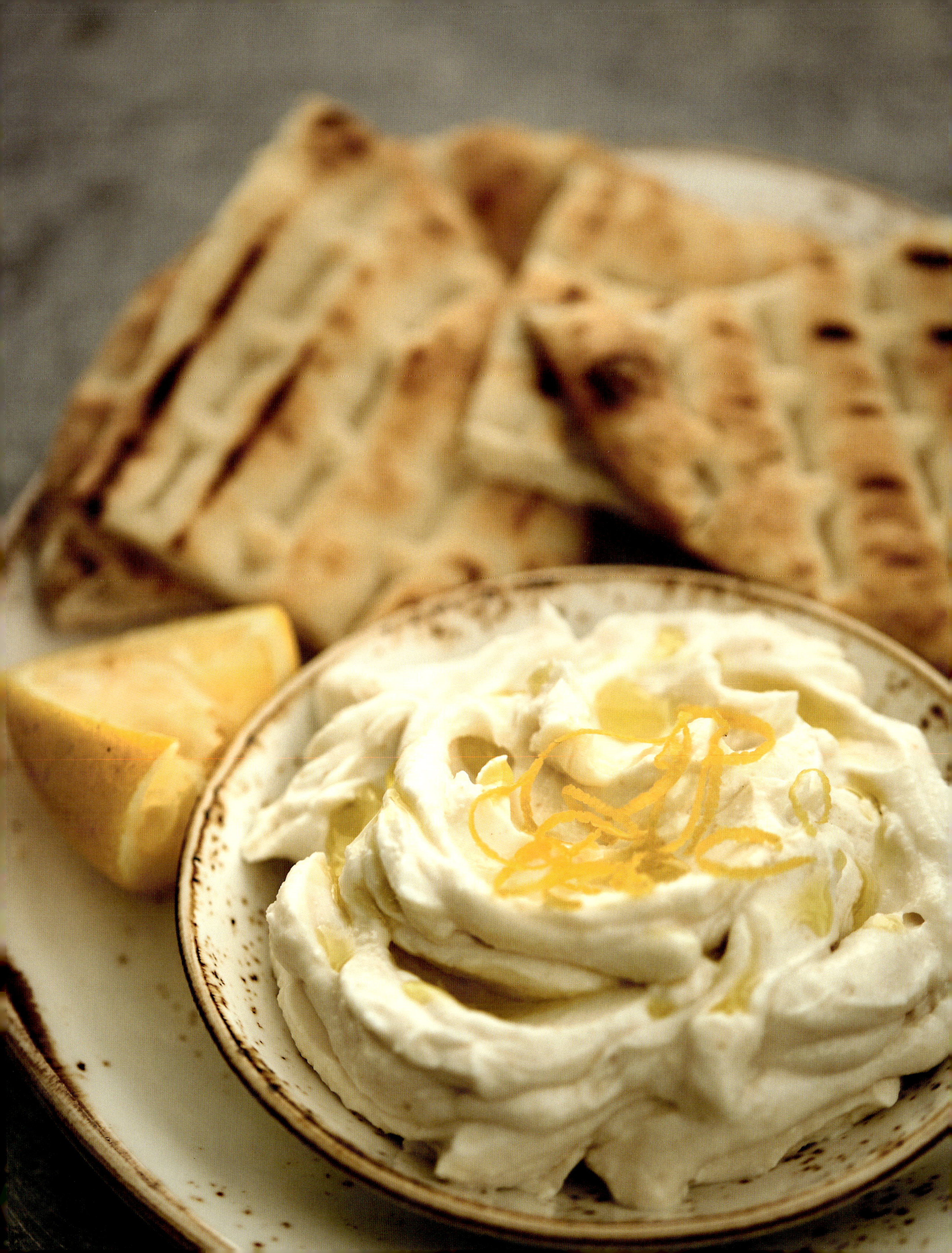

Taramas – Fischrogendip

Für 4 Portionen

Jeden Sommer habe ich ein bestimmtes Lieblingsgericht, das ich jeden Tag esse. Im letzten Sommer war es Taramas. Meine Angewohnheit hat vermutlich unbewusst mit meiner Lieblingsjahreszeit als Kind zu tun, der Weihnachtszeit! Wie gern öffnete ich Tag für Tag die Türchen meines Adventskalenders, hinter denen sich eine kleine Nascherei verbarg: ein Stück Schokolade. Und nun ist Taramas meine tägliche Nascherei im ganzen Sommer, mein Adventskalendertürchen bis zu einem unbestimmten Heiligabend. Es mag unkonventionell sein, aber ich lasse mir doch nicht von einem Kalender vorschreiben, wann ich etwas naschen soll und was ich wann zu feiern habe. Ich lasse mir das Feiern nicht von der Zahl auf dem Kalenderblatt diktieren. Ich feiere, wenn der richtige Moment da ist.

ZUTATEN

- 1 weiße Zwiebel, fein gehackt
- 350 ml Sonnenblumenöl
- 150 ml griechisches Olivenöl
- 150 g Weißbrot, in Wasser eingeweicht
- 75 g Taramas (Fischrogen)
- 40 ml Zitronensaft
- abgeriebene Schale von 1 Bio-Zitrone
- gegrilltes Pitabrot zum Servieren

1. Die Zwiebel in einen Topf geben und so viel Wasser darübergießen, bis die Zwiebel 2–3 Fingerbreit mit Wasser bedeckt ist. Das Wasser aufkochen und die Zwiebel 10 Minuten lang köcheln. Die gekochte Zwiebel herausschöpfen oder durch ein Sieb abgießen, das Zwiebelwasser auffangen und beiseitestellen.

2. Sonnenblumen- und Olivenöl mischen und ebenfalls beiseitestellen.

3. Die gekochte Zwiebel, das eingeweichte Weißbrot und den Fischrogen in eine Schüssel geben. Die Zutaten mit 20 ml Zitronensaft und 100 ml der Ölmischung beträufeln. Alle Zutaten in einen Mixer geben und bei mittlerer Stufe zu einer glatten Masse pürieren.

4. Nach und nach die restliche Ölmischung und den Zitronensaft dazugeben. Für eine cremigere Konsistenz den Dip mit etwas Zwiebelwasser verdünnen und erneut bei hoher Stufe durchmixen. Den Taramas auf einem Teller anrichten. Mit etwas Zitronenschale garnieren und mit gegrilltem Pitabrot servieren.

Griechischer Favabohnendip

Für 4 Portionen

Dieser Favabohnendip war eines der ersten Gerichte, die ich in meiner privaten Küche zubereitete. Zum Versuch, einen perfekten Favabohnendip – den traditionellen, cremigen Dip aus pürierten Dicken Bohnen – anzurühren, lud ich ein paar Freunde ein, die das Ergebnis begutachten sollten. Pflichteifrig versammelten sie sich um den riesigen Tisch, der den Großteil der Küche ausmacht. Der Tisch ist mein eigener Entwurf, das multifunktionale Möbel dient gleich mehreren Zwecken: Er ist Arbeitsfläche, Treffpunkt, um den sich meine Freunde versammeln und auf dem sie ihren kühlen Wein abstellen, ein Tisch, auf dem man tanzen und um den man herumwirbeln und das Essen zubereiten kann. Ein Tisch für Menschen, die Freundschaft und Essen teilen. An jenem Tag teilten sie also meinen Favabohnendip. Dem Himmel sei Dank für diesen Tisch, er könnte Geschichten erzählen! Als ich am nächsten Morgen in die Küche kam, musste ich grinsen. Mein Tisch erfüllte noch einen weiteren Zweck: Er sammelte Beweise. An diesem Morgen sogar einen ganzen Stapel davon: einen Riesenberg schmutziges Geschirr.

ZUTATEN

500 ml	Wasser
200 g	getrocknete Favabohnen (Dicke Bohnen)
1,35 l	Gemüsebrühe
10 g	Butter
1	Knoblauchzehe, fein gehackt
1	Karotte, geschält und fein geschnitten
1	weiße Zwiebel, grob geschnitten
1	Prise Zucker
	feines Meersalz und frisch gemahlener Pfeffer
1	Zweig Rosmarin
5 EL	griechisches Olivenöl
	Saft von 1 Zitrone

ZUM GARNIEREN

	griechisches Olivenöl zum Braten
1	große rote Zwiebel, in Ringe geschnitten
1	Prise feines Meersalz
15 g	brauner Zucker
45 ml	Balsamicoessig
1	Prise Thymianblättchen
	getoastetes Weißbrot zum Servieren
1	Handvoll Kapern zum Servieren

1. Zum Entfärben der Bohnen Wasser in einem mittelgroßen Topf zum Kochen bringen. Die Bohnen in eine hitzeresistente Schüssel geben und mit einer Kelle in regelmäßigem Abstand das kochende Wasser über die Bohnen schöpfen und umrühren. Dann die Bohnen 5 Minuten lang einweichen lassen. Mit einer Schaumkelle herausnehmen und beiseitestellen.

2. Gemüsebrühe in einem großen Topf zum Kochen bringen.

3. Für das Gemüse die Butter in einer Pfanne bei mittlerer Hitze zerlassen. Knoblauch, Karotte, Zwiebel und die Bohnen dazugeben. Mit Zucker, etwas Salz sowie Pfeffer würzen. Alles ca. 3 Minuten unter häufigem Rühren anschwitzen.

4. Das angebratene Gemüse in die Gemüsebrühe geben, den Rosmarinzweig hineinlegen und alles bei hoher Hitze 40 Minuten köcheln. Gelegentlich umrühren, während die Flüssigkeit nach und nach einkocht.

5. Den Rosmarinzweig nach 30 Minuten mit einer Pinzette entfernen. Das Gemüse samt Brühe in den Behälter eines Mixers füllen. Olivenöl und Zitronensaft dazugeben und die Zutaten bei hoher Stufe zu einem cremigen Püree mixen. Den Favabohnendip mit einem Esslöffel auf einem Servierteller anrichten.

6. In der Zwischenzeit die Garnitur vorbereiten. Etwas Olivenöl in einer Pfanne bei mittlerer Hitze heiß werden lassen und die Zwiebelringe hineingeben. Mit dem Meersalz würzen und langsam bei niedriger Hitze etwa 7 Minuten glasig anschwitzen.

7. Sobald die Zwiebeln weich und goldbraun sind, Zucker und Balsamicoessig unterrühren, damit sie karamellisieren. Die Zwiebeln bei niedriger Hitze weitere 7 Minuten unter ständigem Rühren anbraten, bis sie karamellisiert sind. Den Favabohnendip mit den karamellisierten Zwiebeln garnieren.

8. Den Dip zum Schluss mit Thymian bestreuen. Warm mit Weißbrot und Kapern servieren.

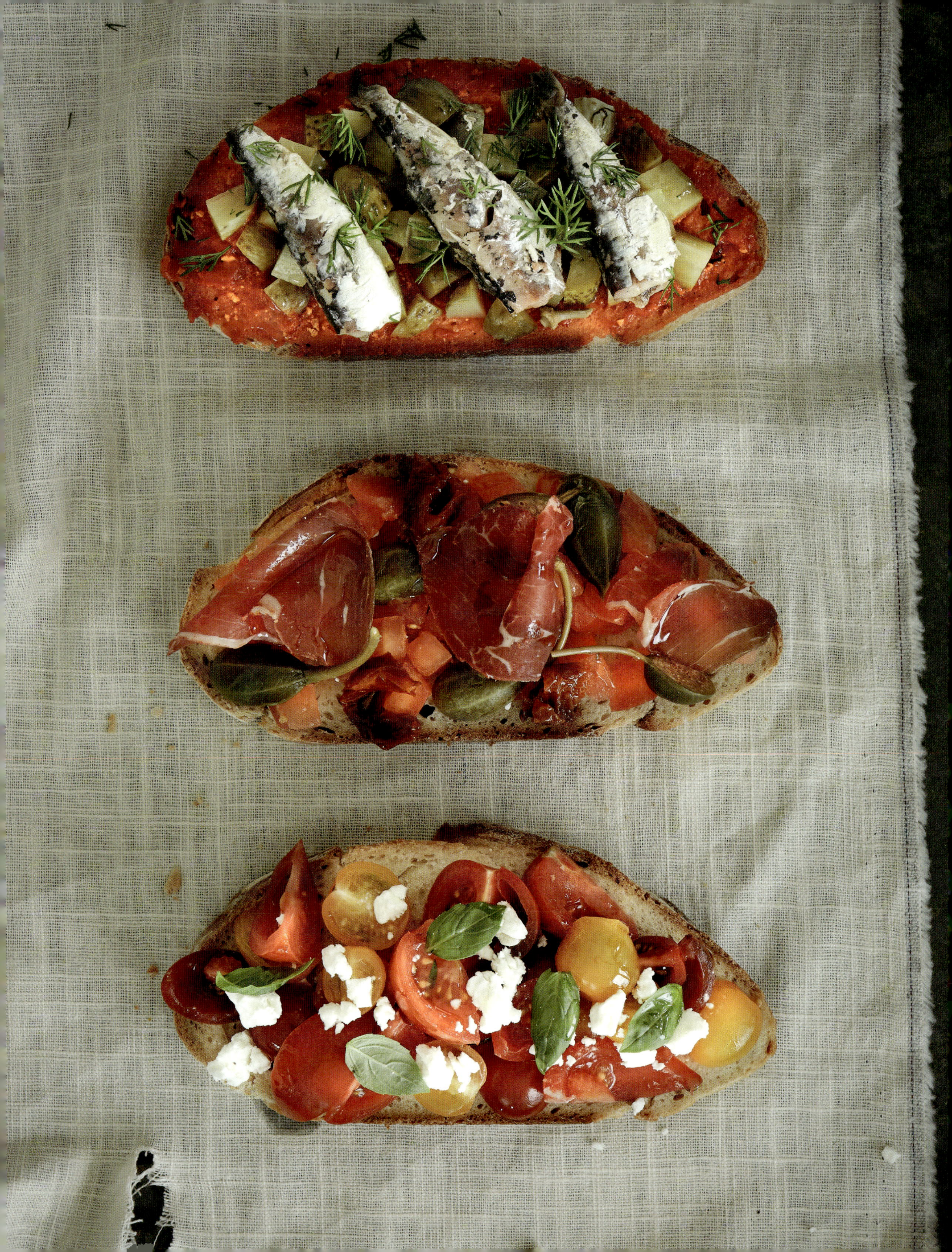

Kretischer Dakos – Die Trilogie

„Beurteile nie ein Buch nach seinem Einband", lautet eine alte griechische Weisheit. Sicher finden wir alle den Einband dieses Buches bildschön, aber ich bin zu alt, um mich von äußerer Schönheit blenden zu lassen und beim ersten Eindruck mein Bauchgefühl zu ignorieren. Ein positives Bauchgefühl oder vielmehr ein behagliches Bauchgefühl muss das Ziel von Vorspeisen sein – denn für den ersten Eindruck gibt es keine zweite Chance. Um auf Nummer sicher zu gehen, habe ich immer eine ganze Palette von ersten Eindrücken parat: Die Dakos-Trilogie und die Dakos-Trilogie für Fischliebhaber. Und wie eine weitere zeitlose griechische Weisheit sagt: „Die Schönheit von Dakos ist für's Auge, aber sein Geschmack ist für's Herz." Hier habe ich mehrere Dakos-Rezepte für Sie, Plan A, B, C, D, E und F für alle Fälle, auch wenn ich immer vergesse, welches welches ist, weil alle gleich lecker sind. Es sind sechs Geheimrezepte, mit denen Sie den besten ersten, zweiten, dritten, vierten, fünften und sechsten Eindruck hinterlassen! Dass Sie guten Geschmack besitzen, haben Sie ja bereits bewiesen, als Sie dieses Kochbuch auswählten …

Dakos mit Sardinen & roter Paprika

ZUTATEN

- geröstetes Weißbrot
- rote Paprikapaste (siehe Seite 54)
- marinierte Sardinen
- Essiggurken, gewürfelt
- 1 Zweig Thymian, Blättchen abgezupft

Das Weißbrot mit roter Paprikapaste bestreichen. Zuerst marinierte Sardinen, dann Essiggurkenwürfel darauflegen. Zum Schluss mit Thymianblättchen bestreuen und servieren.

Dakos mit Kapern & Tomaten

ZUTATEN

- Kapernbeeren, halbiert
- sonnengetrocknete Tomaten, klein geschnitten
- Tomate, gewürfelt
- geröstetes Weißbrot
- Louza (griechischer oder mykonischer Rohschinken)
- griechisches Olivenöl

1. Kapernbeeren, sonnengetrocknete Tomaten und die gewürfelte Tomate in eine Schüssel geben. Alles mit der Hand vermischen.

2. Die Mischung auf dem Weißbrot verteilen und den Schinken darauf anrichten. Den Dakos vor dem Servieren mit etwas Olivenöl beträufeln.

Dakos mit Tomaten & Feta

ZUTATEN

- Cherrytomaten, halbiert
- frische Basilikumblätter
- 2 TL griechisches Olivenöl
- 1 Prise feines Meersalz
- 1 Prise frisch gemahlener Pfeffer
- geröstetes Weißbrot
- frisch gepresster Tomatensaft
- Fetakäse, zerkrümelt

1. Die Cherrytomaten mit Basilikum und Olivenöl in einer Schüssel mit der Hand vermischen. Die Mischung mit Salz und Pfeffer abschmecken.

2. Das Weißbrot mit Tomatensaft beträufeln. Dann mit einem Löffel die Tomatenmischung auf dem Brot verteilen und den Dakos zum Schluss mit Fetakrümeln garnieren.

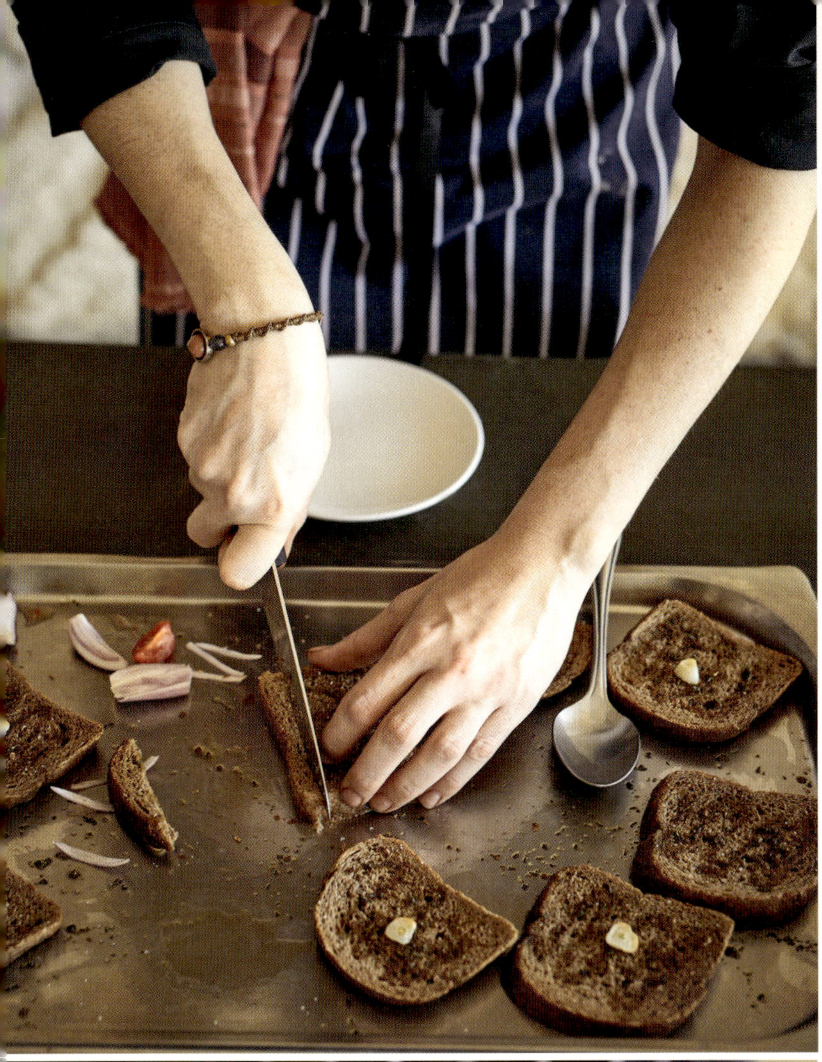
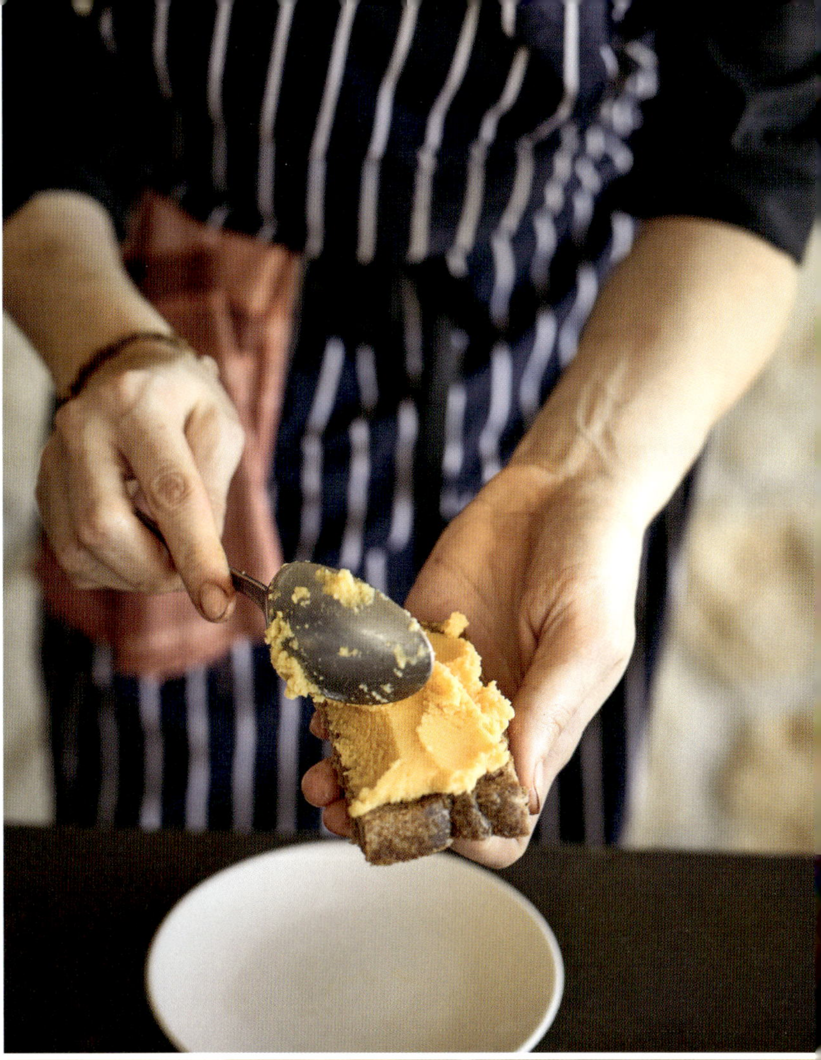
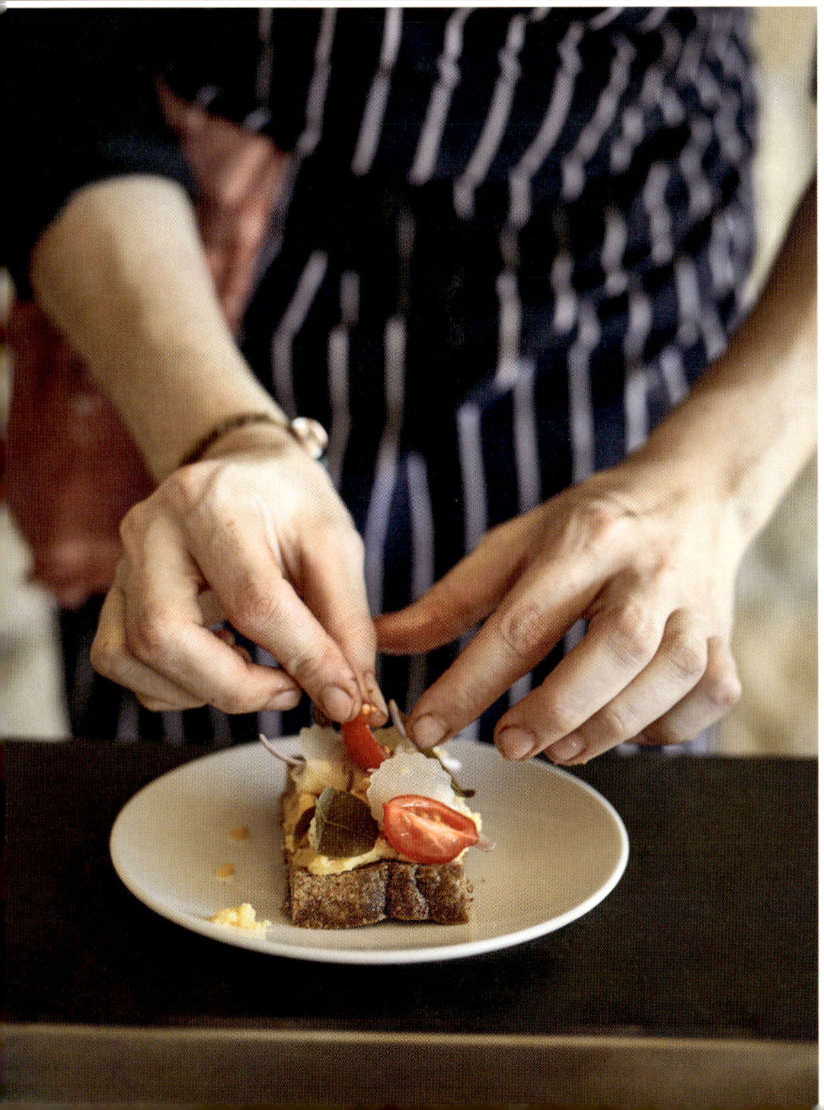
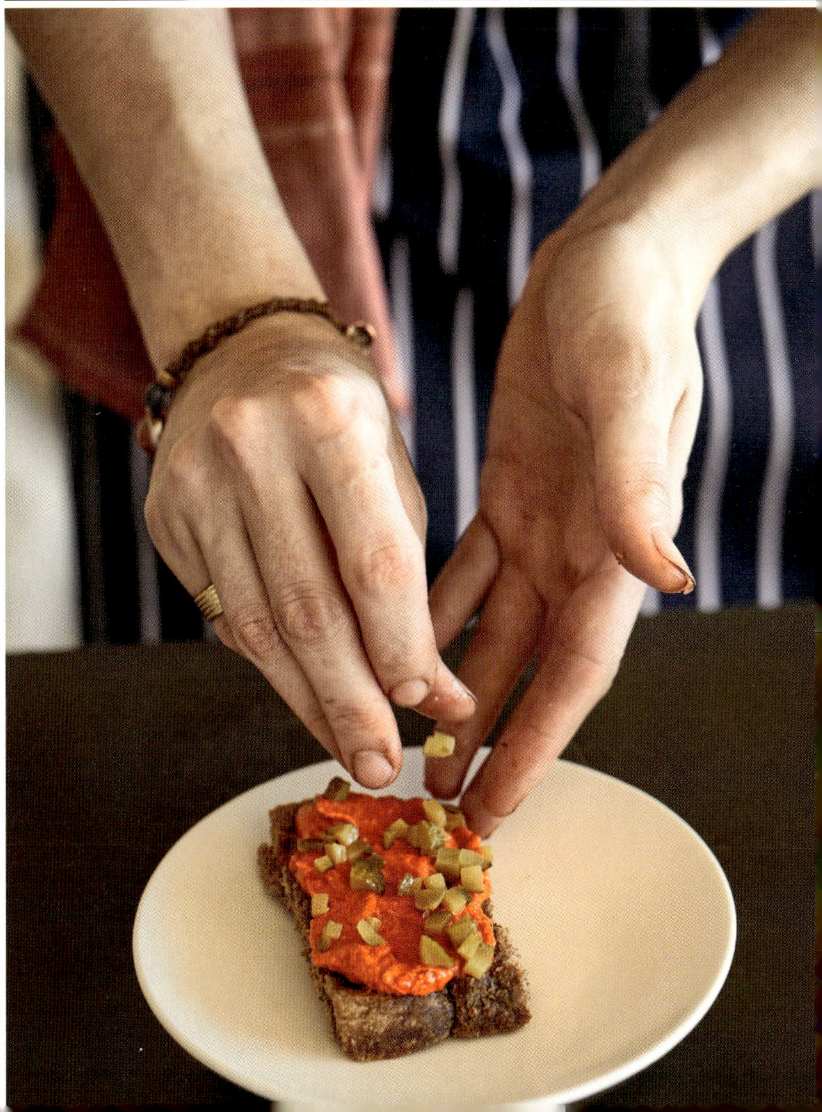

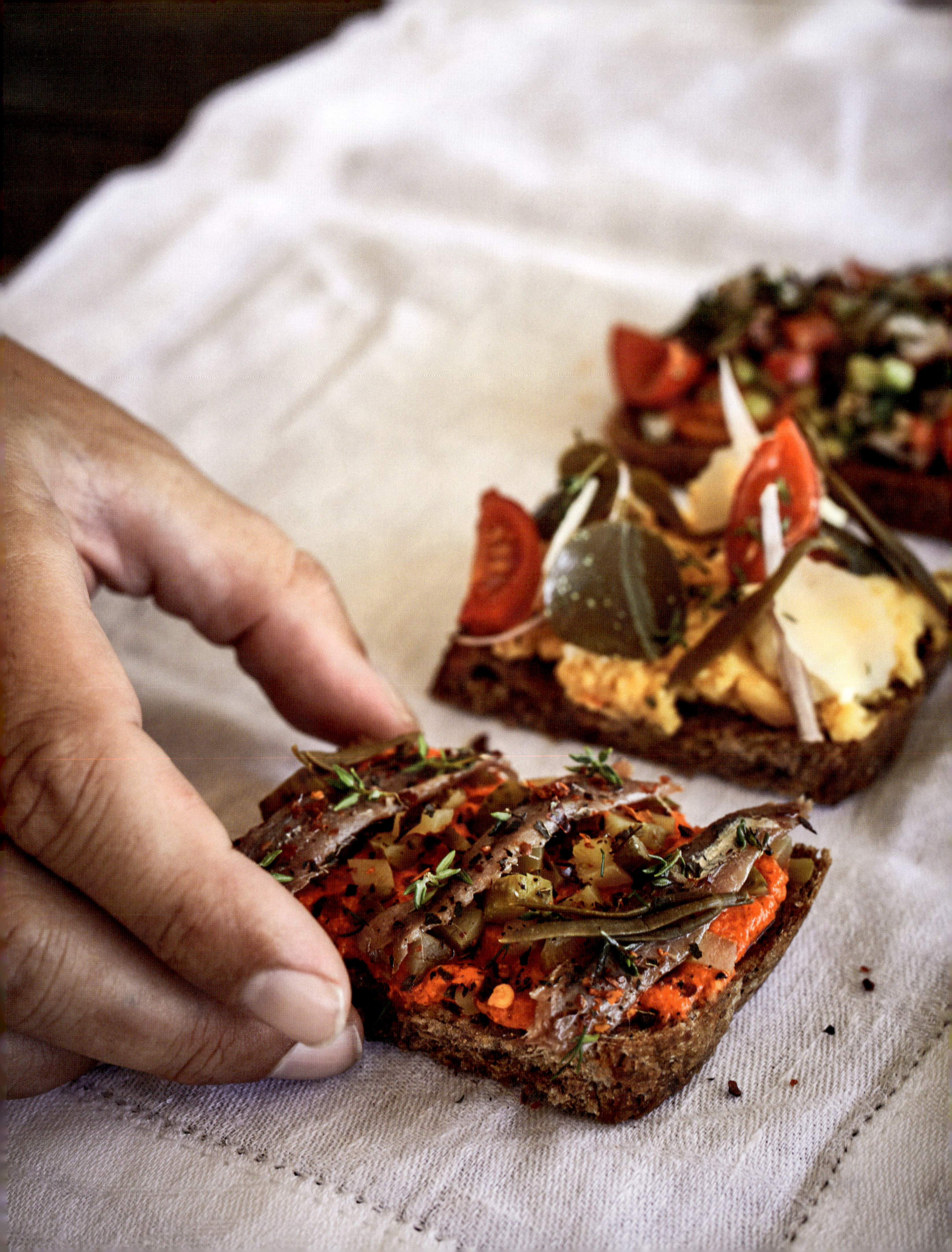

Kretischer Dakos – Die Trilogie für Fischliebhaber

ZUTATEN

1	rote Paprikaschote
	griechisches Olivenöl
	marinierte Sardellen
	geröstetes Weißbrot
	Karotten, geschält und in dünne Scheiben geschnitten
	konfierte Cherrytomaten
	Riesenbohnendip (siehe Seite 69)
	frische Basilikumblätter

Dakos mit Riesenbohnen & Sardellen

1. Die Paprikaschote in einer Pfanne in etwas Olivenöl von allen Seiten braun anbraten. Stiel, Kerne und weiße Fasern mit einem Messer entfernen. Die Paprika in feine Würfel schneiden.

2. Die marinierten Sardellen auf dem Weißbrot verteilen. Einige Karottenscheiben und Paprikastücke darauflegen. Den Dakos mit den konfierten Cherrytomaten und kleinen Klecksen Riesenbohnendip krönen. Vor dem Servieren mit den Basilikumblättern garnieren.

ZUTATEN

geröstetes Weißbrot
Taramas (Fischrogen)
Favabohnendip (siehe Seite 75)
Kapern, klein geschnitten
schwarze Oliven, entsteint und in Scheiben geschnitten
eingelegte Paprikaschoten, in dünne Streifen geschnitten
frische Petersilie, fein gehackt
frischer Dill, fein gehackt
Ladolemono-Sauce (siehe Seite 226)

Dakos mit Favabohnen & Taramas

Das Weißbrot mit Taramas und Favabohnendip bestreichen. Kapern, Oliven und eingelegte Paprika darauf verteilen. Den Dakos mit Petersilie und Dill bestreuen. Vor dem Servieren mit etwas Ladolemono-Sauce beträufeln.

ZUTATEN

Taramas (Fischrogen)
marinierter Oktopussalat
geröstetes Weißbrot
Spalterbsen
Rucolablätter
griechisches Olivenöl

Dakos mit Taramas & Oktopus

Eine großzügige Portion Taramas und marinierten Oktopussalat auf das gegrillte Weißbrot verteilen. Den Dakos mit den Spalterbsen und etwas Rucola garnieren. Vor dem Servieren mit etwas Olivenöl beträufeln.

Huhn-Tigania

Für 8 Stücke

Kochen kann eine aufregende Odyssee sein, auf der man durch verschiedenste Aromen navigiert. Auf seiner Odyssee musste der große griechische Abenteurer Odysseus die tosenden Wogen des Poseidon und die rauen Winde der Anemoi fürchten. Und den Gesang der Sirenen. Seefahrer, die, von den schönen Stimmen dieser mythologischen Geschöpfe angezogen, auf die Insel der Sirenen zuhielten, fanden dort den sicheren Tod. Ich stehe am Herd, als mir diese alte Geschichte durch den Kopf geht: Ich stelle mir vor, wie ich auf dem Deck eines knarrenden Schiffes aus Eichenholz stehe, sanft vom Meer gewiegt. Ich atme tief die salzige Brise ein, als ich plötzlich wunderschöne Melodien wie sanfte, betörende Wellen auf mein Schiff zuwogen höre. Leise beginnen die Klänge in meinem Kopf zu wirbeln, sie fließen in mein Herz und werden zu der Luft, die ich atme. Als ich aus meinem Tagtraum erwache, erkenne ich, dass nicht der Gesang einer Sirene, sondern der Duft meiner Huhn-Tigania die Küche erfüllt.
Aus meiner Pfanne, in der das Huhn so golden glänzt wie Sonnenstrahlen, die die Wellen des Meeres liebkosen, steigt ein unwiderstehlicher Duft. Beim ersten Bissen schmecke ich die Süße des Honigs, in die sich die Schärfe des Senfs mischt, und ich weiß, in diesem Moment würden sogar die Sirenen genüsslich schweigen.

ZUTATEN HUHN

3	Hühnerschenkel, entbeint
	feines Meersalz und frisch gemahlener Pfeffer
	griechisches Olivenöl zum Braten
	Sonnenblumenöl zum Braten
30 g	Butter zzgl. mehr zum Braten
1	weiße Zwiebel, fein geschnitten
1	Knoblauchzehe, fein geschnitten
2	Champignons, in Scheiben geschnitten
1	rote Paprikaschote, geputzt und fein geschnitten
2	Zweige Thymian, Blättchen abgezupft
60 ml	Weißwein

ZUTATEN SAUCE

1 TL	Honig
3 TL	Dijonsenf
	Saft von 2 Zitronen

1. Für die Sauce den Honig und den Senf in einer kleinen Schale mit einer Gabel verrühren. Zitronensaft darüberträufeln und die Sauce vorerst beiseitestellen.

2. Das Hähnchenfleisch mit Salz und Pfeffer würzen, dann in mundgerechte Stücke schneiden. Etwas Oliven- und Sonnenblumenöl in einer großen Bratpfanne bei hoher Hitze heiß werden lassen und das Fleisch darin von allen Seiten goldbraun anbraten. Das Fleisch herausnehmen und ruhen lassen.

3. In der Zwischenzeit einen kleinen Topf bei niedriger Hitze erwärmen. Den Bratensatz vom Anbraten des Fleischs aus der Pfanne lösen. Dazu etwas Wasser auf den Pfannenboden gießen und das eingebrannte Fett sorgfältig abkratzen. Die Bratflüssigkeit in den kleinen Topf gießen.

4. Etwas Butter in der gleichen Pfanne, in der das Fleisch angebraten wurde, bei mittlerer Hitze schmelzen. Sobald die Butter brutzelt, das Hühnerfleisch erneut darin 1 Minute von allen Seiten anbraten. Das Fleisch wieder herausnehmen und den Bratensatz mit der gleichen Methode wie zuvor lösen und in den kleinen Topf gießen.

5. Für das Gemüse nochmals die gleiche Pfanne bei hoher Hitze heiß werden lassen. Als Bratfett etwas Flüssigkeit aus dem kleinen Topf in die Pfanne geben und darin die Zwiebel, Knoblauch, Champignons und Paprika anbraten. Sobald das Gemüse gar ist, mit Thymian würzen und die Zutaten ca. 3 Minuten weitergaren. Das Hähnchenfleisch dazugeben und alles mit Weißwein ablöschen. Dann die Temperatur auf niedrige Hitze reduzieren. Die Huhn-Tigania weitere 3 Minuten köcheln. Nun die Butter unterrühren und erneut weitere 2 Minuten köcheln.

6. Die Tigania mit Bratflüssigkeit aus dem kleinen Topf sowie mit Honig-Senf-Sauce beträufeln. Die Zutaten mit einem Kochlöffel gut durchmischen, damit alles mit Sauce überzogen ist. Heiß servieren.

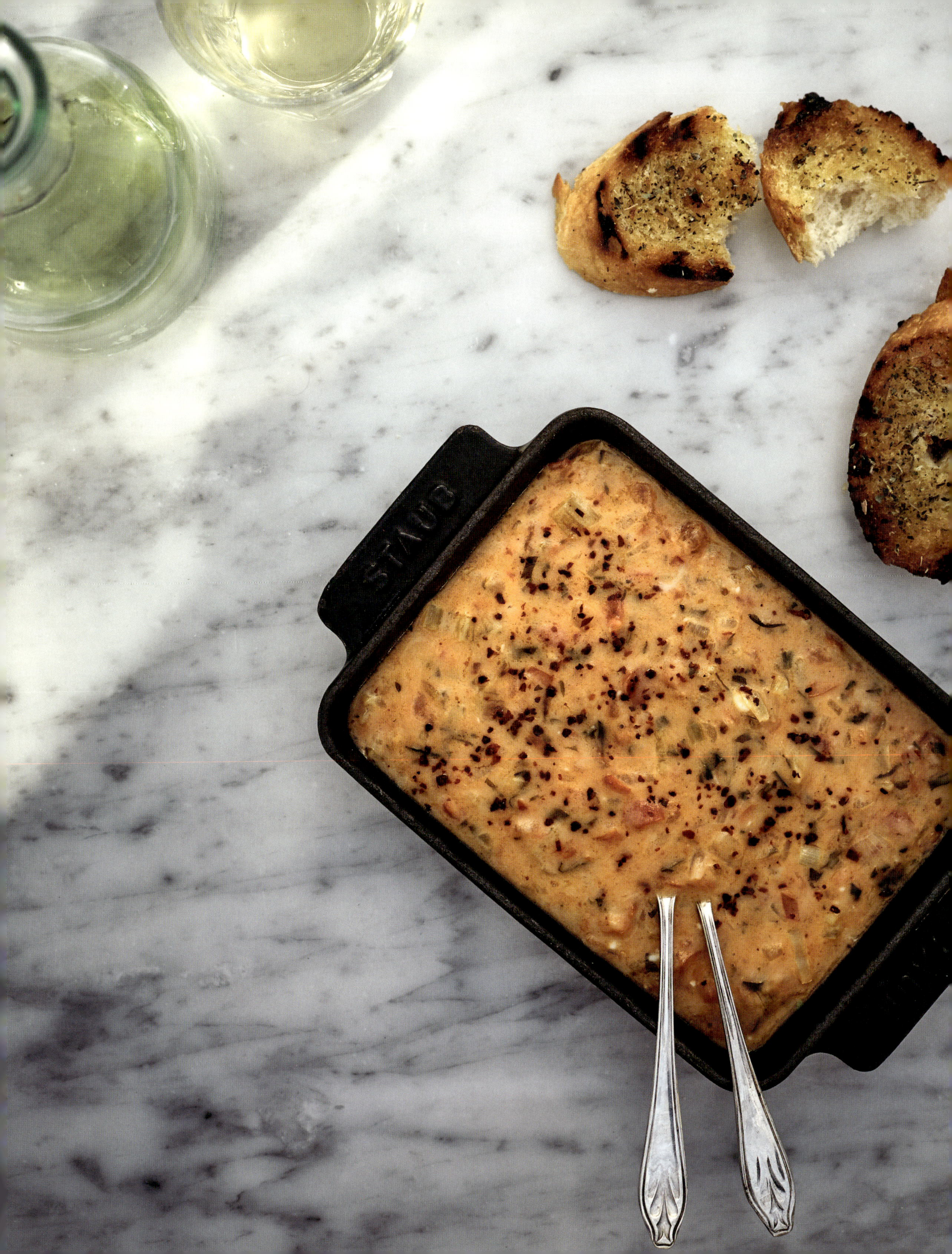

Bouyiourdi – Käsefondue auf griechische Art

Für 2 Portionen

ZUTATEN

100 g	Fetakäse, zerkrümelt
60 g	Gouda, gerieben
40 g	Cheddar, gerieben
	griechisches Olivenöl zum Braten
1	mittelgroße Tomate, fein geschnitten
1 TL	Tomatenmark
1	Schalotte, fein gehackt
1	Frühlingszwiebel, fein gehackt
½	Knoblauchzehe, fein gehackt
¼	grüne Chilischote, fein gehackt
1	Handvoll frische Petersilie, fein gehackt
1	Prise Oregano
1	Prise Chiliflocken
	geröstetes Weißbrot zum Servieren

1. Feta, Gouda und Cheddar in einer Schüssel mit der Hand mischen.

2. Etwas Olivenöl in einer Pfanne bei mittlerer Hitze heiß werden lassen. Die Tomate darin 2 Minuten anschwitzen, dann das Tomatenpüree unterrühren. Schalotte, Frühlingszwiebel, Knoblauch und Chili hinzugeben und weitere 2 Minuten anbraten.

3. Die Käsemischung in die Pfanne geben. Den Käse mit einem Holzlöffel gleichmäßig unter die Schalottenmischung rühren, bis er dickflüssig wird.

4. Zum Schluss die Petersilie unterrühren und mit Oregano sowie Chiliflocken würzen. Das Bouyiourdi nochmals gut durchrühren und in einer Servierschüssel anrichten. Heiß mit geröstetem Weißbrot servieren.

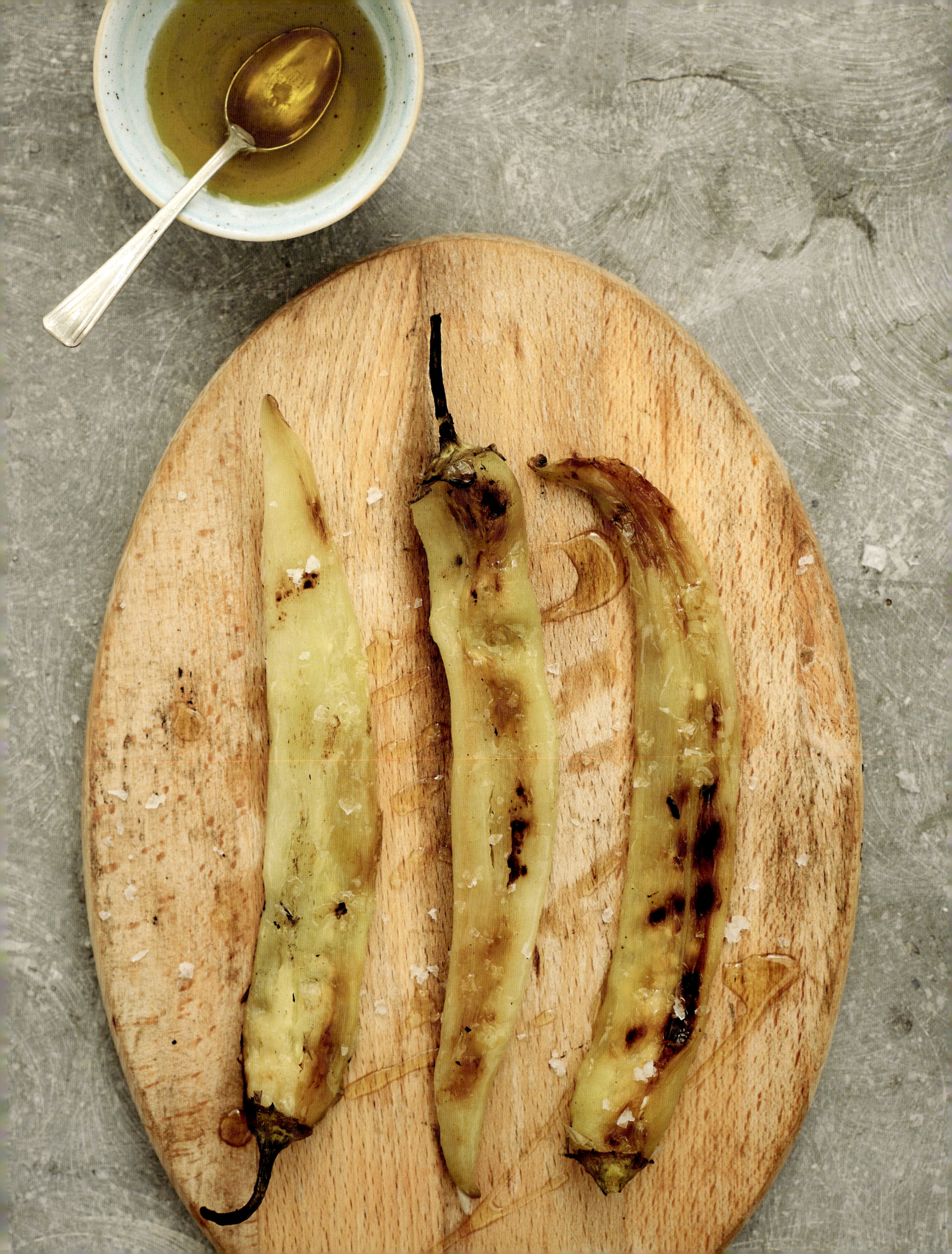

Gebratene grüne Peperoni

Für 2 Portionen

„Deine grünen Peperoni sehen toll aus." Mein Nachbar lehnt am Zaun und schaut neidisch in meinen Garten. „Woher hast du deinen grünen Daumen?" Nichts weckt die Neugier aufmerksamer Nachbarn schneller als etwas, das sie nichts angeht. Ich erkläre ihm geduldig alles, was ich über den Anbau grüner Peperoni weiß, schenke ihm ein paar Schoten, verliere lächelnd ein paar Worte über Nachbarschaftshilfe und manches andere, worüber er auf dem Heimweg staunen kann. Meine neue Nachbarschaftsliebe beruht auf einem Wechsel der Perspektive. Es begann mit einem Besuch im Garten eines anderen Nachbarn: Der Berg Athos auf der nahen Halbinsel ist ein ganz besonderer Ort. Die Mönchsrepublik, ein unabhängiges Land, wird nur von Mönchen bewohnt. Der Berg Athos gilt als Garten der Muttergottes und steht auch Besuchern oder, in meinem Fall, neugierigen Nachbarn offen. Bei meinem ersten Höflichkeitsbesuch wurde ich herzlich willkommen geheißen und in den schönen Klöstern und fruchtbaren Gärten herumgeführt. „Ihre grünen Peperoni sehen toll aus", sagte ich und schaute neidisch auf das Gemüsebeet. „Woher haben Sie Ihren grünen Daumen?" „Wir haben voneinander gelernt", antwortete der Mönch. „Wir helfen uns unter Nachbarn. Ein jeder schaut in den Garten des anderen, um sicherzustellen, dass wir alle genug haben." „Ich glaube, die meisten Nachbarn schauen in den Garten des anderen, um sicherzugehen, dass sie genauso viel haben wie er." „Ich verstehe. Nächstenliebe ist ein wahrer Segen. Manchmal muss man nur die Perspektive wechseln. Normalerweise zum Himmel hin."

ZUTATEN

- griechisches Olivenöl zum Braten zzgl. mehr zum Garnieren
- 2 scharfe, grüne Peperoni
- 1 TL dunkler Balsamicoessig
- 1 Prise grobes Meersalz

1. Etwas Olivenöl in einer Pfanne bei mittlerer Hitze heiß werden lassen. Die Peperoni von allen Seiten darin braun anbraten. Mit Balsamicoessig ablöschen, einen Deckel auf die Pfanne legen und die Peperoni 1 weitere Minute garen.

2. Die Peperoni aus der Pfanne nehmen und häuten, wenn sie noch warm sind. Die Peperoni auf einem Servierteller anrichten. Mit Olivenöl beträufeln und mit Meersalz bestreuen.

Seeigelsalat

Für 4 Portionen

Seeigel auf einem Felsen erinnern mich immer an ein altes Foto, auf dem schüchterne Damen bei einem Ball auf einer Bank sitzen und darauf warten, zum Tanz aufgefordert zu werden. In ihren schwarzglänzenden Abendkleidern wiegen sie sich im Takt der Musik wie im Rhythmus der Meeresbrandung. Solch schüchterne stille Wasser gründen tief. Sie stehen nicht gern im Rampenlicht. Ihre Gefühle sind unergründlich wie das Meer. Sie scheuen die wilde, offene See und suchen Schutz auf festem Fels, wo die Wellen sanft über ihre Wangen streichen. Diese schüchternen Damen brauchen nur einen ruhigen, sicheren Ort, an dem sie sich festhalten, an dem sie allein sein können.

Kein Wunder, dass ich ihre Herzen stehlen will.

ZUTATEN

12	Seeigel, rot oder violett
	Salz- oder Meerwasser
2 TL	frisch gepresster Zitronensaft
6 TL	griechisches Olivenöl

1. Die Seeigel mit einer scharfen Schere halbieren.

2. Das Innere der Seeigel gut mit Salz- oder Meerwasser auswaschen, bis jeglicher Sand entfernt ist.

3. Das Seeigelinnere mit einem Teelöffel vorsichtig herauslöffeln und auf einem Servierteller anrichten.

4. Mit etwas Zitronensaft und Olivenöl beträufeln und servieren.

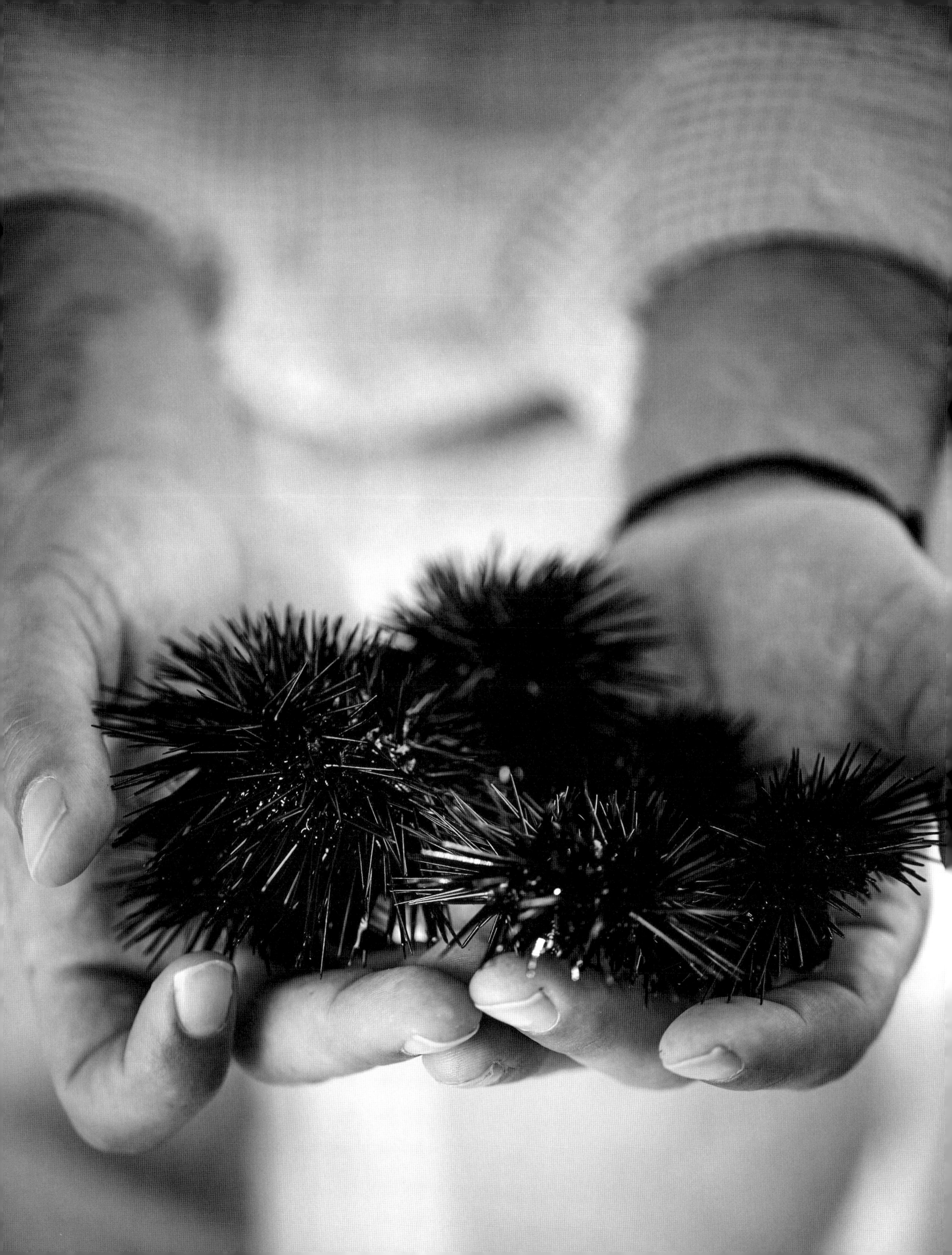

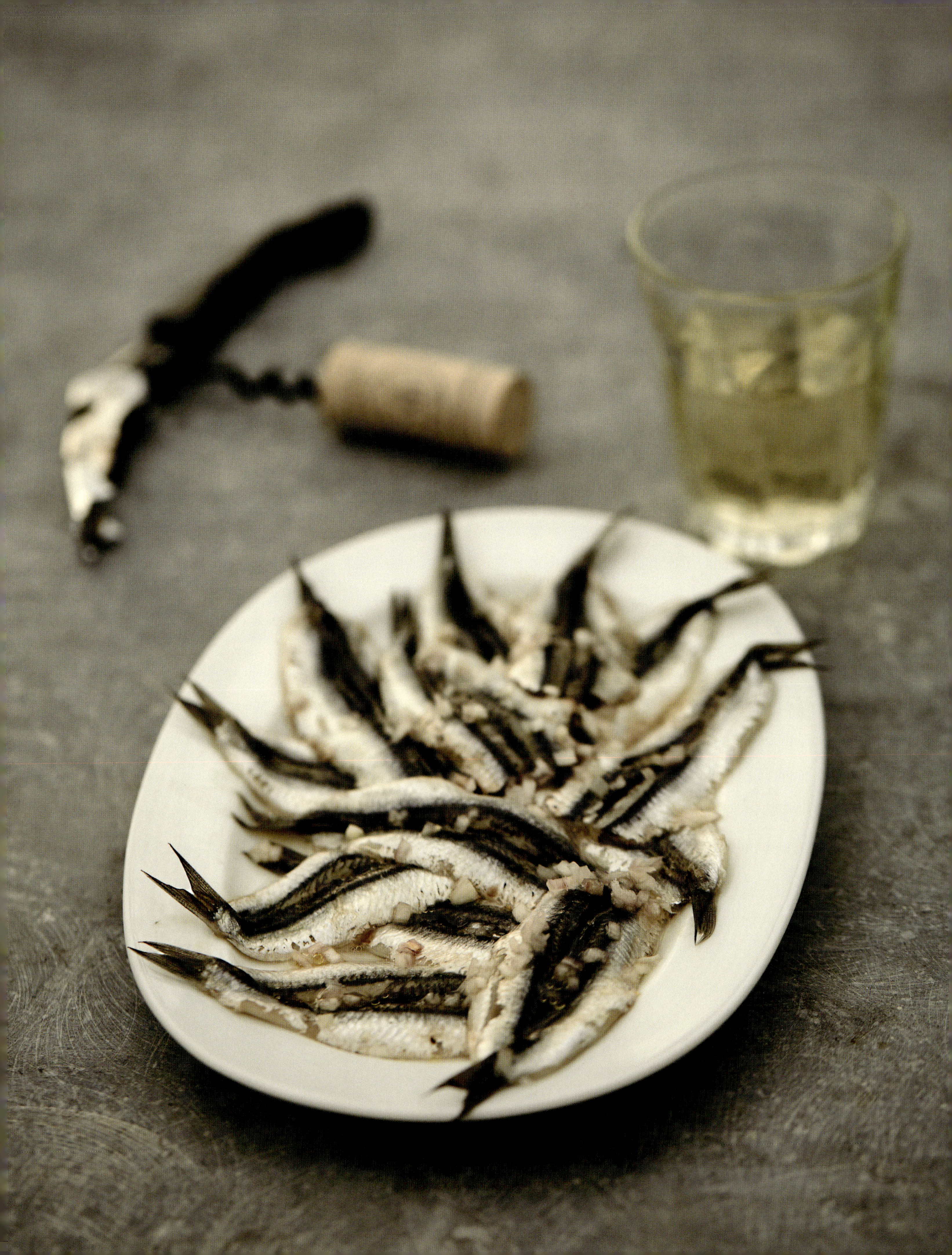

Marinierte Sardellen

Für 2 Portionen

Fröhlich speise ich marinierte Sardellen in meiner Lieblingstaverne am Hafen, bis mir jemand einen mehr oder weniger sanften Stups gibt. „Ich darf doch bitten, das ist mein Tisch. Das sind meine Sardellen." Mit einer höflichen Entschuldigung werfe ich dem selbsternannten Besitzer meines Tisches eine Sardelle zu. Zunächst nimmt er mein Angebot diplomatisch an. „Nun streichle mich." Das tue ich, bis er mich mit einem freundlichen „Danke" kratzt. Eine Katze kommt selten allein. Manche miauen jämmerlich, das Essen werde aber spät serviert, wegen meinem Unvermögen müssten sie den Mittagsschlaf verschieben, andere fauchen gehässig, sie müssen wohl nach fähigerem Personal suchen. Ich werde verscheucht und maunze eine herzzerreißende Entschuldigung, während sich meine Herrschaften die Pfoten lecken, die Schnurrbarthaare streichen und sich schließlich die Sardellen einverleiben. Eine von ihnen stupst mich zweimal in den Bauch und wirft mir eine angekaute Sardelle zu und säuselt: „Guter Junge." Dann darf ich mich entfernen.

ZUTATEN

500 g	ganze Sardellen, gesäubert
	weißer Balsamicoessig
	griechisches Olivenöl zum Braten
	Sonnenblumenöl zum Braten
3	Knoblauchzehen, in Scheiben geschnitten
2	Zweige frischer Rosmarin
3	Zweige frischer Zitronenthymian
1	Handvoll frische Petersilie, gehackt

1. Von den Sardellen die Flossen abtrennen und die Fische ausnehmen. Unter fließendem Wasser auswaschen, Köpfe entfernen und die Fische filetieren.

2. Die Filets in einer Schale in Balsamicoessig an einem dunklen, trockenen Ort 2 Stunden marinieren. Die Fische dann herausnehmen und auf Küchenpapier abtropfen lassen.

3. Etwas Oliven- und Sonnenblumenöl in einer mittelgroßen Pfanne bei mittlerer Hitze heiß werden lassen. Den Knoblauch darin anschwitzen, Rosmarin und Thymian mit in die Pfanne geben. Zum Schluss die Petersilie untermischen und die Sardellen in die Pfanne legen. Die Fischfilets von allen Seiten anbraten. Herausnehmen, auf Teller anrichten und heiß servieren.

Gefüllte Sardinen

Für 6 Portionen

Ich weiß genau, wie es sich in einem Sardinenschwarm anfühlt, wenn Hunderte, ja Tausende kleiner, silberner Pfeile blitzschnell durch das Wasser zischen. Keine Bewegungsfreiheit, keine Luft zum Atmen, alle dicht gedrängt – wie Passagiere in einem Bus in Thessaloniki. Üblicherweise gibt es in diesem Schwarm unzählige laute, undisziplinierte Kinder, die einander schubsen und necken. Als Sardine würde ich in dieser Situation bereitwillig ins Netz des nächsten Fischers schwimmen, um ins Freie zu gelangen und dieser Reise ein Ende zu setzen. „Hör auf, mich zu schubsen." „Tu ich doch gar nicht." „Das war Stefan!" „Sind wir bald da?" „Stefan schubst!" „Ich muss mal …", tönt es, während sie durchs Wasser zischen. „Julchen hat mir ins Auge gestochen!" „Julchen!" „Gibt es heute schon wieder Plankton?" „Ich hasse Plankton!" „Sind wir bald da?" „Ich will nicht mehr schwimmen …" „Julchen!" „Mir wird schlecht …" „Sind wir bald da?!" Gefüllte Sardinen sind mir da eindeutig lieber.

ZUTATEN

1 kg	frische Sardinen
	griechisches Olivenöl
2-3	Knoblauchzehen, klein gehackt
1	weiße Zwiebel, klein gehackt
	griechisches Olivenöl
	abgeriebene Schale von 1 Bio-Zitrone
100 g	sonnengetrocknete Tomaten
2	Tomaten, fein geschnitten
1	Prise frischer Zitronenthymian
300 ml	Tomatensaft
	Saft von einer ½ Zitrone zzgl. mehr nach Belieben
	feines Meersalz und frisch gemahlener Pfeffer
½	Bund frische Petersilie, fein gehackt

1. Den Ofen auf 190 °C Umluft vorheizen.

2. Für die Füllung Knoblauch und Zwiebel in einem kleinen Topf bei mittlerer Hitze in etwas Olivenöl glasig anschwitzen. Die Zutaten sollen nicht braun werden. Zitronenschale, sonnengetrocknete und frische Tomaten dazugeben. Mit Zitronenthymianblättchen würzen und 2-3 Minuten rühren. Tomaten- und Zitronensaft in den Topf geben und die Temperatur auf niedrige Hitze reduzieren. Alles ca. 15 Minuten köcheln.

3. Mit Salz, Pfeffer und nach Belieben mehr Zitronensaft abschmecken. Zum Schluss Petersilie dazugeben.

4. Die Sardinen füllen. Dazu die Füllung mit einem Löffel in die Bauchhöhle des Fischs geben.

5. Eine ofenfeste Form gründlich mit Olivenöl einfetten und die gefüllten Sardinen hineinlegen. Die Fische mit etwas Olivenöl beträufeln und mit etwas Salz bestreuen.

6. Die Sardinen ca. 5-8 Minuten im Ofen backen, bis sie gar sind. Heiß servieren.

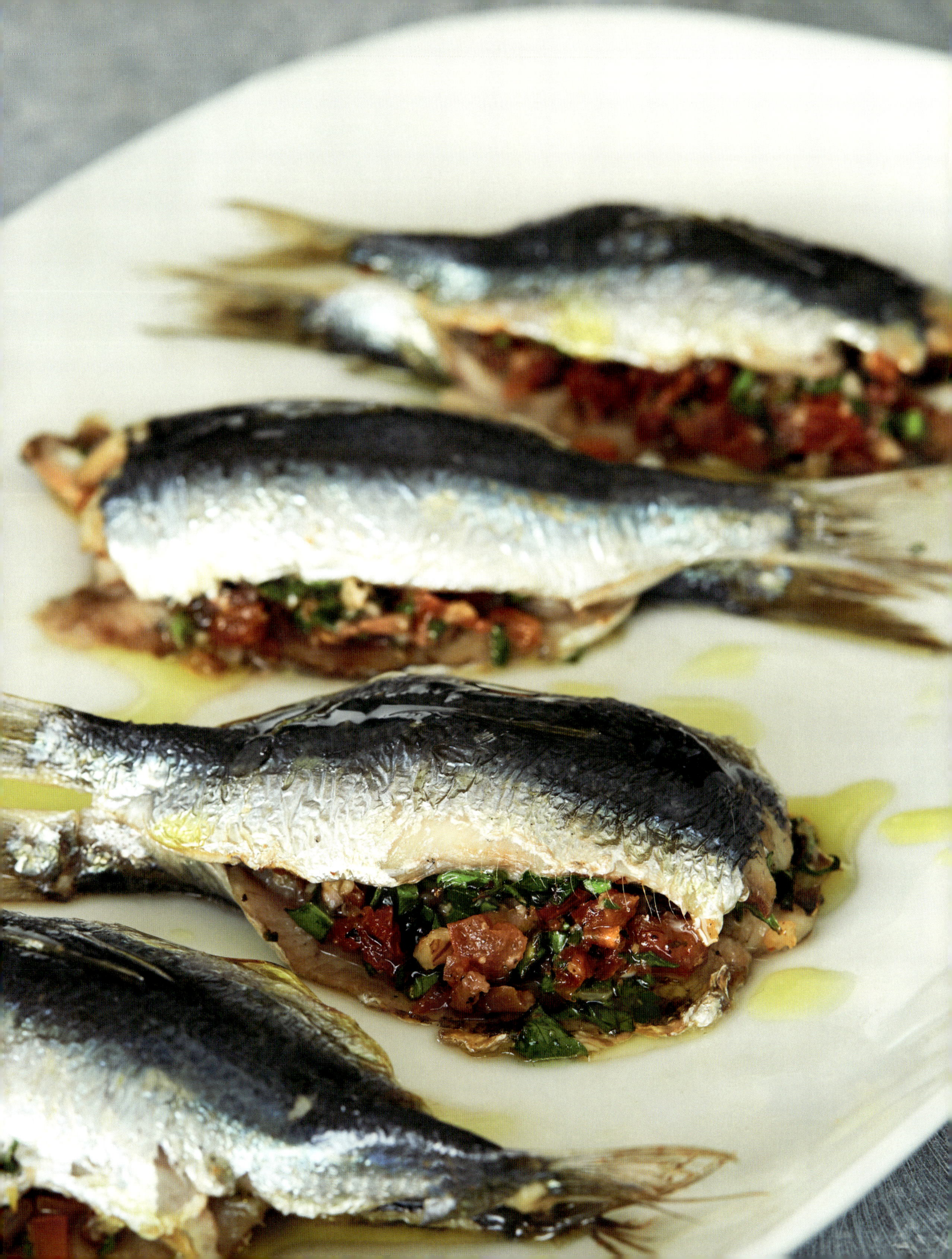

Saftige Zwiebelspalten mit Hackfleischfüllung

Für 4 Portionen

———✳———

Wenn ich die dampfende Auflaufform aus dem Ofen ziehe, schlägt mir ein herrlicher Duft entgegen. Eine winzige Flotte kleiner Schiffe schaukelt sanft auf der goldenen Bratflüssigkeit. Als ich ein kleiner Junge war, wurde mein Talent zum Bau kleiner Modellschiffe offenbar nicht genug gefördert: Meine kleine Flotte sieht aus, als hätte sie einen tosenden Sturm hinter sich. Der Schiffsrumpf der weißen Zwiebelspalten weist dunkle Blasen auf, wie Farbe, die von salzverkrustetem Holz abblättert. Das obere Deck ist schwer beschädigt, als hätte ein Sturm das weiße Segel gnadenlos zerfetzt. Einer Miniaturbesatzung an Bord wäre die salzige Kochflüssigkeit ins Gesicht gepeitscht, und sie wären auf dem Deck ins Rutschen gekommen, während in der Umluftshitze des Ofens erbarmungslos riesige Wellenbrecher herangerollt wären. Wenn die röstenden Zwiebeln knistern wie ein nächtliches Gewitter, wenn ein hämisches Lachen ertönt bei ihrem Versuch, dem gierigen Hunger des Ozeans zu entkommen – dann ist der Zeitpunkt gekommen, die Zwiebeln aus dem Ofen zu nehmen. Sie sind so köstlich, dass ich ich sie nur ungern teile.

ZUTATEN

5	weiße Zwiebeln
	feines Meersalz und frisch gemahlener Pfeffer
	griechisches Olivenöl zum Braten
2	Karotten, fein geschnitten
2–3	Zweige frischer Thymian
1	Knoblauchzehe, fein gehackt
300 g	Hackfleisch
10	Zweige Oregano
60 ml	Rotwein
1	Handvoll Petersilie, gehackt
1 EL	weißer Balsamicoessig

1. Den Ofen auf 180 °C vorheizen.

2. Die Zwiebeln fast halbieren, jedoch 1 cm bis zur Wurzel stehen lassen, sodass die Zwiebel noch zusammenhält. Die Zwiebeln nun 30 Minuten lang in kochendem Wasser garen. Aus dem Topf nehmen und das Zwiebelwasser beiseitestellen. Die Zwiebelspalten vorsichtig auslösen. Zuerst die großen äußeren Spalten von den inneren, kleinen Zwiebelspalten abtrennen. Dann von den großen Zwiebelspalten die durchsichtige Membran abziehen. Die Spalten mit Salz würzen und beiseitestellen.

3. Die kleineren Zwiebelspalten klein schneiden, sie sollten etwa 1½ Handvoll klein geschnittene Zwiebeln für die Füllung ergeben.

4. Zwei Pfannen bereitstellen. In der ersten Pfanne etwas Olivenöl bei mittlerer Hitze heiß werden lassen. Darin die klein geschnittenen Zwiebeln, Karotten, Thymian und Knoblauch anschwitzen. In der Zwischenzeit in der zweiten Pfanne das Hackfleisch bei hoher Hitze in etwas Olivenöl anbraten. Immer wieder gründlich mit einem Holzlöffel zerteilen und in ca. 5 Minuten braun braten und durchgaren. Mit den Blättern von 6 Oreganozweigen würzen und ca. weitere 2 Minuten unter ständigem Rühren braten. Das Hackfleisch mit Rotwein ablöschen und mit Salz sowie Pfeffer würzen.

5. Nach ca. 2 Minuten das Gemüse aus der ersten Pfanne zum Hackfleisch geben. Gut durchmischen und alles weitere 6–10 Minuten garen. Petersilie einstreuen und die Pfanne vom Herd nehmen. Nochmals mit Salz und Pfeffer abschmecken und mit den Blättern von 2 weiteren Oreganozweigen würzen. Zum Schluss den Balsamicoessig unterrühren.

6. Mit einem Löffel die einzelnen Zwiebelspalten mit dem Hackfleisch füllen. Die Ränder vorsichtig mit den Fingerspitzen zusammendrücken, um die Zwiebelspalten zu schließen. Die Zwiebeln in eine ofenfeste Form legen und Zwiebelwasser angießen, bis sie einen Finger breit im Zwiebelwasser stehen. Mit dem restlichen Oregano bestreuen.

7. Die Zwiebelspalten 30 Minuten im Ofen goldbraun backen.

Muschelpilaf

Für 2 Portionen

ZUTATEN

	griechisches Olivenöl
1	Knoblauchzehe, fein gehackt
1	weiße Zwiebel, fein gehackt
1	rote Paprikaschote, fein gehackt
1	grüne Paprikaschote, fein gehackt
3	Frühlingszwiebeln, fein gehackt
50 ml	trockener Weißwein
	abgeriebene Schale und Saft von 2 Bio-Zitronen
300 g	Basmatireis
800 ml	Gemüsebrühe, warm
300 g	frisches Muschelfleisch, ausgelöst und gesäubert
200 g	frische Muscheln in der Schale
½	Bund Dill, grob gehackt
	feines Meersalz und frisch gemahlener Pfeffer

1. Etwas Olivenöl in einer großen Pfanne bei mittlerer Hitze heiß werden lassen. Knoblauch, Zwiebel, rote sowie grüne Paprika und Frühlingszwiebel darin glasig anschwitzen. Mit Weißwein ablöschen und Zitronenschale dazugeben. Das Gemüse weiterköcheln, bis der Weißwein verdampft ist.

2. Den Reis einrühren und mit warmer Gemüsebrühe begießen. Den Reis anschließend in 18–20 Minuten bissfest garen.

3. Das Muschelfleisch und die Muscheln in der Schale dazugeben. Das Pilaf ca. 3 Minuten weiterköcheln, bis sich die Muschelschalen langsam öffnen.

4. Zum Schluss Dill und Zitronensaft in das Pilaf rühren. Mit Salz und Pfeffer abschmecken und nochmals 1–2 Esslöffel Olivenöl untermischen. Das Muschelpilaf gut durchrühren und dann heiß servieren.

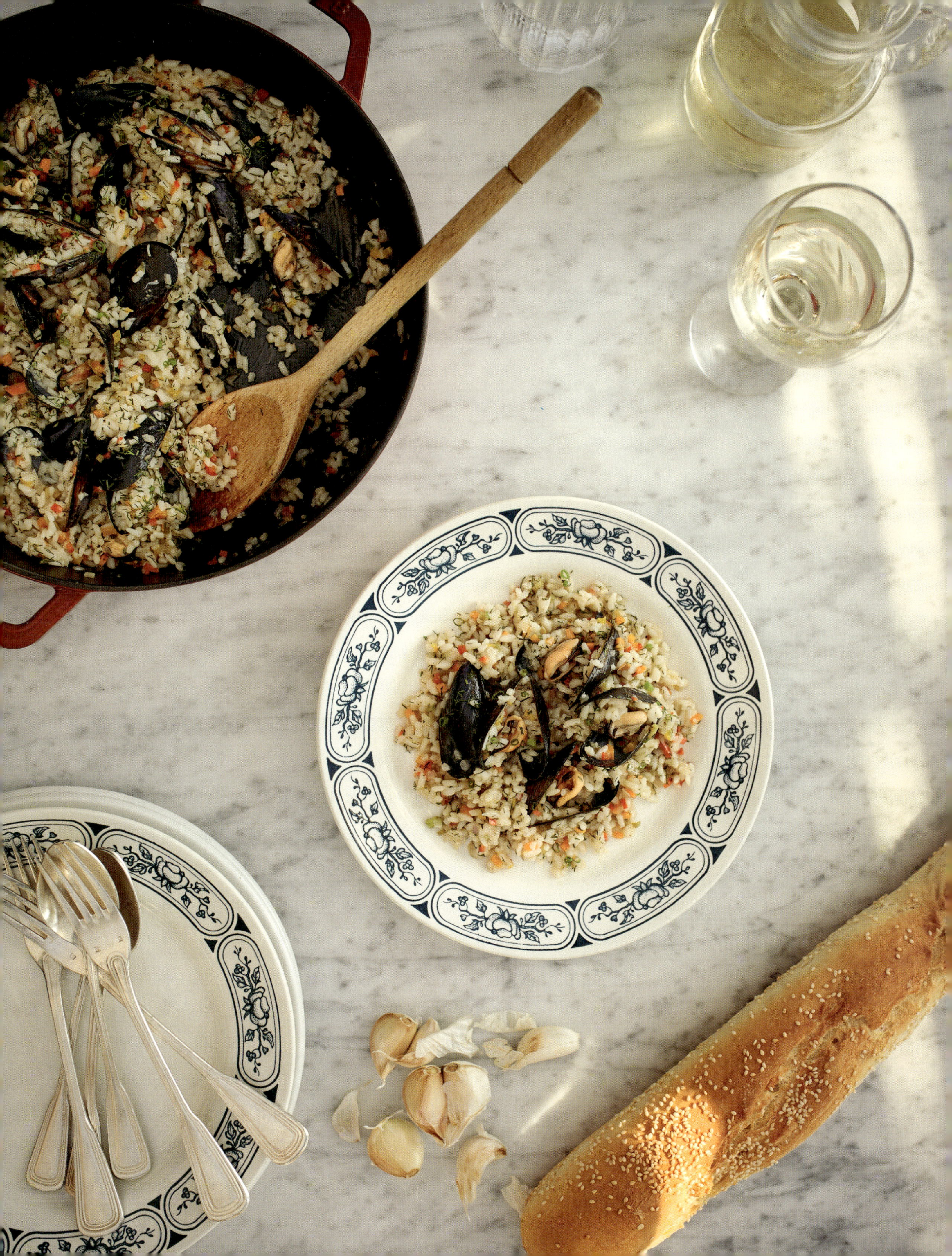

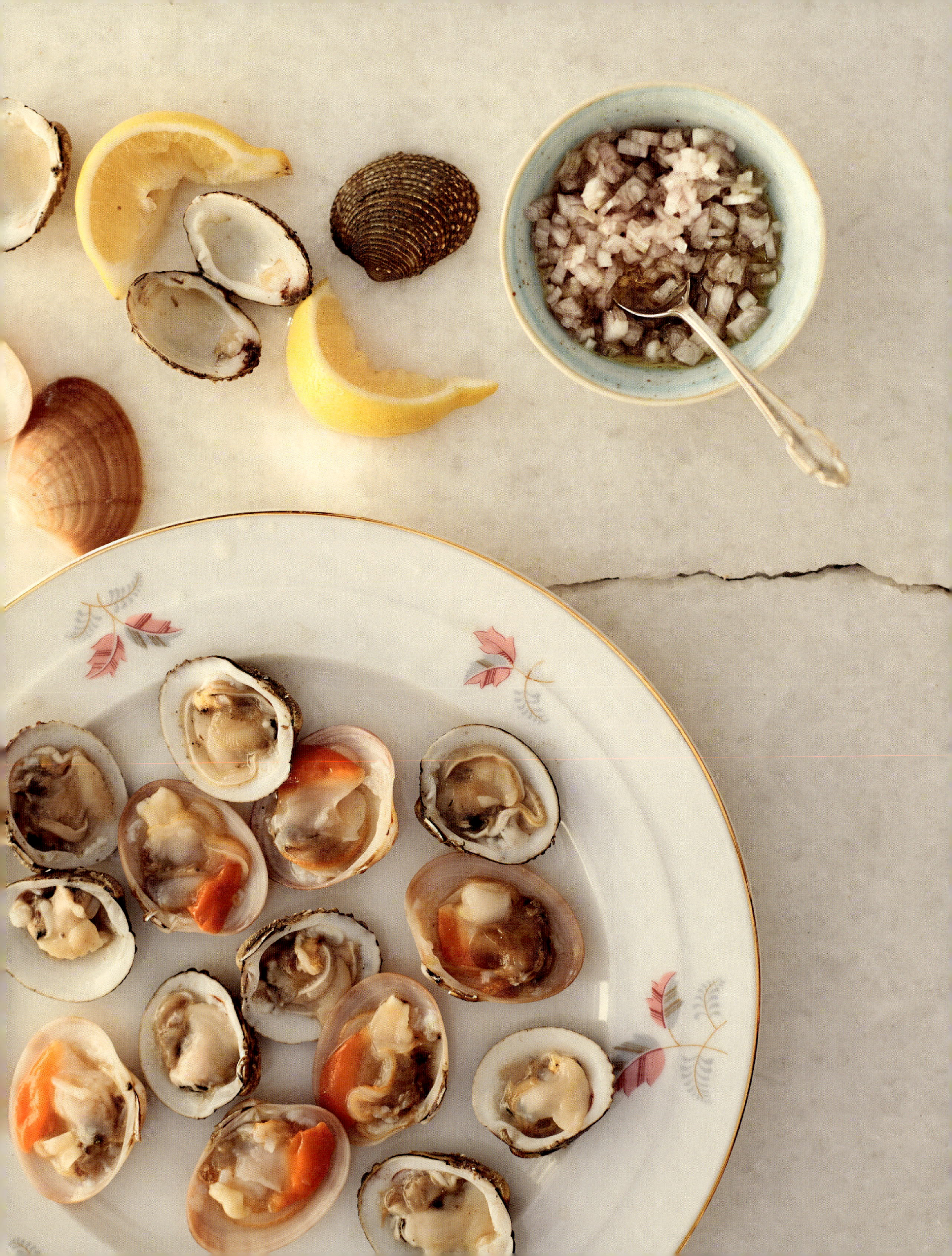

Dressing für Austern

Die Hände einer Mutter

Gefahren und Schrecken sind des Ozeans Art.
Deine Macht, eine Schale, fest und hart
Wie ein Schild, ewig, massiv, aus Stahl
Gegen die Gezeiten im blauen Wellental.

Ich habe nie Angst, nie Bedrohung gekannt.
War nie in Dunkelheit vor Furcht gebannt.
Ich die Muschel, du die Schale.
Was du mich sehen ließest all die Male
War uneitle Schönheit ringsumher.
Deine Welt für mich, mitten im Meer.

Gleißend hell schimmert die Farbenpracht.
Gut geschützt ist das Bett für die Nacht
Eine Muschel auf kaltem Meeressand.
Ein Leben, ein Sohn, einer Mutter Hand.

ZUTATEN

3	Schalotten, fein gehackt
½	Gurke, geschält und klein geschnitten
½	Tomate, nur die Haut
1 EL	Schnittlauch, fein gehackt
½	Chilischote, fein gehackt
	abgeriebene Schale von 1 Bio-Zitrone
100 ml	Weißweinessig
2 EL	griechisches Olivenöl

Schalotten, Gurke, Tomatenhaut und Schnittlauch in einer kleinen Schüssel vermischen. Chili, Zitronenschale und Weißweinessig dazugeben. Zum Schluss das Olivenöl unterrühren. Das Dressing vor dem Verzehr über die Austern träufeln.

OLIVENÖL

In Griechenland sagen wir gern, Olivenöl sei flüssiges Gold. Es ist reich an gesunden Nährstoffen und kommt auch in Kosmetik und Medizin zum Einsatz. Griechenland hat weltweit den höchsten Olivenölverbrauch, und auch ich verwende es in den allermeisten meiner Rezepte. Wenn ich mit dem Auto durch Sithonia fahre, stehen beiderseits der Straße aufgereihte Olivenbäume. Wenn Sie Ihren Einkaufswagen durch den Supermarkt schieben, stehen in den Regalen beiderseits des Ganges fein säuberlich aufgereihte Olivenölflaschen. Doch so schnell wie ich an den Bäumen vorbeifahre, sollten Sie an diesen Flaschen vorübergehen. Höchstwahrscheinlich enthalten sie kein flüssiges Gold, keinen Nutzen für die Gesundheit, keine Essenz des mediterranen Lebensstils. Aller Wahrscheinlichkeit nach enthalten sie billigeres Öl, Farbstoffe und bloß einige wenige Tropfen echtes Olivenöl. Das Geschäft mit dem flüssigen Gold hat viele Großbauern zu Großproduzenten und viele Kleinerzeuger zu noch kleineren Bauern gemacht. Zum Glück kann ich mein Olivenöl bei einem dieser kleinen Bauern kaufen, nur eine kurze Autofahrt entfernt. Auf der Rückfahrt klirren meist ein paar Glasflaschen in meinem Kofferraum. In ihnen steckt das flüssige Gold mit all den natürlichen Inhaltsstoffen, die gut für die Gesundheit sind: je ein Liter leicht würzige Essenz des mediterranen Lebensstils. Das zähflüssige grüngoldene Öl brennt ein wenig im Abgang, aber es hinterlässt keinen öligen Film im Mund. Der Landwirt, dessen Hände beim Pflücken der sonnengereiften Oliven schwarz werden und vielleicht ein wenig brennen, ist ein wahrer Hersteller. Echte Hersteller sind draußen, sind Sonne und Regen ausgesetzt, sie tragen schlammverkrustete Stiefel und haben dieses gewisse Funkeln in den Augen. Ihre Kunden mögen weniger werden, aber sie kämpfen weiter für das, was sie glücklich macht. Und das ist selten. So selten wie original griechisches Olivenöl.

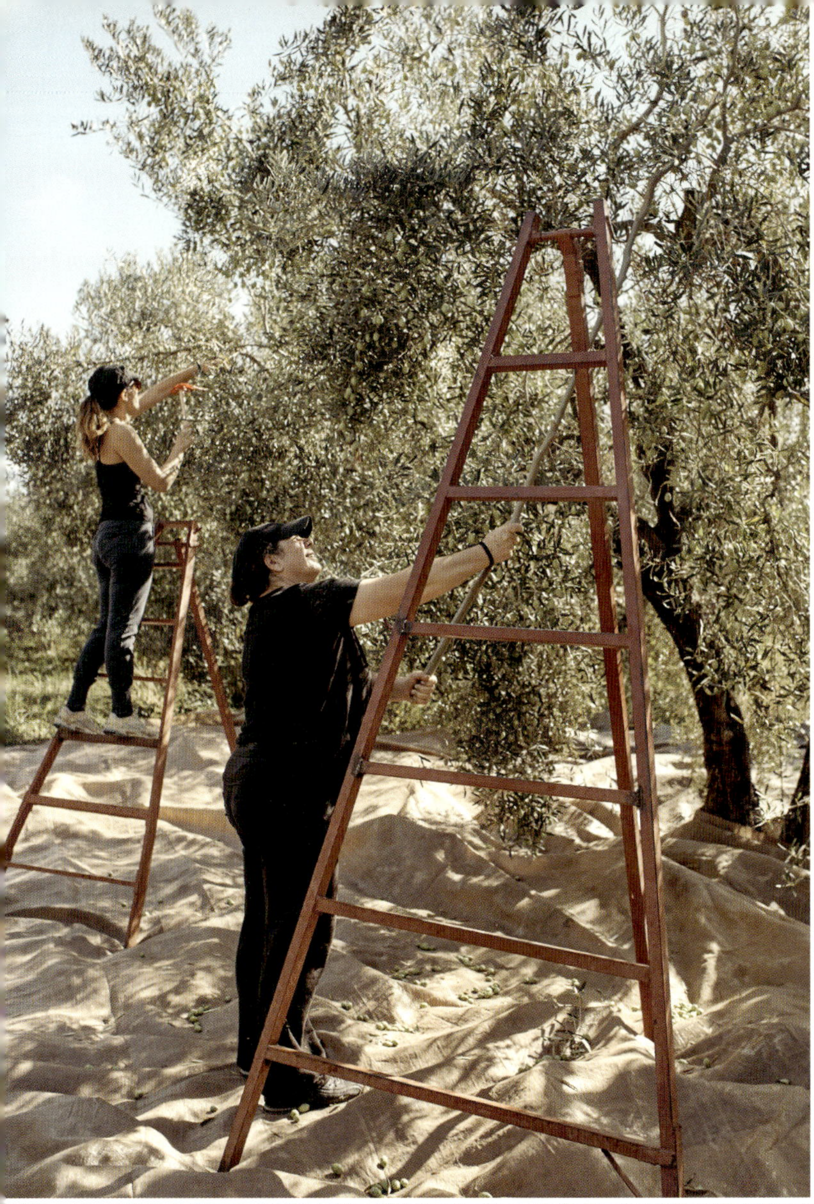
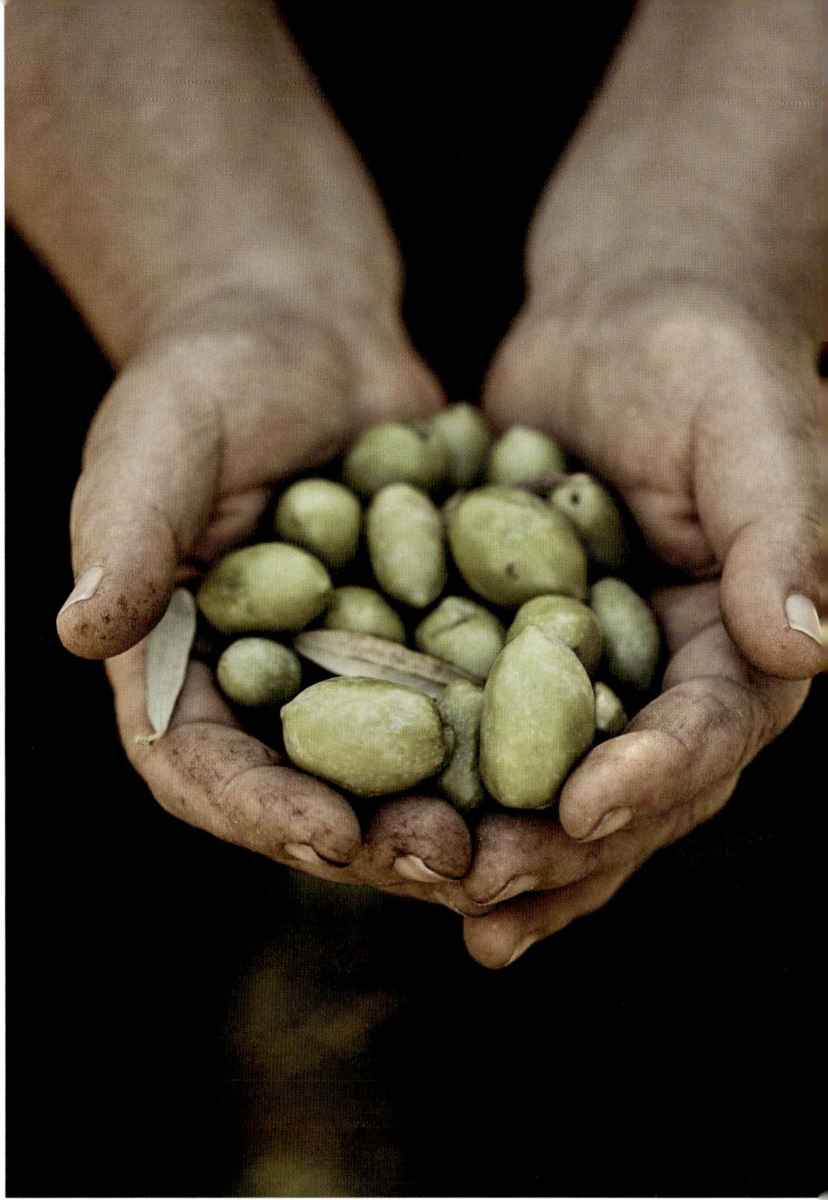
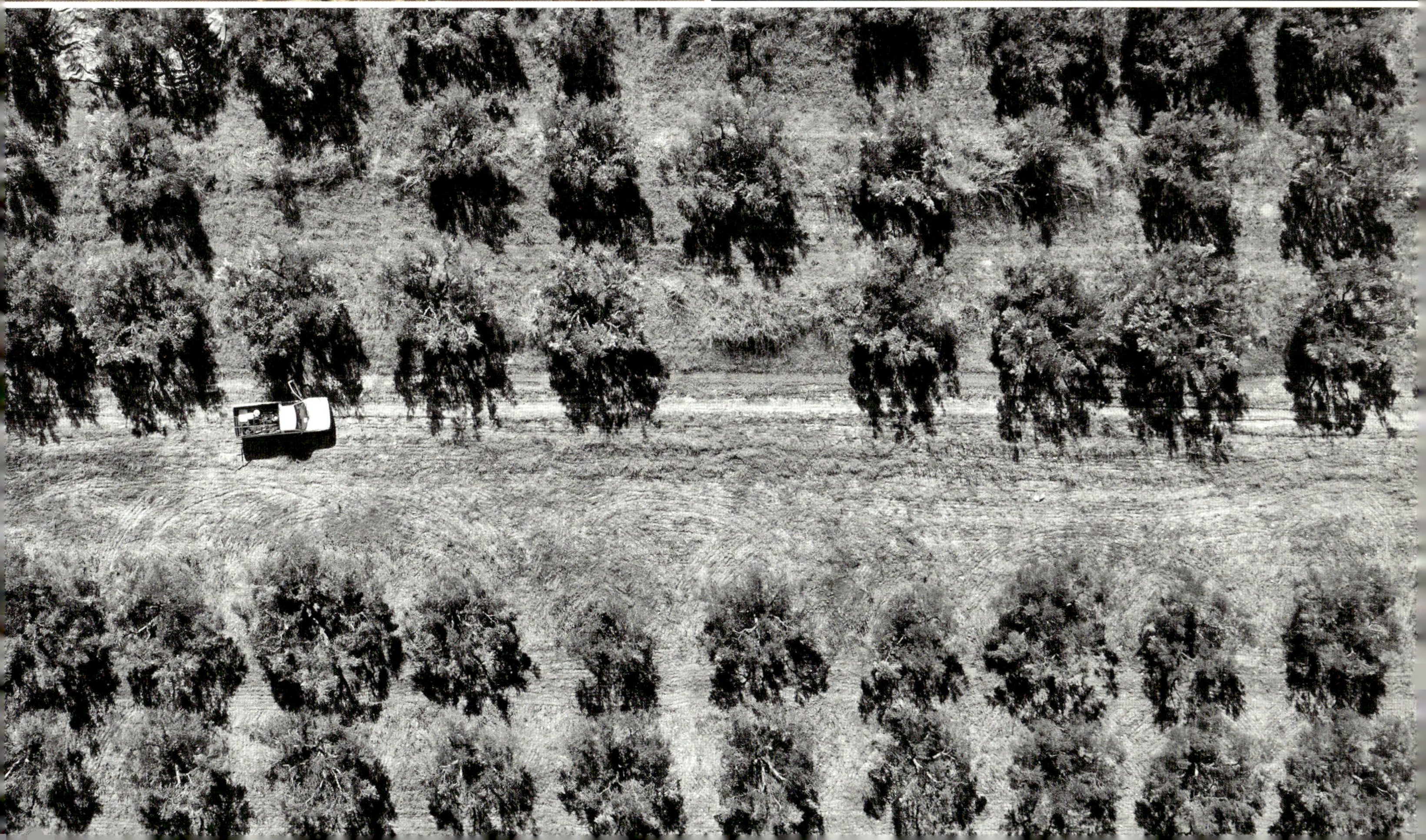

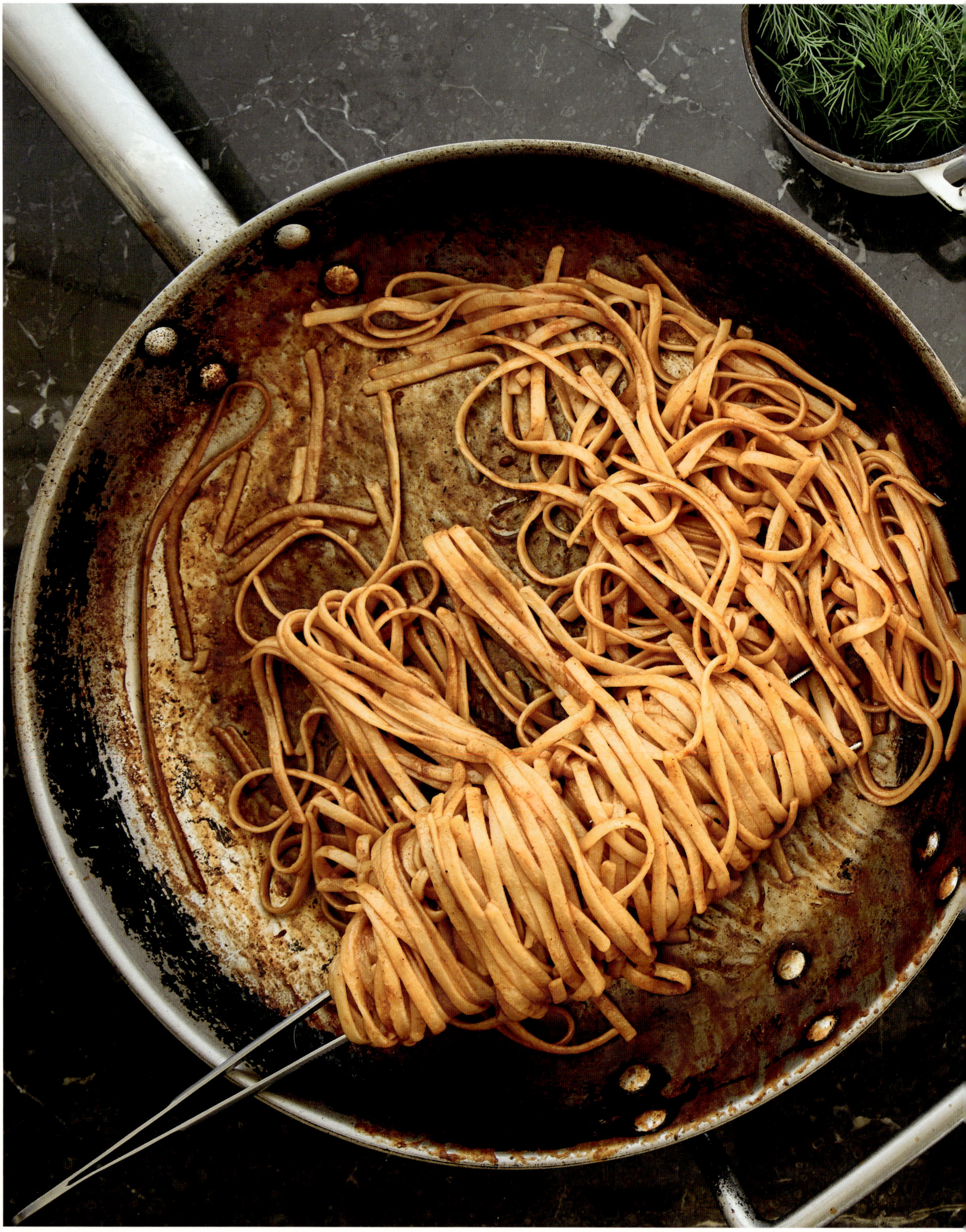

Ζυμαρικά

PASTA & REIS

⁂

Das Hahn-Rezept

Für 4 Portionen

Der Hahn steht aufgebracht vor dem Pförtner. „Okay, ich lese es noch einmal vor. Ich dachte, ich hätte mich klar ausgedrückt! Zuerst den Ofen vorheizen. Mit Salz, Pfeffer und Olivenöl würzen, 4 Minuten goldbraun anbraten, dann beiseitestellen. Das Gemüse anbraten, dann mit reichlich Portwein ablöschen. Mit einem guten Portwein wohlgemerkt … Und dann 30 Minuten im heißen Ofen garen." „Ja, aber …" „Lassen Sie mich ausreden! Anschließend … Ach, lesen Sie selbst …" Der Hahn wedelt mit dem Zettel in seiner Hand. Dem Pförtner ist die Situation sichtlich unangenehm, nervös wippt er hin und her. „Sie müssen entschuldigen. Unser Fehler. Also brauchen Sie noch 10 Minuten im Ofen, hatten Sie gesagt …" „Genau! Noch 10 Minuten!" Sein Gesicht ist vor Zorn puterrot. „Mir ist klar, dass Sie nicht so viel von Weckzeiten verstehen wie ich, immerhin war ich mein Leben lang Experte dafür, aber ich dachte, Sie können zumindest lesen!" „Ich … Es tut mir leid, ich bin kein Koch. Aber ich verstehe, dass Ihnen als Hahn exakte Zeitangaben wichtig sind. Entschuldigen Sie bitte." Mit gesenkter Stimme fügt er hinzu: „Vergessen wir diesen Vorfall einfach. Es ist zwar unüblich, aber gehen Sie zurück und kommen Sie dann in 10 Minuten wieder." Der wütende Gast nickt. „Behalten Sie das fürs nächste Mal." Er wirft dem Pförtner der Himmelspforte sein Testament entgegen und stapft davon. Wenig später liegt der Hahn wieder im warmen Ofen. „Himmlisch", seufzt er und kuschelt sich glücklich in seine Pasta.

ZUTATEN

1	ganzer Hahn
	feines Meersalz und frisch gemahlener Pfeffer
	griechisches Olivenöl
	Sonnenblumenöl zum Braten
2	weiße Zwiebeln, fein gehackt
1	Knoblauchzehe, fein gehackt
8	Zweige frischer Thymian
1	Stange Lauch, nur der weiße Teil, fein gehackt
2	Stangen Sellerie, grob gehackt
3	Karotten, geschält und klein geschnitten
30 g	Butter
2	Lorbeerblätter
1 EL	Tomatenmark
½ TL	gemahlener Koriander
350 ml	Portwein
350 g	Passata
1,2 l	Hühnerbrühe
½ TL	gemahlener Zimt
200 g	Xilopites oder Pappardelle-Nudeln

1. Den Ofen auf 180 °C vorheizen. Den Hahn ausnehmen und in Stücke teilen. Das Fleisch mit Salz und Pfeffer würzen, dann mit Olivenöl beträufeln.

2. Etwas Sonnenblumenöl in einer großen Pfanne erhitzen. Die Geflügelteile darin von allen Seiten ca. 4 Minuten anbraten, dann in einen Bräter oder Schmortopf legen und vorerst beiseitestellen.

3. Das Sonnenblumenöl aus der Pfanne abgießen und die Temperatur auf niedrige Hitze reduzieren. Etwas Olivenöl in die gleiche Pfanne geben und darin Zwiebeln und Knoblauch anschwitzen. Thymian hinzugeben und alles ca. 3 Minuten unter gelegentlichem Rühren ziehen lassen. Lauch und Sellerie unterrühren. Anschließend die Karotten in die Pfanne geben und die Zutaten weitere 2 Minuten unter gelegentlichem Rühren anbraten. Butter, Lorbeerblätter und Tomatenmark untermischen und weitere 3 Minuten garen, dann mit Koriander und etwas Pfeffer würzen. Die Zutaten mit Portwein ablöschen und mit etwas Salz sowie Pfeffer abschmecken. Die Zutaten weitere 4 Minuten köcheln. Zum Schluss die Passata unterrühren.

4. Die Gemüsemischung mit einem Schöpflöffel aus der Pfanne nehmen und rund um die Geflügelstücke im Bräter verteilen. Die Hühnerbrühe dazugießen und das Fleisch 30 Minuten im Ofen garen. Nach Ende der Garzeit den Bräter aus dem Ofen nehmen, die Geflügelstücke wenden. Mit Zimt würzen und erneut 10 Minuten im Ofen weiterbraten.

5. Den Bräter aus dem Ofen nehmen und die nicht essbaren Geflügelteile (z. B. Knochen) entfernen. Die ungekochte Pasta rund um das Fleisch verteilen und mit einer Gabel in die Sauce drücken. Den Bräter zugedeckt weitere 10 Minuten in den Ofen stellen, bis die Nudeln bissfest gegart sind. Heiß servieren.

Pikante mediterrane Linguini

Für 2 Portionen

Dieses Gericht ist eindeutig kein Klassiker der griechischen Küche. Dennoch wollte ich das Rezept unbedingt in meinem Buch erwähnen. Finden Sie es manchmal zu anstrengend, aufwendig zu kochen, wenn Sie erschöpft von der Arbeit heimkommen? Dann rate ich Ihnen zu diesem schnellen, aber köstlichen Gericht! Warum die Mühe? Kochen ist einfach eine Freude, es bereichert das Leben. Dieses Nudelrezept lebt von seiner leichten Zubereitung und der aufregenden Mischung schmackhafter in Olivenöl geschwenkter Zutaten mit scharfer Chili. Schenken Sie dazu ein Glas Wein ein und genießen Sie.

ZUTATEN

	Salzwasser oder Hühnerbrühe
300 g	ungekochte Linguini
	griechisches Olivenöl zum Braten
3	Knoblauchzehen, fein gehackt
3	Schalotten, fein gehackt
2	Frühlingszwiebeln, fein geschnitten
1/3	grüne Chilischote, fein geschnitten
14	Cherrytomaten, halbiert
	feines Meersalz und frisch gemahlener Pfeffer
2	Zweige frischer Thymian
60 ml	trockener Weißwein
1/2	Handvoll frische Petersilie
110 ml	Hühnerbrühe
40 g	Butter
	abgeriebene Schale von 1/2 Bio-Limette
	Chiliflocken nach Belieben zum Servieren

1. Reichlich Salzwasser oder Hühnerbrühe in einem mittelgroßen Topf zum Kochen bringen. Die Linguini hineingeben und bissfest garen.

2. Für die Sauce Olivenöl in einer mittelgroßen Pfanne bei mittlerer Hitze heiß werden lassen. Knoblauch und Schalotten unter ständigem Rühren ca. 1 Minute darin glasig anschwitzen.

3. Frühlingszwiebeln, Chili und Cherrytomaten hinzugeben. Alle Zutaten kurz anbraten, dann mit Salz und Pfeffer würzen. Falls nötig, etwas Olivenöl nachgießen. Zum Schluss den Thymian dazugeben.

4. Die Gemüsemischung etwas köcheln lassen, dann mit Weißwein ablöschen. Die Petersilie hinzugeben und die Hühnerbrühe in die Pfanne gießen. Anschließend Butter und geriebene Limettenschale einrühren.

5. Die gekochten Linguini in ein Nudelsieb abgießen und beiseitestellen.

6. Wenn die Sauce zu köcheln beginnt, die Linguini in die Pfanne geben und nach Belieben mit Chiliflocken würzen. Alles gut mischen und heiß mit Chiliflocken servieren.

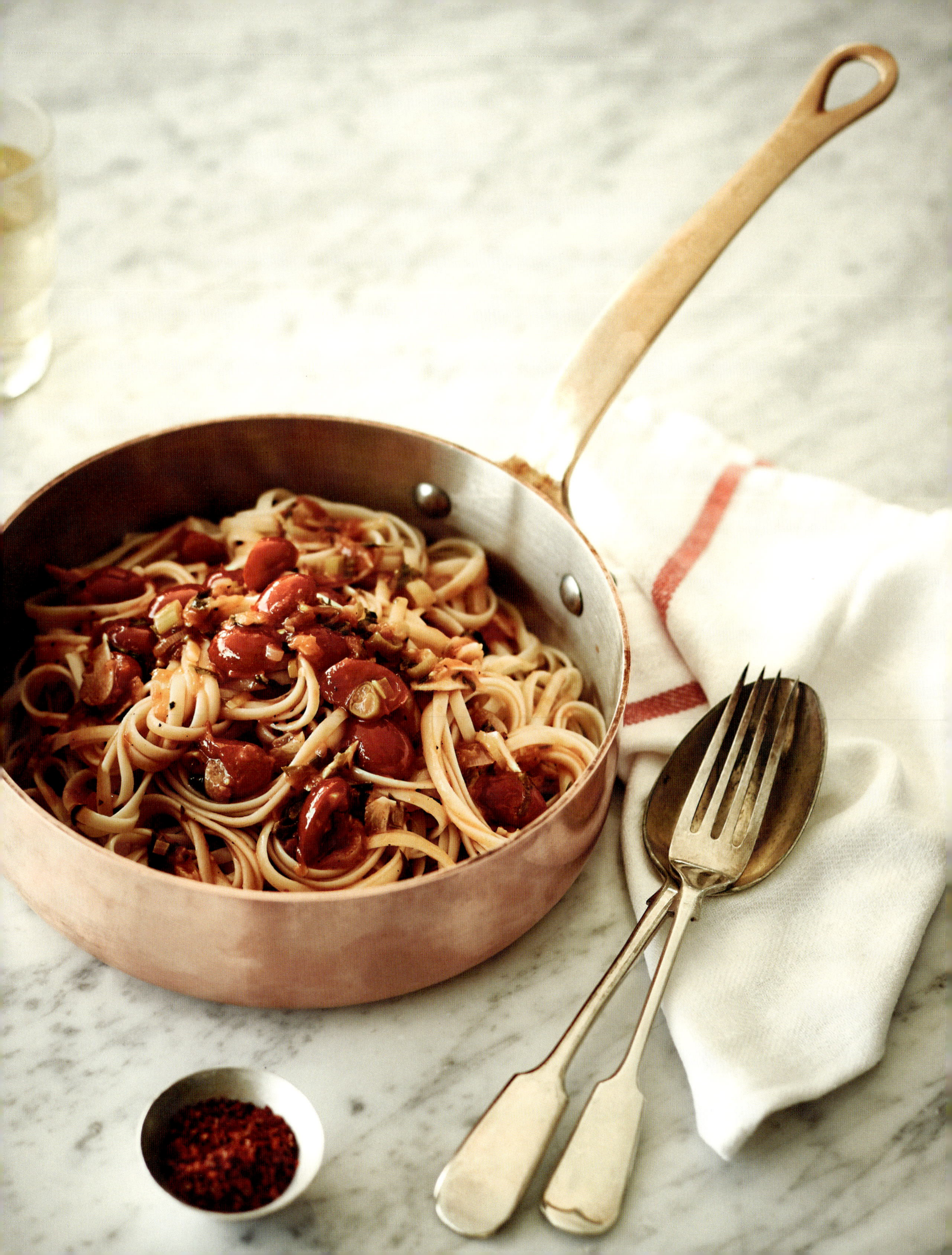

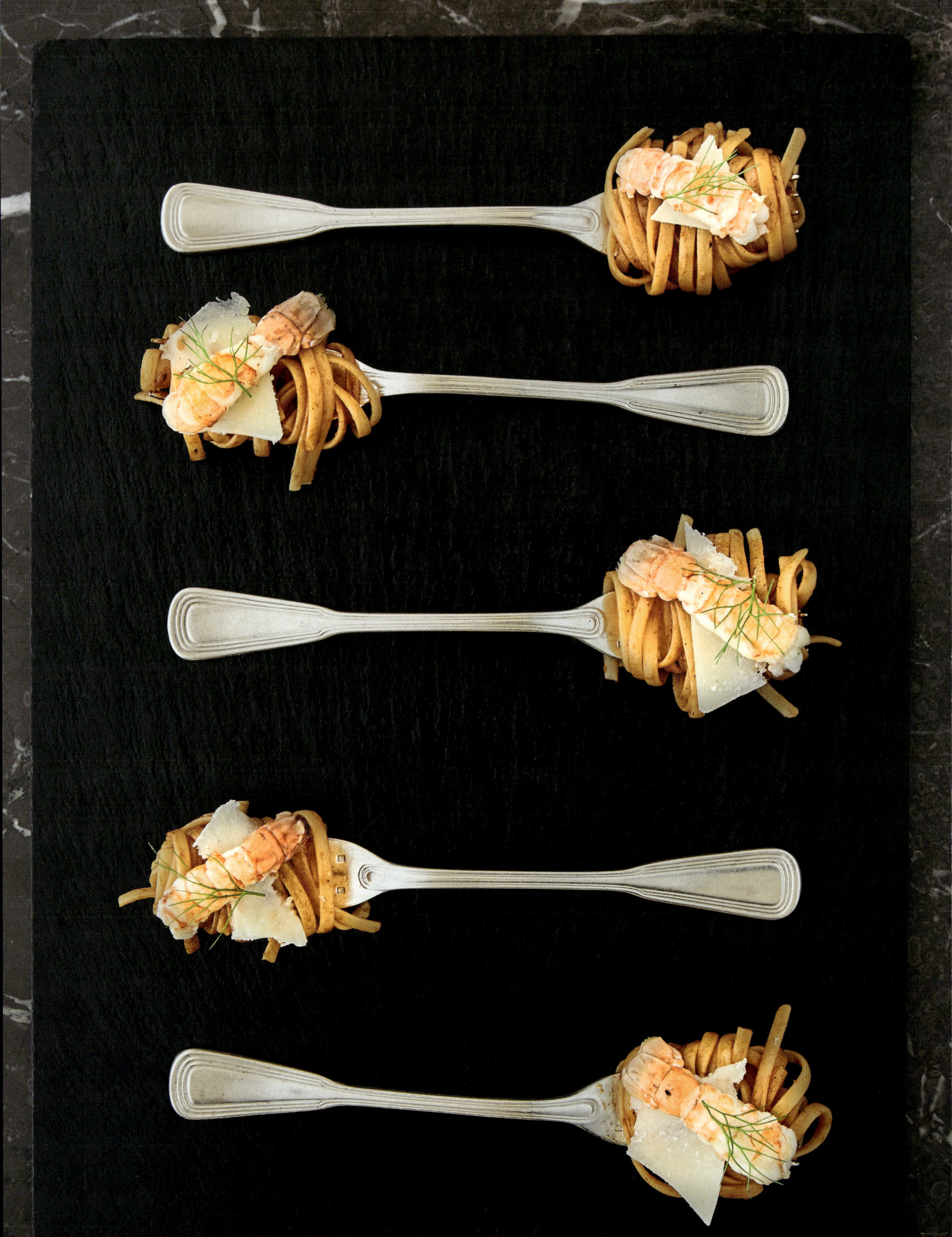

Langusten-Linguini

Für 2 Portionen

―⟜―

Ich wollte nur probieren. Doch dann aß ich alles auf.

ZUTATEN

8	frische Langusten
	griechisches Olivenöl
1 TL	Butter
1	Karotte, geschält und klein geschnitten
½	Stange Lauch, grob geschnitten
1	Stange Sellerie, grob geschnitten
½	weiße Zwiebel, grob geschnitten
1	Knoblauchzehe, zerdrückt
2	Zweige frischer Thymian, Blättchen abgezupft
1 EL	Tomatenmark
1 EL	Mehl
	Brandy zum Ablöschen
60 ml	trockener Weißwein
1,8 l	Hühnerbrühe
	Zitronensaft
200 g	Linguini
	Butter zum Braten
	geriebener Parmesan nach Belieben

1. Für die Bisque Köpfe, Schalen und Schwänze der Langusten entfernen. Das restliche Fleisch vorerst beiseitestellen.

2. Etwas Olivenöl in einem großen Topf erhitzen. Die Köpfe, Schalen und Schwänze der Langusten darin anbraten. Mit einem Kartoffelstampfer alles zerkleinern, dann die Temperatur auf niedrige Hitze reduzieren.

3. Butter, Karotte, Lauch, Sellerie, Zwiebel, Knoblauch und Thymian dazugeben. Alles ca. 3-4 Minuten unter Rühren garen, bis das Gemüse weich wird. Tomatenmark und Mehl einrühren. Zuerst mit Brandy und kurz danach mit Weißwein ablöschen.

4. So viel Hühnerbrühe in den Topf gießen, dass alle Zutaten mit Flüssigkeit bedeckt sind. Die Bisque 30 Minuten köcheln lassen, dann durch ein Sieb in einen Topf abgießen und beiseitestellen.

5. Einen Topf bei mittlerer Hitze erwärmen und die ungekochten Linguini hineingeben. Nun zu gleichen Teilen mit Bisque und restlicher Hühnerbrühe übergießen, bis die Pasta mit Flüssigkeit bedeckt ist. Wenn die Nudeln die Flüssigkeit aufgenommen haben, immer wieder etwas Bisque und Hühnerbrühe nachgießen, bis die Nudeln bissfest gegart sind. In der Zwischenzeit das Langustenfleisch in einer Pfanne in Butter bei mittlerer Hitze anbraten.

6. Die gekochten Linguini mit einigen Tropfen Zitronensaft würzen, nach Geschmack Parmesan unterrühren. Die Pasta ein letztes Mal gut durchmischen und heiß mit etwas Sauce aus dem Topf anrichten. Das gare Langustenfleisch auf die Pasta geben und servieren. Nach Belieben Parmesan dazu reichen.

Gefüllte Tomaten & Paprika

Für 6 Portionen

Ich liebe Paprika und Tomaten aus eigener Ernte. In meinem kleinen Gemüsegarten leuchtet es grün und rot, bis ich das reife Gemüse zu *Gefüllte Tomaten & Paprika* verarbeite. Wenn ich könnte, würde ich am liebsten nur Produkte aus dem eigenen Garten verwenden. Aber wie alle guten Dinge im Leben braucht es seine Zeit, bis sie reif sind. Die Gartenarbeit hat mich die Tugend der Geduld gelehrt. Es gibt eine Zeit zum Pflanzen und eine Zeit zum Ernten. Eine Zeit, in der Tomaten grün und sauer sind, und eine, in der sie saftig und rot sind. Die Zeit grüner Blätter im Frühling und die des roten Laubs im Herbst. Eine Zeit, Früchte zu ernten, und eine, Unkraut zu jäten. Eine Zeit für die Sonne und eine für den Regen. Eine Zeit des Verlustes und eine für den Triumph. Eine Zeit, um den Garten zu versorgen, und eine, um vom Garten versorgt zu werden. Wir wollen immer nur wissen, wann die Zeit reif ist für die Ernte. Glauben Sie mir, eins habe ich bei der Gartenarbeit gelernt: Haben Sie Geduld.

ZUTATEN GEMÜSE

6	Tomaten
6	grüne Paprikaschoten
	feines Meersalz und frisch gemahlener Pfeffer
	griechisches Olivenöl

ZUTATEN FÜLLUNG

	griechisches Olivenöl zum Braten
500 g	Rinderhackfleisch
2	weiße Zwiebeln, fein gehackt
2	Knoblauchzehen, fein gehackt
2	Karotten, fein gehackt
2 EL	Tomatenmark
350 g	polierter Reis
1 EL	Zucker
600 ml	Gemüsebrühe
	feines Meersalz und frisch gemahlener Pfeffer
1	Bund frische Petersilie, fein gehackt
1	Bund frische Minze, fein gehackt
½	Bund frischer Dill, klein gehackt
2	Kartoffeln, geschält und in Spalten geschnitten

1. Den Ofen auf 170 °C vorheizen.

2. Von den Tomaten und den Paprika den oberen Teil ca. 1-2 Fingerbreit vom Stiel abwärts abschneiden. Das sind später die Deckel für die gefüllten Tomaten und Paprika. Die Kerne der Paprika entfernen. Aus den Tomaten das Fruchtfleisch herauskratzen und in eine kleine Schüssel geben. Das ausgehöhlte Gemüse in eine ofenfeste Form stellen. Mit Salz und Pfeffer würzen, dann mit Olivenöl beträufeln.

3. Für die Füllung das Hackfleisch in einer großen Pfanne bei hoher Hitze in etwas Olivenöl anbraten. Das Hackfleisch dabei mit einem Holzlöffel zerteilen und gut durchgaren. Die Temperatur auf mittlere Hitze reduzieren. Zwiebeln, Knoblauch und Karotten dazugeben und mitbraten. Sobald das Gemüse weich ist, das Tomatenmark untermischen und alle Zutaten 2-3 Minuten unter Rühren weiterbraten.

4. Die Temperatur auf niedrige Hitze reduzieren. Reis, das Tomatenfruchtfleisch, Zucker und 400 ml Gemüsebrühe hinzugeben. Mit Salz und Pfeffer würzen, dann alles 5-6 Minuten köcheln lassen.

5. Die Pfanne vom Herd nehmen und Petersilie, Minze sowie Dill unterrühren. Das ausgehöhlte Gemüse etwa zu drei Vierteln mit der Hackfleischmischung füllen und zurück in die Form stellen. Die jeweiligen Deckel auf die Tomaten und die Paprika setzen.

6. Die Kartoffelspalten rund um das gefüllte Gemüse verteilen und mit der restlichen Gemüsebrühe begießen. Die Form mit Alufolie bedecken und das Gemüse 60 Minuten im Ofen garen.

7. Nach Ende der Garzeit die Alufolie abnehmen, dann weitere 10-15 Minuten offen garen, bis das Gemüse leicht braun wird. Die gefüllten Paprika und Tomaten mit den Kartoffelspalten als Beilage servieren.

Griechisches Orzo mit Meeresfrüchten

Für 2 Portionen

„Oma, Orzo ist der neue Reis!" Ich war noch ein kleiner Junge und in heller Aufregung über die neue Entdeckung in meinen Händen. „Orzo … Was soll das denn sein?", fragte meine Großmutter stirnrunzelnd. „Es sind winzige Nudeln, schau mal!" Ich schwenkte ein Paket Orzo-Nudeln. „Für mich sieht das aus wie Reis", erwiderte meine Oma skeptisch. „Weil sie die Form von Reis haben. Nur die Farbe ist anders." Ich streckte ihr das Paket entgegen. Seufzend nahm sie es mir aus der Hand, räusperte sich und las die Anleitung durch. „Es wird genauso zubereitet wie Reis." „Ja, und es schmeckt ähnlich!" Missbilligend schüttelte sie den Kopf. „Ach, Junge, deine Generation und ihr revolutionärer Geist. Immer wollt ihr die guten alten Dinge ersetzen." „Aber es ist etwas anderes! Siehst du das nicht? Sei offen dafür, Oma! Bitte probier sie!", rief ich ungeduldig. Sie warf mir einen wenig überzeugten Blick zu. „Gleich, und doch anders." Kopfschüttelnd murmelte sie vor sich hin: „Das ergibt doch keinen Sinn." Ruhig sah ich ihr zu, wie sie das Orzo kochte. Ich war noch klein und konnte kaum über den Tresen schauen. Als wir uns schließlich an den Tisch setzten, beäugte meine Oma den Löffel und probierte: „Sieht ähnlich aus. Schmeckt … gleich. Ich mag's. Aber ich finde, es ist genau das Gleiche." Gut gelaunt verspeiste ich meine Orzo-Nudeln, bis ich schließlich das Schweigen brach: „Es ist wie bei den Menschen." „Wie bitte?", meine Oma schaute mich ratlos an. „Gleich, und doch anders."

ZUTATEN

	griechisches Olivenöl zum Braten
2	Knoblauchzehe, fein gehackt
½	weiße Zwiebel, fein gehackt
1	Frühlingszwiebeln, fein geschnitten
8	Garnelen, Köpfe, Schalen, Schwanz und Darm entfernt, gesalzen
20	Cherrytomaten, geviertelt oder halbiert
12	Muscheln, gesäubert
300 g	griechische Orzo-Pasta
60 ml	trockener Weißwein
1 l	Hühnerbrühe, erwärmt
2	Prisen feines Meersalz
	frisch gemahlener Pfeffer
1	Handvoll frische Petersilie, fein gehackt
50 g	Butter
	abgeriebene Schale und Saft von ½ Bio-Zitrone
20 g	griechischer Kefalotiri-Käse oder Parmesan, gerieben, nach Belieben

1. In einer großen Pfanne Olivenöl bei mittlerer Hitze heiß werden lassen. Knoblauch, Zwiebel und Frühlingszwiebel darin glasig anschwitzen. Die Garnelen hinzugeben und von beiden Seiten ca. 45 Sekunden anbraten. Die Garnelen aus der Pfanne nehmen und beiseitestellen.

2. Die Cherrytomaten in die Pfanne geben, zum Schluss die Muscheln. Beides garen. Sobald sich die Muscheln langsam zu öffnen beginnen, herausnehmen und ebenfalls beiseitestellen.

3. Nun die Orzo-Pasta zu den Tomaten in die Pfanne geben. Kurz darauf mit Weißwein ablöschen.

4. Nach und nach unter Rühren die warme Hühnerbrühe angießen. Etwa 100 ml Brühe zurückbehalten. Die Orzo-Pasta mit Salz sowie Pfeffer würzen und in der Brühe bissfest garen.

5. Sobald die Orzo-Pasta gar ist, die Garnelen und Muscheln wieder zurück in die Pfanne geben. Die restliche Hühnerbrühe zugießen. Petersilie, Butter, Zitronenschale und Zitronensaft untermischen. Alles 1–2 Minuten weiterköcheln.

6. In das Orzo Käse nach Belieben rühren, dann heiß servieren.

DER GOTT DES WEINS

—◆—

Alles, was ich über Wein weiß, habe ich von dem Sommelier Apostolos gelernt. Wie man ihn trinkt, das habe ich von allein herausgefunden.

Apostolos ist in puncto Wein wirklich ein Genie. Ich bin griechisch-orthodoxer Christ, aber wenn mir jemand sagen würde, Apostolos sei die menschliche Inkarnation des Gottes Dionysos aus der Antike, würde ich nicht eine Sekunde daran zweifeln. Besonders nach der ersten Flasche. Dionysos, der Gott des Weins, war ein Schlitzohr. Mit seinem Zauber verführte er die Menschen zum übermäßigen Genuss von Wein, versetzte sie in einen Zustand der Ekstase und machte aus kultivierten Mahlzeiten im Nu ausschweifende Orgien. Und Apostolos besitzt (vielleicht mit Ausnahme des Arrangierens von Orgien) dieselben Fähigkeiten und dazu ein ungeheures Fachwissen.

Weinbau war in Griechenland schon in der Jungsteinzeit bekannt und entwickelte sich zwischen dem 13. und 11. Jahrhundert vor Christus. Aus dieser Frühzeit ist nur wenig überliefert, doch es heißt, dass sogar zum Frühstück ein guter Becher Wein gehörte: *Akratos oenos* hieß die Sitte, Brot in unverdünnten Wein zu tunken. Auch danach wurde den ganzen Tag über reiner oder verdünnter Wein genossen. Und bei gesellschaftlichen Anlässen, von Hochzeiten bis hin zu Beerdigungen, spielte er immer eine Rolle. Was für eine Zeit! Aber keine Sorge, auch heute haben wir Griechen in puncto Wein einiges zu bieten.

Die Reben

AGIORGITIKO, Peloponnes: aromatische, feine und reichhaltige rote Trauben, die charmante, weiche Rotweine mit einem Grundaroma von Kirschen und Zimt ergeben.

LIMNIO, Insel Lemnos, Chalkidiki: rote Traube mit reicher, aromatischer Intensität, opulenter Geschmack.

LIATIKO, Insel Kreta: eine der ältesten Traubenfamilien Griechenlands, dominierende und manchmal auch alterungsfähige Rotweine.

MALAGOUZIA, griechisches Festland: feine, aromatische weiße Traubenfamilie mit blumigem Charakter von Jasmin und Teeblättern.

MANDILARIA, Insel Paros, Rhodos, Kreta: geschmacksintensive rote Trauben mit Aromen von schwarzen und roten Früchten, Gewürzen und animalischen Nuancen.

MAVRODAPHNE, Patras, Insel Kefalonia: eine der besten griechischen Trauben, sehr aromatisch, reich, fruchtig und erdig im Aroma, wird oft zu lieblichen Rotweinen verarbeitet.

MAVROTRAGANO, Santorin: vor dem Verschwinden gerettete rote Traubensorte aus Santorin, das früher für seine ASSYRTIKO-Trauben bekannt war.

MONEMVASIA, Insel Paros: aromatischer, mittelschwerer, blumiger Rotwein aus Paros.

MUSCAT, griechisches Festland: berühmte Traubenfamilie, aus der leichte, aromatische, traubige und blumige Weine entstehen.

MOSCHOFILERO, Mantinia (Peloponnes): weiße Traubensorte, die leichte, frische, aromatische Rosé- und Weißweine ergibt.

NEGOSKA, Nordgriechenland: alterungsfähige Rotweine, säurebetont mit festen Tanninen, animalischer Charakter und würziges Aroma.

NTEBINA, nördliches Grenzgebiet: eine weiße Traube, die hauptsächlich im Norden Griechenlands angebaut wird. In den letzten Jahren haben vor allem die Schaumweine aus der Ntebina-Traube an Popularität gewonnen.

XINOMAVRO, nördliches Grenzgebiet: eine der besten Rotweinsorten Griechenlands. Hoher Säuregehalt und intensive Aromendichte mit einem starken Aroma von roten Früchten. Nach der Reifung Aroma von Tomaten. Wird oft mit den Schwestern in Burgund (Frankreich) und Barolo (Italien) verglichen.

RODITIS, Patras, griechisches Festland: die Traube, aus der Griechenlands traditioneller Retsina-Wein hergestellt wird.

ROBOLA, Insel Kefalonia, Mittelgriechenland: weiße, feine Traubensorte, leicht, frisch, mit Zitrusaromen.

ASSYRTIKO, Santorin, Nordgriechenland: eine der besten weißen griechischen Trauben, die weltweit geschätzt wird.

VIDIANO, Kreta: eine weiße Traube, die wiederentdeckt wurde, nachdem sie fast vollständig verschwunden war. Sie hat ein angenehmes Pfirsich- und Aprikosenaroma. Im Geschmack vergleichbar mit französischen Viognier-Weinen.

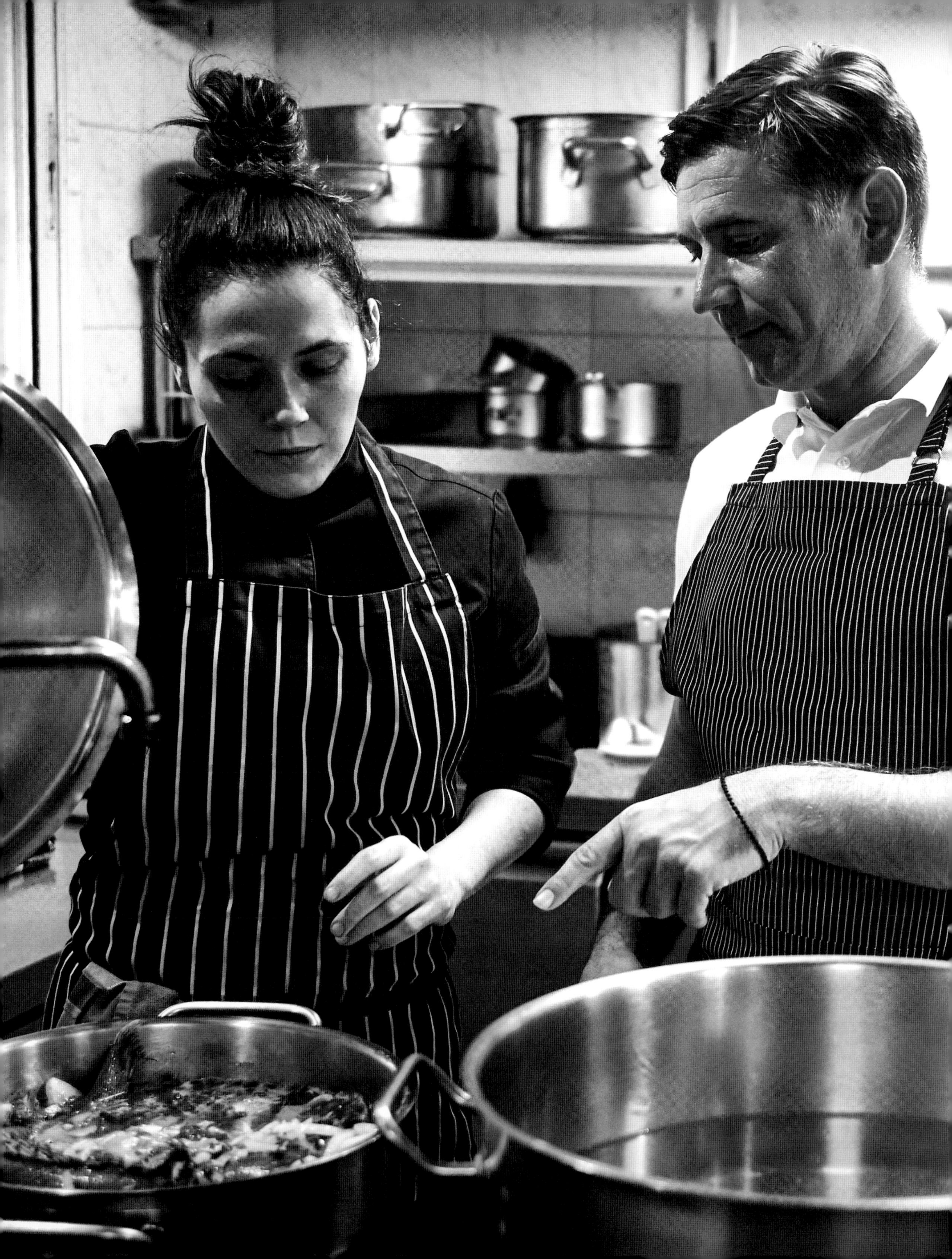

Κυρίως

HAUPT-
GERICHTE

HAUPTGERICHTE

Ich fand immer, dass Kochen wie Schreiben ist. Es ist die Leidenschaft, eine leere Seite mit einer Geschichte zu füllen: eine dampfende, emotionale, leckere und auf köstliche Weise einzigartige Geschichte, die ich in Gedanken geschrieben und durch meine Hände mit eigenen Worten erzähle …

Zu Beginn meiner Geschichten binde ich mir die Schürze um, lege die Zutaten auf die Arbeitsplatte und fange an, sie zu schneiden. Ich mache den Herd an, erhitze eine Pfanne, lasse meinen Gedanken freien Lauf und gieße Öl in die Pfanne. Ich nehme einen Schluck Kaffee, und beim Braten der Zwiebeln erfüllt der Duft wunderbarer Worte meinen Kopf und meine Küche. Ich mische Aromen, kombiniere Zutaten und Sätze und nehme Gewürze aus dem Regal, so wie ich Erinnerungen aus meinem Leben hervorhole und untermische. Während das Fleisch brutzelt, höre ich ungesagte Worte und das Flüstern ungeschriebener Zeilen. Auf dem Tisch erwartet mich ein weißer Porzellanteller wie ein leeres Blatt Papier, das mit Geschichten gefüllt werden will. Wenn ich mir am Ende die Hände wasche, spült das Wasser Reste des Essens fort, die unsichtbare Tinte und die Erinnerung daran, wie ich was gemacht habe.

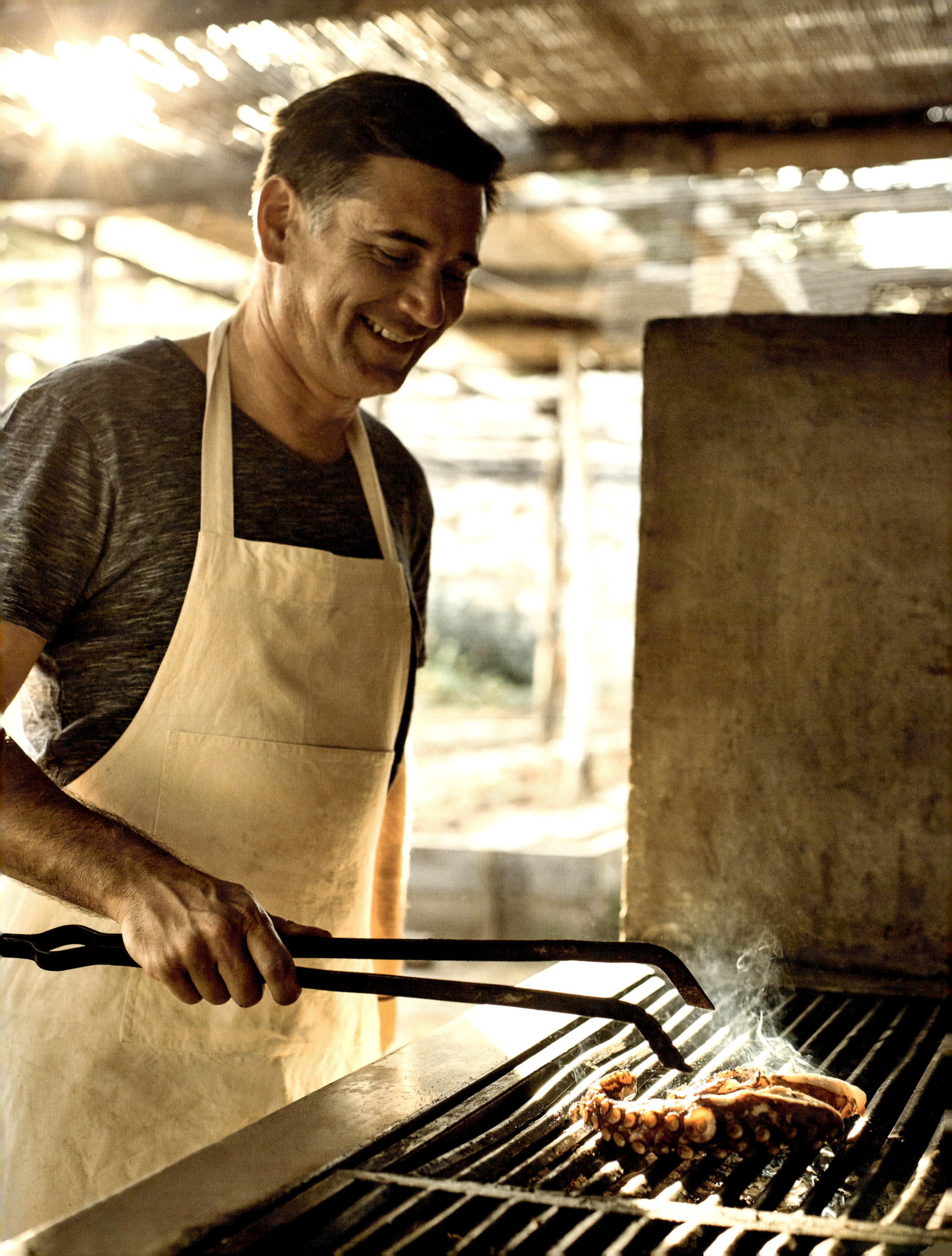

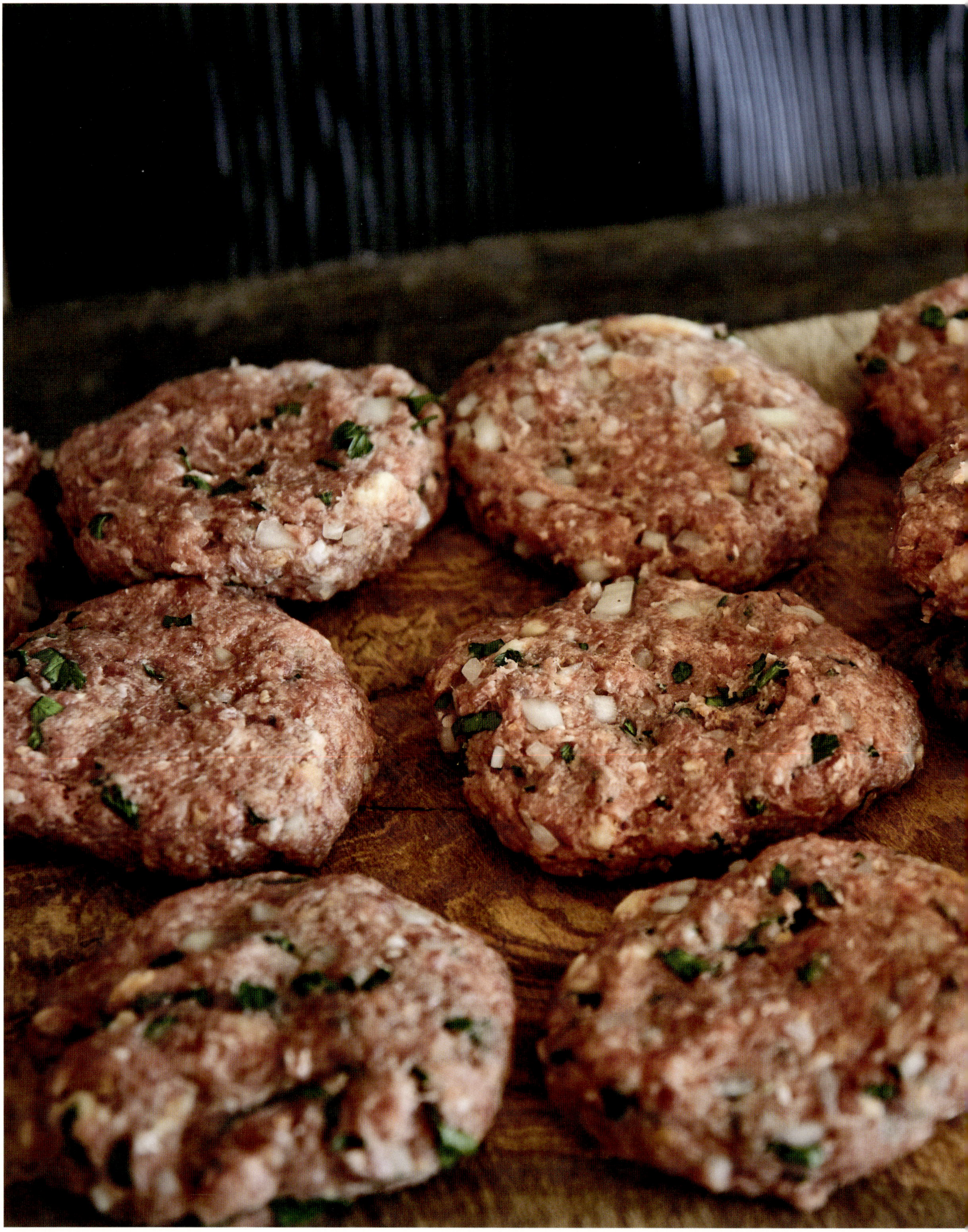

Κρεατικά

Fleisch

Traditionelles Moussaka

Für 6 Portionen

Ich sitze am Flughafen, in der einen Hand meinen Koffer, in der anderen meinen Saxophonkoffer und in der Tasche ein Ticket nach Hause. Zuhause – das ist nicht irgendein Haus. Zuhause, das ist für mich die Wärme des Kamins im Wohnzimmer, aber mehr noch die Wärme der Menschen, die in diesem Haus wohnen. Mit einem Zuhause verbinde ich Essen. Ein herzhaftes, traditionelles Moussaka ist ein Klassiker in griechischen Haushalten wie dem unseren. Denn ein Moussaka enthält mehr, als das Rezept verraten mag. Die unterste Schicht besteht aus mit Knoblauch und Zwiebel angebratenem Hackfleisch – ein erster vertrauter Geruch, der mich an der Tür empfängt und mich über die knarrenden Dielen in die Küche lockt. Auf das Hackfleisch kommen mehrere Schichten Gemüse aus unserem eigenen Garten, den ich durch die geöffneten Fenster sehen kann. Darüber ergießt sich als letzte Schicht weiße Béchamelsauce, die ebenso dick ist wie unsere Wände, die jedem Sturm trotzen. Zum Schluss wird das Moussaka mit Käse bestreut und im Ofen golden überbacken, denn die Zeit zu Hause ist für mich in der Tat eine goldene Zeit.

ZUTATEN FÜLLUNG

	griechisches Olivenöl
3	Auberginen, in Scheiben geschnitten
3	Kartoffeln, geschält und in fingerbreite Scheiben geschnitten
	feines Meersalz und frisch gemahlener Pfeffer
2	weiße Zwiebeln, fein gehackt
3	Knoblauchzehen, fein gehackt
2	Prisen Zucker
1	Prise geriebene Muskatnuss
1	Zweig frischer Thymian
1	Zweig frischer Rosmarin
1	Prise gemahlener Zimt
600 g	Rinderhackfleisch
3 EL	Passata
1 TL	Tomatenmark
½	Bund frische Petersilie, fein gehackt
4	Blätter frisches Basilikum, fein gehackt
6	Cherrytomaten, halbiert

1. Den Backofen auf 180 °C vorheizen. 2 Backbleche mit Olivenöl beträufeln. Die Auberginenscheiben auf einem der Backbleche auslegen und 35 Minuten im Ofen backen. Die Kartoffelscheiben auf dem zweiten Backblech auslegen, großzügig von beiden Seiten salzen und 30 Minuten im Ofen backen.

2. Für die Füllung etwas Olivenöl in einer großen Pfanne bei mittlerer Hitze heiß werden lassen. Die Hälfte der Zwiebeln und Knoblauch darin glasig anschwitzen. Zucker, Muskat, Thymian- sowie Rosmarinzweig und Zimt einrühren. Das Hackfleisch dazugeben und anbraten. Das Hackfleisch dabei mit einem Holzlöffel zerteilen und gut durchbraten. Passata und Tomatenmark untermischen, mit Salz und Pfeffer abschmecken. Die Mischung etwas garen lassen, dann mit Petersilie und Basilikum bestreuen.

3. Den Herd abschalten und den Rosmarinzweig mit einer Zange entfernen. Die Pfanne zunächst beiseitestellen.

ZUTATEN BÉCHAMELSAUCE

110 g	Butter
120 g	Mehl
600 ml	Milch
100 g	Parmesan, gerieben
1	Prise geriebene Muskatnuss
1	Ei
1	Zweig frischer Thymian, Blättchen abgezupft

4. Etwas Olivenöl in einer weiteren Pfanne erhitzen. Restliche Zwiebel und Cherrytomaten darin anschwitzen, dann beiseitestellen.

5. Für die Béchamelsauce Butter in einem Topf bei hoher Hitze zerlassen. Mehl mit einem Schneebesen unter die Butter rühren. Dann die Milch einrühren und zum Schluss die Hälfte des Parmesans und Muskat untermischen. Die Zutaten unter ständigem Rühren ca. 3 Minuten erhitzen, dann sofort vom Herd nehmen und das Ei unterschlagen. Die Béchamelsauce beiseitestellen.

6. Die weichen Kartoffel- und Auberginenscheiben aus dem Ofen nehmen und die Ofentemperatur auf 200 °C erhöhen.

7. Nun das Moussaka einschichten. Eine ofenfeste Form mit Olivenöl einfetten und die Kartoffelscheiben darin auslegen. Dann die Auberginenscheiben darauf verteilen und mit einer dünnen Schicht Hackfleisch bedecken. Für die nächste Schicht Cherrytomaten und Zwiebel mit einem Löffel auf dem Hackfleisch verteilen, mit Salz, Pfeffer und Thymianblättchen würzen. Das übrige Hackfleisch darübergeben. Zum Schluss die Béchamelsauce darübergießen und alles mit restlichem Parmesan bestreuen. Das Moussaka im Ofen in 45 Minuten goldbraun backen.

Kleftiko – herzhafte Lamm-Gemüse-Päckchen

Für 4 Portionen

Kleftiko ist eine Mischung aus Gemüse und zartem Fleisch, die in ein fest verschnürtes Papierpäckchen gewickelt und langsam gegart wird. Der Höhepunkt ist das Öffnen des Päckchens nach dem Garen, wenn man das Endergebnis sieht. Ich vergleiche Essen gern mit bestimmten Aspekten des Lebens und Eigenschaften von Menschen, denn alles ist irgendwie miteinander verbunden. Zwischen Menschen und Kleftiko gibt es viele Berührungspunkte. Wir alle öffnen gern Päckchen und Geschenke. Zugleich fürchten wir uns davor, uns selbst zu öffnen. Wir verbergen unsere Gedanken und Gefühle in unserem Inneren, fest eingewickelt und verschnürt wie Kleftiko, lassen sie langsam schmoren, bis wir bereit sind, den Knoten zu öffnen und unsere Wärme zu zeigen. Alles – Gefühle, Gedanken und Kleftiko – muss man öffnen, wenn der richtige Moment gekommen ist. Man muss Zeit und Geduld haben. Aber das Päckchen darf nicht zu heiß werden. Sonst verbrennt man sich die Finger.

ZUTATEN

3	Knoblauchzehen, zerdrückt
	abgeriebene Schale von 1 Bio-Zitrone
3	Zweige frischer Oregano, Blättchen abgezupft
1	Zweig frischer Rosmarin, Nadeln abgezupft
100 g	Butter
1,5 kg	Lammkeule, entbeint
	feines Meersalz und frisch gemahlener Pfeffer
1 kg	Kartoffeln, in mundgerechte Stücke geschnitten
1	rote Paprikaschote, in feine Streifen geschnitten
1	Stange Lauch, in Ringe geschnitten
250 g	Graviera-, Kritis- oder Gruyère-Käse, in Würfel geschnitten

Am Vortag

1. Knoblauch, Zitronenschale, Oregano, Rosmarin und 50 g Butter in einem Mixer zu einer glatten Paste mixen.

2. Für das Lamm sichtbares Fett vom Fleisch abschneiden, dann das Fleisch in Stücke schneiden und in einen Bräter legen. Mit Salz sowie Pfeffer würzen, anschließend vollständig mit der Paste bestreichen. Die übrige Paste im Kühlschrank aufbewahren.

3. Den Bräter mit einem Deckel oder mit Alufolie verschließen. Das Fleisch im Kühlschrank mindestens 3-4 Stunden oder über Nacht marinieren.

Am Folgetag

4. Das marinierte Lammfleisch aus dem Kühlschrank nehmen und 1 Stunde lang bei Zimmertemperatur stehen lassen.

5. Den Ofen auf 150 °C vorheizen.

6. Kartoffeln, Paprika, Lauch und Käse in eine Pfanne geben und mit Salz und Pfeffer würzen. Das Lammfleisch untermischen und die restliche Paste über den Zutaten verteilen.

7. Aus Backpapier 4 Quadrate schneiden, die groß genug für ein Viertel der Zutaten sind. Mit einer Suppenkelle die Gemüse-Fleisch-Mischung gleichmäßig auf die Backpapierquadrate verteilen. Die Ecken mit Küchengarn oben zubinden, sodass kleine Päckchen entstehen. Jedes Päckchen nochmals in Alufolie einwickeln und auf ein Backblech legen.

8. Die Kleftiko-Päckchen 3 Stunden im Ofen garen.

9. Nach Ende der Garzeit die Temperatur auf 200 °C erhöhen und die Kleftiko-Päckchen weitere 30 Minuten lang im Ofen garen, bis das Fleisch zart ist. Zum Servieren das Küchengarn durchschneiden und die Päckchen vorsichtig öffnen.

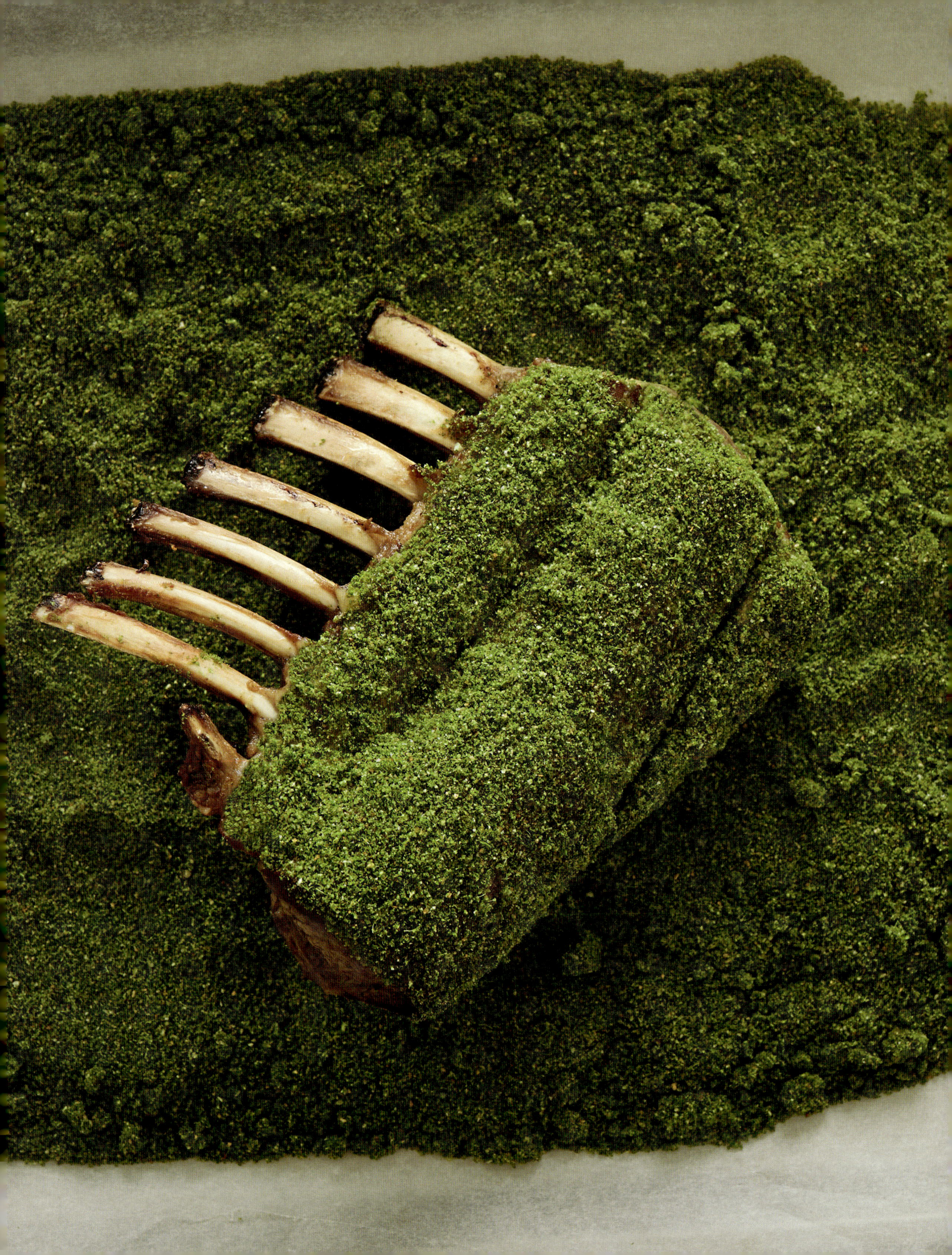

Lammkarree

Für 6 Stücke

Ostern ist das höchste Fest der griechisch-orthodoxen Kirche. Traditionell essen wir dann ein zartes Lammkarree. Traditionen spielen in orthodoxen Familien an den Ostertagen ohnehin eine große Rolle. Am wichtigsten ist uns die Auferstehungsmesse in einem nahe gelegenen Kloster kurz vor Mitternacht. Die farbenfrohe orthodoxe Kirche ist dann voller Menschen, die lange Kerzen in den Händen halten. Die Gemeinde lauscht den beruhigenden byzantinischen Gesängen der Geistlichen beim Gebet, bis plötzlich alle Lichter erlöschen. Wir stehen still in der Dunkelheit. Nach einer Weile ist irgendwo im vorderen Bereich der Kirche eine einzelne Flamme zu sehen. Ein Priester hat eine Kerze entzündet. Die Flamme wird weitergereicht, und jeder zündet daran die eigene Kerze an. Anschließend versammelt sich die Gemeinde draußen vor der Kirche. Alle rufen ein freudiges „Christos anesti" – „Christus ist auferstanden" – und begrüßen einander mit Küsschen. Ein erhebender Moment, finde ich. Aber noch bemerkenswerter ist die Erfahrung des Glaubens selbst: das Vertrauen darauf, dass ein Licht erscheint, wenn man in seinem Leben in der Dunkelheit steht, und das Staunen, wenn es geschieht.

ZUTATEN LAMM

- 1 Lammkarree
- feines Meersalz und frisch gemahlener Pfeffer
- Sonnenblumenöl
- Dijonsenf

ZUTATEN PANADE

- 160 g Semmelbrösel
- 1 ½ Bund frische Petersilie, fein gehackt
- 20 g frische Minze

1. Den Ofen auf 180 °C vorheizen. Für die Panade Semmelbrösel, Petersilie und Minze in einen Mixer geben und bei hoher Stufe zu Pulver mahlen. In eine Schüssel geben und an einem kühlen, trockenen Ort 30 Minuten stehen lassen.

2. Zwischenzeitlich das Lammkarree mit Salz sowie Pfeffer würzen und mit Sonnenblumenöl beträufeln. Dann das Fleisch in einer heißen Pfanne ca. 1 Minute lang von jeder Seite anbraten.

3. Das Lammkarree anschließend 10–14 Minuten im Ofen garen, bis die Kerntemperatur bei 55 °C liegt.

4. Das Lamm aus dem Ofen nehmen. Die einzelnen Koteletts mit Senf bestreichen.

5. Zum Schluss das Fleisch von allen Seiten mit der Semmelbröselmischung panieren. Das Lammkarree in Alufolie wickeln und ca. 5 Minuten ruhen lassen. Dann servieren.

Keftedes – Frikadellen

Für 6 Portionen

Wenn ich daran denke, wie mein Vater in meiner Kindheit am Herd stand, sehe ich immer vor mir, wie er Keftedes machte. Ich sah ihm gern zu, wenn er die Frikadellen – immer nach demselben Rezept – zubereitete. Damals waren seine Hände größer als meine, und nur er konnte das oberste Brett des Küchenregals erreichen.

Das Rezept hat sich in all den Jahren ebenso wenig verändert wie der Rest. Seine großen Hände waren und sind immer noch sanft: wenn er Frikadellen formt, wenn er mich als Kind bei der Hand nahm oder wenn er sie auf meiner Schulter ruhen ließ und mich auf meinem Lebensweg leitete. Irgendwann konnte ich das oberste Brett selbst erreichen, aber ich habe nie aufgehört, zu ihm aufzublicken, egal wie groß ich wurde. Er ist da, wo er schon immer war: an meiner Seite. Es stimmt, ich habe seinen Rat nicht immer befolgt und tue es auch heute noch nicht immer. Aber seinem Beispiel folge ich. Immer.

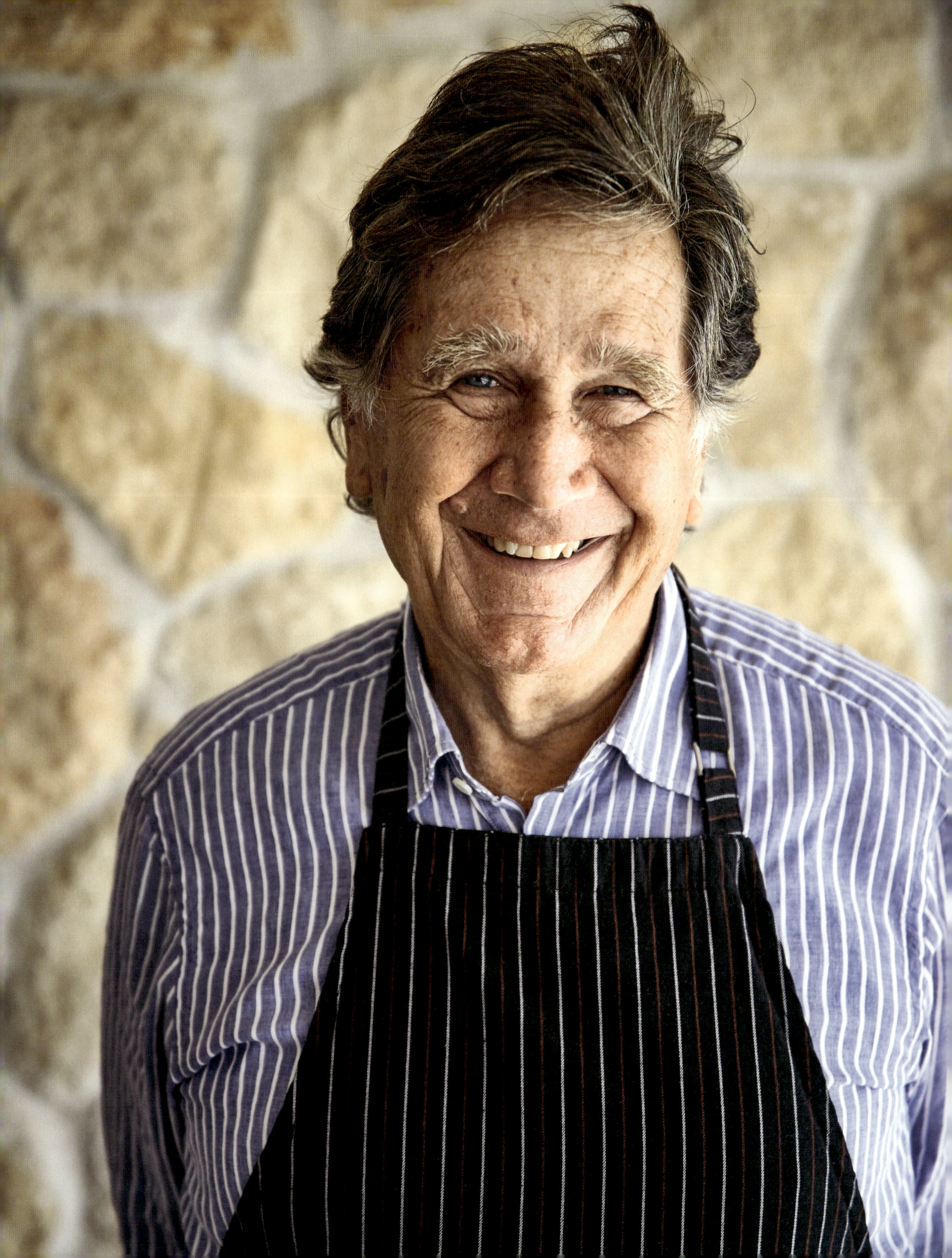

ZUTATEN

380 g	Weißbrot
700 ml	Wasser
1 kg	Rinderhackfleisch
500 g	Schweinehackfleisch
2	mittelgroße Zwiebeln, fein gehackt
1	Handvoll frische Petersilie, grob gehackt
1 EL	griechisches Olivenöl zzgl. mehr zum Braten
4 TL	feines Meersalz
4 TL	frisch gemahlener Pfeffer

1. Das Weißbrot zerpflücken und in eine große Küchenschüssel geben. Wasser hinzugießen und das Brot mit der Hand verkneten, bis es aufgequollen ist. Überschüssiges Wasser ausdrücken und abgießen.

2. Rinderhackfleisch, Schweinehackfleisch, Zwiebeln, Petersilie, Olivenöl, Salz sowie Pfeffer untermischen und alles zu einer glatten Masse kneten. Aus der Masse Frikadellen von jeweils ca. 150 g formen.

3. Etwas Olivenöl in einer Pfanne stark erhitzen. Die Frikadellen in das heiße Öl legen und die Pfanne mit einem Deckel verschließen. Nach ca. 4 Minuten, wenn das Hackfleisch eine knusprige, goldbraune Kruste annimmt, die Frikadellen wenden und erneut ca. 4 Minuten zugedeckt anbraten. Zum Schluss die Keftedes nochmals von beiden Seiten jeweils 1 Minute fertig braten. Dann mit einem Pfannenwender herausnehmen.

HAUPTGERICHTE ~ Fleisch { 131 }

Zartes Lamm mit Zitronenkartoffeln

Für 8 Portionen

Das Wort *filoxenia* beschreibt den griechischen Sinn für Gastfreundschaft. Gäste, die zufällig in der Gegend sind, weisen wir niemals ab, sondern heißen sie willkommen und laden sie zu einem guten Essen ein. Wir haben gern Besuch, aber jeden zweiten Sonntag genieße ich ein idyllisches Sonntagsessen im Kreise meiner Eltern und Schwestern. Meine Schwestern binden sich die Schürzen um, und der Duft nach knusprigem Lamm und Kartoffeln strömt durch die offenen Fenster. Und jeden zweiten Sonntag klingelt das Telefon. „Kimon, esst ihr heute Lamm? Ich frage nur, weil in … Liebling, wie lange brauchst du noch? Okay, also in etwa 30 Minuten wären wir zufällig in der Gegend. Wir wollen nur kurz Hallo sagen …" „Ich lege euch zwei Portionen zurück", antworte ich, während meine Schwester mit einem Stapel leerer Teller an mir vorbeirauscht. „Einen Tisch für fünf Bekannte, die zufällig in der Gegend sind." Ich quetsche mich durch die Schlange der Nachbarn und Bekannten, die zufällig in der Gegend sind, und öffne dem Postboten die Tür. Er kommt immer sonntags. „Heute nehme ich eine Extraportion Kartoffeln!" Er überreicht mir die Post. „Ach ja, und drei Portionen zum Mitnehmen, für die Nachbarn. Sie schaffen es heute nicht, zufällig in der Gegend zu sein …"

ZUTATEN

- 2,5 kg Lammschulter
- 3 kg Kartoffeln, geschält und in Spalten geschnitten
- 2 EL Dijonsenf
- Saft und abgeriebene Schale von 2 Bio-Zitronen
- 200 ml griechisches Olivenöl
- 240 ml Wasser
- 4 Zweige frischer Thymian
- feines Meersalz und frisch gemahlener Pfeffer
- 2 EL feines Meersalz
- 2 Prisen frisch gemahlener Pfeffer

1. Den Ofen auf 180 °C vorheizen. Die Kartoffelspalten in eine große Schüssel geben. In einer Schale Senf, Zitronensaft, -schale, Olivenöl, Wasser, Thymian, Salz und Pfeffer vermischen. Die Mischung über die Kartoffelspalten gießen. Die Kartoffeln 30 Minuten marinieren.

2. Zwischenzeitlich das Lamm zubereiten. Das Fleisch trocken tupfen und großzügig mit Salz sowie Pfeffer einreiben.

3. Die marinierten Kartoffeln in eine große ofenfeste Form füllen und das Lammfleisch darauflegen. Die Kartoffelmarinade darübergießen. Die Form mit 1 Lage Backpapier, anschließend mit 1 Lage Alufolie abdecken.

4. Das Lamm 2 Stunden 15 Minuten im Ofen garen. Während der Garzeit mindestens 2 Mal kontrollieren und bei Bedarf Wasser nachgießen.

5. Nach Ende der Garzeit Backpapier und Alufolie entfernen. Das Lamm weitere 10-15 Minuten offen im Ofen garen, bis das Fleisch zart und die Kartoffeln goldbraun sind.

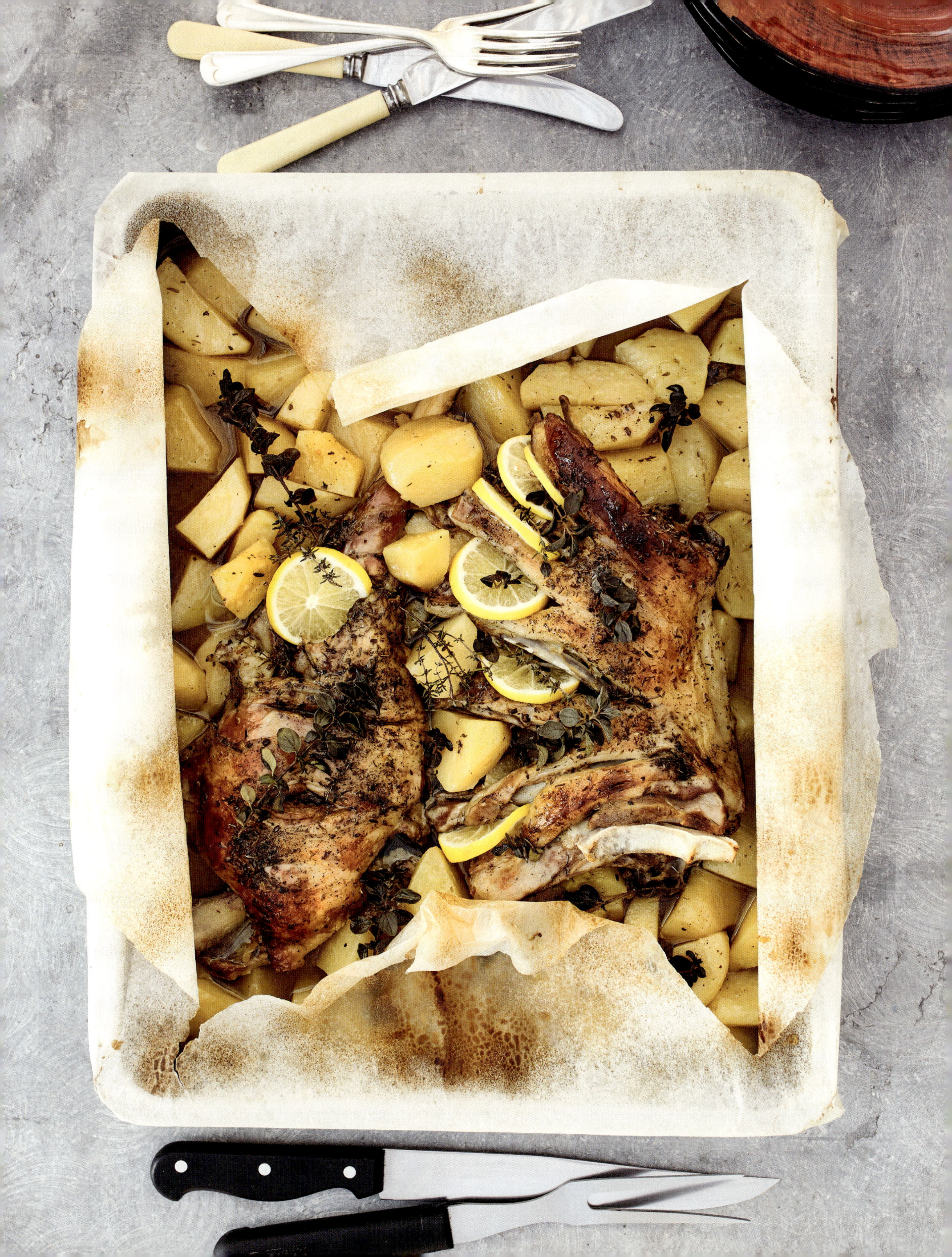

Schweinenacken mit Reis & Gemüse

Für 4 Portionen

ZUTATEN SCHWEINENACKEN

1,6 kg	Schweinenacken
100 ml	griechisches Olivenöl
1 EL	Dijonsenf
	feines Meersalz und frisch gemahlener Pfeffer
1	Prise frischer Oregano
2 EL	geräuchertes Paprikapulver
1	weiße Zwiebel, grob gehackt
6	Knoblauchzehen, halbiert
1	grüner Apfel, entkernt, grob geschnitten
3	Tomaten, grob geschnitten
2	Stangen Sellerie, grob geschnitten

1. Den Ofen auf 180 °C vorheizen.

2. Vom Schweinenacken das sichtbare Fett entfernen und das Fleisch anschließend in einen Bräter geben. Großzügig mit Olivenöl und Senf einreiben und mit Salz, Pfeffer, Oregano und Paprikapulver bestreuen.

3. Zwiebel, Knoblauch, Apfel, Tomaten, Sellerie, grüne Paprika, Zitrone, Karotten, Thymian, Rosmarin und die Hälfte der Butter rund um das Fleisch verteilen und mit Petersilie bestreuen.

1	grüne Paprikaschote, grob geschnitten
1	Zitrone, geschält und halbiert
2	Karotten, geschält und in Scheiben geschnitten
2	Zweige frischer Thymian
2	Zweige frischer Rosmarin
40 g	Butter, grob gewürfelt
10	Zweige Petersilie, grob gehackt
1 l	Hühnerbrühe

ZUTATEN REIS

500 g	weißer Basmatireis
	griechisches Olivenöl zum Braten
80 g	Pinienkerne
4	frische Champignons, klein gehackt
80 g	Rosinen
½	Bund frischer Dill, fein gehackt
20 g	Butter
	frischer Oregano
	feines Meersalz und frisch gemahlener Pfeffer
½	Bund frische Petersilie, fein gehackt

4. Die Zutaten mit Hühnerbrühe begießen, bis sie mit Flüssigkeit bedeckt sind. Nochmals mit Salz und Pfeffer würzen.

5. Den Bräter mit einem Deckel oder 1 Lage Backpapier und 1 Lage Alufolie abdecken. Das Fleisch im Ofen 2 Stunden 30 Minuten garen. Nach ca. 2 Stunden überprüfen, ob das Fleisch gar ist.

6. Das gegarte Fleisch aus dem Bräter nehmen, auf einen Teller legen und warm halten.

7. Für die Sauce das gegarte Gemüse und den Bratensaft aus dem Bräter in einen Mixer schöpfen und bei hoher Stufe pürieren. Ein Sieb in einen Topf hängen und die Mischung durch das Sieb drücken. Gemüsereste im Sieb entsorgen. Restliche Butter zur Sauce geben. Die Sauce erhitzen und aufkochen.

8. Zwischenzeitlich den Reis ca. 9 Minuten in reichlich kochendem Salzwasser weich garen, anschließend abgießen. Den gekochten Reis mit kaltem Wasser abschrecken.

9. Olivenöl in einer Pfanne bei hoher Hitze heiß werden lassen und die Pinienkerne darin rösten. Champignons und Rosinen zugeben und die Zutaten weitere 3-4 Minuten rösten.

10. Die Pfanne vom Herd nehmen und den Dill dazugeben, aber nicht verrühren. Nun die Butter hinzufügen und schmelzen lassen.

11. Den Reis in die Pinienkernmischung rühren und mit Salz sowie Pfeffer abschmecken. Vor dem Servieren mit Petersilie bestreuen.

12. Den Schweinenacken in Scheiben schneiden und auf dem Servierteller anrichten. Das Fleisch mit der Sauce und dem Reis als Beilage servieren.

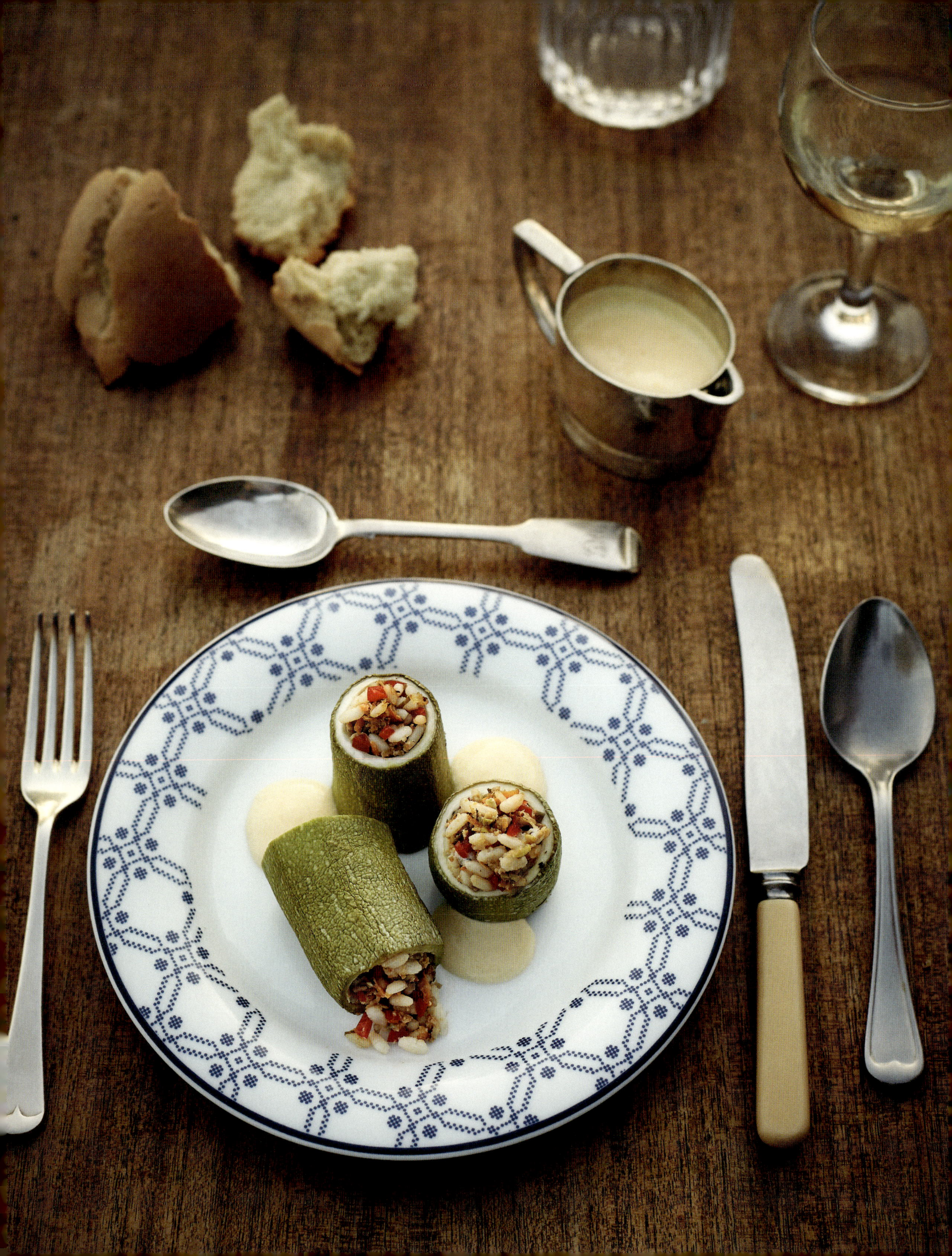

Gefüllte Zucchini mit Avgolemono-Sauce

Für 4 Portionen

ZUTATEN

8	Zucchini
400 g	Rinderhackfleisch
150 g	Reis
1	weiße Zwiebel, gehackt
1	Knoblauchzehe, in Scheiben geschnitten
1	Karotte, geschält und fein geschnitten
1	rote Paprikaschote, fein geschnitten
1	Bund frische Petersilie, fein gehackt
1	Bund frischer Dill, fein gehackt
2	Prisen Safran
6 EL	griechisches Olivenöl
	Hühnerbrühe
	feines Meersalz und frisch gemahlener Pfeffer
	Saft von ½ Zitrone
	Avgolemono-Sauce (siehe Seite 227)

1. Mit der Zubereitung der Zucchini beginnen. Die Enden der Zucchini entfernen und mit einem Entkerner oder einem Löffel das Innere aushöhlen. Die ausgehöhlten Zucchini beiseitestellen.

2. Für die Füllung das Hackfleisch mit Reis, Zwiebel, Knoblauch, Karotte, roter Paprika, Petersilie, Dill, 1 Prise Safran und 3 Esslöffel Olivenöl in einer Schüssel vermischen. Die Mischung mit einem Löffel in die ausgehöhlten Zucchini füllen und diese anschließend in einen großen Schmortopf legen.

3. So viel Hühnerbrühe in den Schmortopf gießen, bis die Zucchini bedeckt sind. Mit Salz, Pfeffer, 1 Prise Safran und Zitronensaft würzen. Den Schmortopf mit einem Deckel oder Teller bedecken und die Zucchini bei niedriger Hitze 1 Stunde 15 Minuten weich garen.

4. Sobald die Zucchini gar sind, den Schmortopf vom Herd nehmen. Das Kochwasser für die Avgolemono-Sauce in eine separate Schüssel abgießen.

5. Die Avgolemono-Sauce nach Rezept zubereiten. und das gefüllte Gemüse heiß mit Avgolemono-Sauce garnieren.

Schweineschulter mit Lauch und Sellerie

Für 4 Portionen

ZUTATEN

	griechisches Olivenöl zum Braten
2 kg	Schweineschulter, in grobe Stücke zerteilt
1	weiße Zwiebel, fein gehackt
	frisch gemahlener Pfeffer
1	Staude Stangensellerie, grob geschnitten
1,5 kg	Lauch, grob geschnitten
1	Bund frischer Dill, fein gehackt
	Avgolemono-Sauce (siehe Seite 227)

1. In einem Topf oder Wasserkocher reichlich Wasser zum Kochen bringen und zwischenzeitlich mit der Zubereitung des Schweinefleischs beginnen.

2. Etwas Olivenöl in einem großen Schmortopf bei mittlerer Hitze heiß werden lassen. Die Schweinefleischstücke darin von allen Seiten anbraten. Die Zwiebel dazugeben und 3 Minuten lang anschwitzen.

3. So viel kochendes Wasser in den Topf gießen, bis das Schweinefleisch und die Zwiebeln mit Flüssigkeit bedeckt sind. Das Fleisch mit 1 Prise Pfeffer würzen und 30 Minuten köcheln. Von Zeit zu Zeit mit einer Suppenkelle aufsteigenden Schaum abschöpfen.

4. Sobald das Fleisch weich ist, eine Schicht Sellerie darauf verteilen. Anschließend mit Lauch und einer weiteren Schicht Sellerie bedecken. Den Topf mit einem Deckel verschließen und das Fleisch erneut 30-40 Minuten köcheln lassen.

5. Zwischenzeitlich die Avgolemono-Sauce nach Rezept zubereiten.

6. Den Topf vom Herd nehmen und die Zutaten mit Dill bestreuen. Die Avgolemono-Sauce mit einem Holzlöffel in die Bratflüssigkeit rühren, sodass eine glatte Sauce entsteht. Heiß servieren.

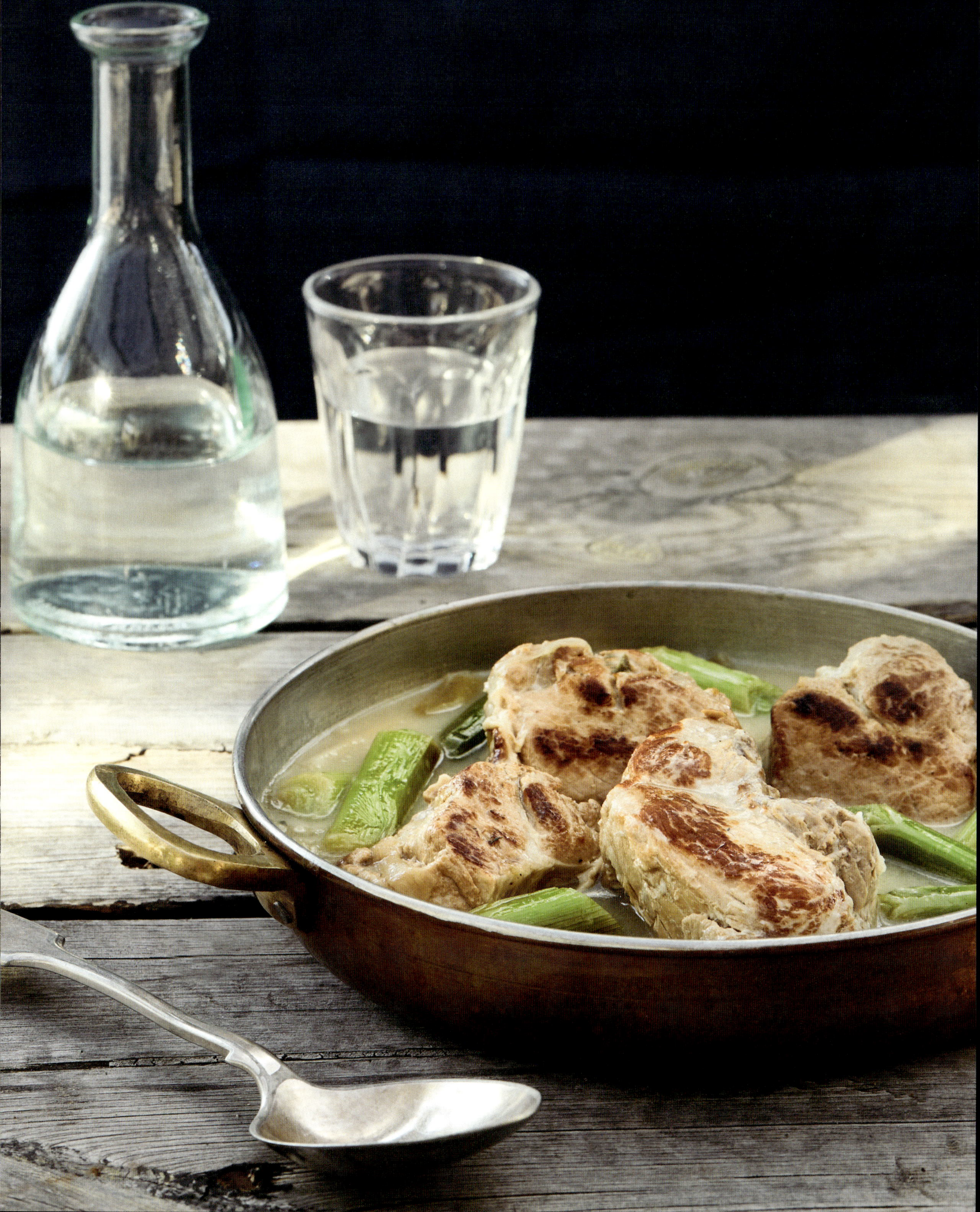

Rib Eye Steak mit marinierten Cherrytomaten

Für 4 Portionen

„Kimon!" Sie schaut mich mit traurigen Augen an. „Sieh mich an, bitte! Lass uns darüber reden." Ich fühle mich schuldig. Mit hochrotem Kopf esse ich mein Steak und ignoriere ihr Flehen. „Ich dachte, du liebst mich. Zumindest hast du das gesagt. Stimmte das überhaupt?", schluchzt sie. Es ist herzzerreißend, aber diesmal will ich hart bleiben. „Setz dich. Wir besprechen das zu Hause." „Nach all den Jahren bin ich dir nicht mal eine Antwort wert? Hast du die gemütlichen Abende auf dem Sofa vergessen? Unsere Ferien? Unsere Spaziergänge im Park?" Sie beginnt zu weinen. „Spitha, sei still. Wir sind in einem Restaurant! Die Leute sehen schon her." „Ist das alles, was ich für dich bin? Peinlich? Sieh mir in die Augen und sag mir, dass du mich nicht mehr liebst", jammert sie. „Du lieber Himmel!" Ich lasse noch ein Stück Steak fallen, das sie mit einem Happs verschlingt. „Das war das letzte Mal, dass ich dich in ein Restaurant mitgenommen habe. Du hast gerade was bekommen, du brauchst mich gar nicht so anzuschauen. Spitha, benimm dich! Sitz!" Gehorsam setzt sie sich hin. Ich esse weiter. „Kimon …" Ich versuche sie zu ignorieren, aber meine Jack-Russell-Hündin drückt eine ihrer weichen Pfoten an mein Schienbein. „Sieh mich an, bitte!"

ZUTATEN STEAKS

	griechisches Olivenöl
1	Knoblauchzehe, zerdrückt
1	Zweig frischer Rosmarin
4	Rib Eye Steaks

ZUTATEN CHERRYTOMATEN

24	Cherrytomaten
2	Knoblauchzehen, in Scheiben geschnitten
1 ½ EL	griechisches Olivenöl zum Braten
1 EL	dunkler Balsamicoessig
1 TL	feines Meersalz
1 TL	frisch gemahlener Pfeffer
1 TL	Zucker
3	Basilikumblätter

1. Zunächst die Cherrytomaten zubereiten. Die Cherrytomaten und Knoblauch in eine Schale geben, dann mit Olivenöl sowie Balsamicoessig beträufeln. Salz, Pfeffer, Zucker und Basilikum dazugeben. Die Zutaten mit der Hand vermischen.

2. Die Tomaten 30 Minuten marinieren, dann in eine ofenfeste Form geben.

3. Den Ofen auf 180 °C vorheizen.

4. Die marinierten Tomaten 7-8 Minuten im Ofen garen.

5. In der Zwischenzeit die Steaks zubereiten. Etwas Olivenöl in einer Grillpfanne bei hoher Hitze heiß werden lassen. Knoblauch, Rosmarinzweig und die Steaks in die Pfanne legen. Die Steaks im heißen Öl ca. 1-1 ½ Minuten von beiden Seiten anbraten.

6. Die Steaks aus der Pfanne nehmen, in die Form zu den Tomaten legen und weitere 4 Minuten im Ofen garen.

7. Den Ofen ausschalten und das Fleisch weitere 4 Minuten ziehen lassen. Dann die Steaks auf einem Servierteller anrichten und mit den Cherrytomaten servieren.

Huhn in Joghurtmarinade

Für 4 Portionen

Ein Huhn steht vor dem Pförtner. „Ich bin noch nicht so weit!" Der Pförtner: „Aber Sie sagten in 5 Minuten." „Weil Sie ständig gefragt haben!" Der Pförtner hält ungeduldig die Tür auf. „Kommen Sie, gnädige Frau." Mit einer dramatischen Geste streckt sie ihm einen Zettel entgegen. Der Pförtner überfliegt die Anweisungen. „Joghurt in einer Schüssel verrühren … Zutaten mischen … Olivenöl hinzufügen …" „Für meinen Teint. Es wirkt bei meiner Haut Wunder." „Ich will nicht mit Ihnen streiten, gnädige Frau, aber …" Die Henne unterbricht ihn mit erhobenem Flügel. „Ich streite nicht! Ich erkläre nur, warum ich recht habe! Geben Sie mir noch 6 Minuten!" „6? Sagten Sie nicht …" „Sie hätten besser zuhören sollen!" Ungeduldig wippt sie hin und her. „Gnädige Frau, ich kann Sie nicht zurückschicken. Vor Kurzem hatte ich einen Hahn hier, der …" „Aha! Ein Hahn bekommt also mehr Zeit, eine Henne aber nicht? Junger Mann, haben Sie schon einmal von den Rechten der Frau und der Notwendigkeit der sozialen, wirtschaftlichen und politischen Gleichstellung der Geschlechter gehört? An der Himmelspforte sollten Frauen dieselben Rechte haben wie Männer, und ich werde nicht …" Klonk! Die Henne verschwindet, nur eine Feder schwebt langsam zu Boden. „Unerhört! Er hat mich nicht mal ausreden lassen!" Die Henne macht es sich für weitere 6 Minuten im Ofen gemütlich. Unterdessen greift der Pförtner an der Himmelspforte zum Telefon. „Herr Kimon Riefenstahl? Die Himmelspforte hier. Ihr Huhn in Joghurtmarinade … Ich glaube, es dauert mehr als 6 Minuten. Vielleicht doppelt oder dreifach so lange. Wären Ihnen 18 Minuten genehm? Sehr gut. Danke." Der Pförtner legt auf und seufzte. „Himmlisch!"

ZUTATEN HUHN

300 g	griechischer Joghurt
2	Knoblauchzehen, gerieben
	Saft und abgeriebene Schale von ½ Bio-Limette
	Saft von ½ Zitrone
1 EL	frischer Dill, fein geschnitten
1 TL	gemahlener Koriander
1 TL	gemahlener Kümmel
1 TL	rotes Chilipulver
1 TL	feines Meersalz
1 TL	frisch gemahlener Pfeffer
6 EL	griechisches Olivenöl
4	Hühnerbrustfilets (à 250 g)
	Rosmarinzweige zum Anrichten

ZUTATEN KARTOFFELN

1,5 kg	neue, kleine Kartoffeln, halbiert
3	Knoblauchzehen, zerdrückt
	Saft von 1 ½ Zitronen
7	Zweige frischer Thymian
3	Zweige frischer Rosmarin
100 ml	griechisches Olivenöl
1 EL	feines Meersalz
	frisch gemahlener Pfeffer
1 EL	grobkörniger Dijonsenf
1 EL	feiner Dijonsenf
	getrockneter Oregano
1 l	warme Hühnerbrühe zzgl. mehr bei Bedarf
100 g	Butter, grob gewürfelt

1. Den Ofen auf 180 °C vorheizen.

2. Zuerst die Kartoffeln zubereiten. Dazu Kartoffeln und Knoblauch in eine ofenfeste Form geben. Zitronensaft, Thymian, Rosmarin, Olivenöl, Salz, Pfeffer, beide Senfsorten und Oregano mit einem Schneebesen in die warme Hühnerbrühe rühren. Zum Schluss die Butter unterziehen.

3. Die Hühnerbrühe über die Kartoffeln gießen und die Kartoffeln 30 Minuten ziehen lassen.

4. Die Form mit Alufolie abdecken und die Kartoffeln 45 Minuten im Ofen garen. Anschließend die Alufolie entfernen und falls nötig etwas Hühnerbrühe nachgießen.

5. In der Zwischenzeit die Marinade für das Huhn zubereiten. Joghurt, Knoblauch, Limettenschale, Limetten- sowie Zitronensaft und Dill in einer Schale vermischen. Mit Koriander, Kümmel, Chili, Salz und Pfeffer würzen und die Zutaten mit einem Löffel gut vermischen.

6. Zum Schluss das Olivenöl löffelweise in die Marinade rühren.

7. Die Hühnerbrustfilets großzügig mit der Joghurtmarinade bestreichen und in eine Schüssel legen. Mit Folie abdecken und 35 Minuten im Kühlschrank marinieren.

8. Zwischenzeitlich die Kartoffeln weitere 45 Minuten offen im Ofen goldbraun backen.

9. Die marinierten Hühnerbrustfilets aus dem Kühlschrank nehmen, in eine ofenfeste Form legen und ca. 20 Minuten im Ofen garen. Vor dem Servieren mit Rosmarinzweigen garnieren.

VOM BOOT
FRISCH AUF DEN TISCH

Ich bin mit den Geschichten der Fischer der Ägäis aufgewachsen. Mein Großvater war Hobbyfischer. An manchen Tagen verließ er das Haus um 5:30 Uhr, noch vor Sonnenaufgang. Während der Rest des Dorfes und ich noch schliefen, warfen mein Großvater und seine Mannschaft den Motor an und fuhren voller Erwartung auf einen erfolgreichen Fang hinaus aufs dunkle Meer. Bei seiner Rückkehr ließ ich mir mittags den frischen Fisch schmecken und lauschte den spannenden Geschichten der rauen Naturburschen, die ihr Schicksal immer aufs Neue herausforderten.

Gelegentlich begleitete ich meinen Großvater. Noch heute fahre ich gern mit den Fischern aus dem Dorf in aller Frühe hinaus. Wirft man die Netze in der Stille der Morgendämmerung aus, hat man die größten Chancen auf einen guten Fang. Um diese Zeit tummeln sich die Fische auf der Suche nach Nahrung am Meeresgrund. An Bord ist kein Platz für andere Gedanken als die Geschwindigkeit des Bootes, die Auswahl des Köders und die Wetterbedingungen. Sobald wir auf dem Wasser sind, scheint es, als würde man in eine andere Welt entrückt und ließe das Leben an Land hinter sich, obwohl wir dort alle große Verantwortung tragen. Dafür ist später noch mehr als genug Zeit. An Bord sind wir im Hier und Jetzt, und alles, worauf wir uns in diesem Moment konzentrieren müssen, ist um uns herum. Nur die Frage, was ich mit dem Fang dieses Tages machen werde, wenn ich zurück in meiner Küche bin, geht mir hin und wieder durch den Kopf.

Nach getaner Arbeit genieße ich den Anblick des nahenden Hafens. Die Fischer werfen Fischinnereien über Bord, und ich sehe zu, wie die Möwen sich hocherfreut hinabstürzen, um ihren Teil des Fangs zu ergattern. Die gewaschenen auf Eis gelegten Fische werden zum Fischmarkt und zu kleinen lokalen Geschäften gebracht, unter den wachsamen Augen zahlreicher Katzen. Dort kaufe ich ein, wenn ich nicht das Glück habe, selbst zum Fischen hinauszufahren. Es macht mich glücklich, dass es mir das Leben an den Ufern der Ägäis ermöglicht, mein Mittag- oder Abendessen fangfrisch aus dem riesigen Angebot auf dem Markt auswählen zu können. Oft muss ich lächeln, wenn sich Touristen über die unglaubliche Frische der hier vor Ort angebotenen Fische wundern.

Ich weiß genau, wieso sie so aussehen. Von meinem Haus aus habe ich einen herrlichen Blick aufs Meer. Jeden Morgen erblicke ich in der Ferne die Fischerboote und weiß, dass diese Männer schon vor Sonnenaufgang, bevor das Meer sich erwärmt, den Elementen trotzen.

Mehr noch als die Aussicht aber genieße ich den Geschmack. Bei der Frische der Zutaten bin ich Purist, und es ist für mich ein Segen, in einem Teil der Welt zu leben, in dem ich mich darauf verlassen kann. Ich sehe es ja jeden Morgen mit eigenen Augen.

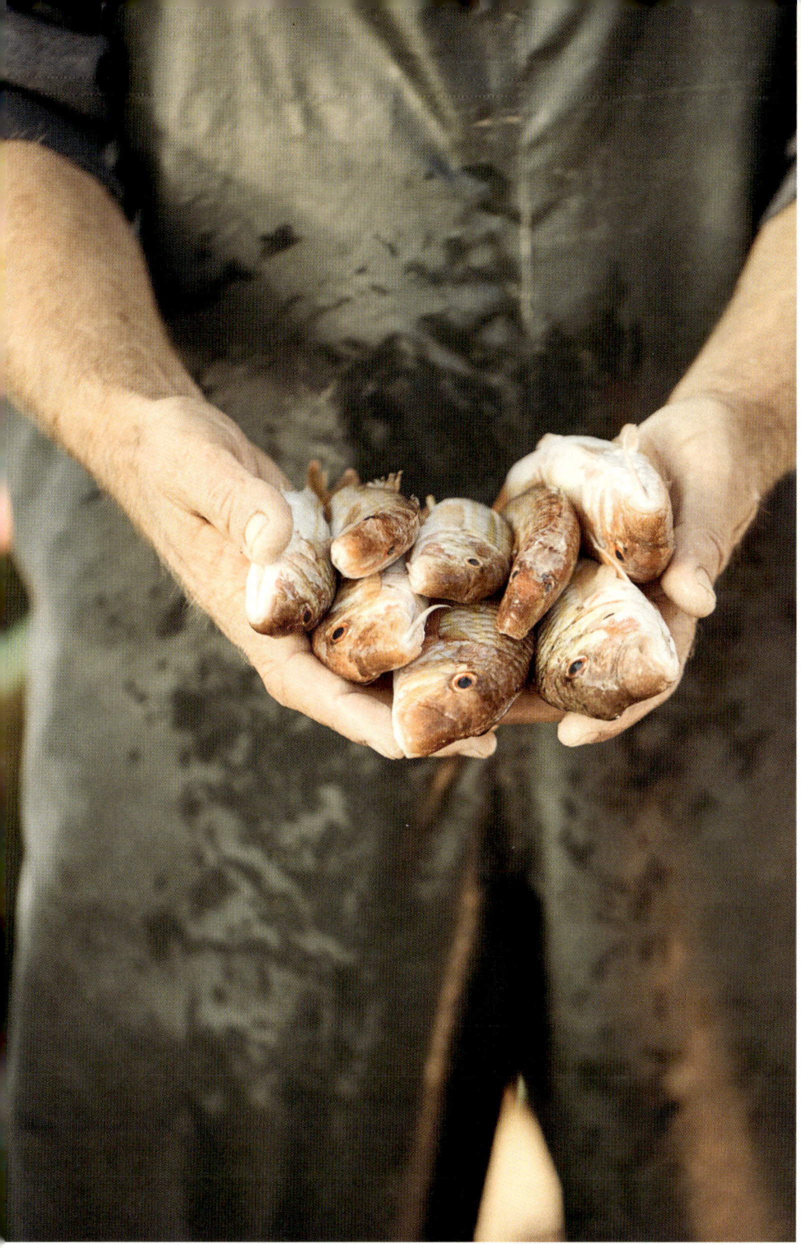
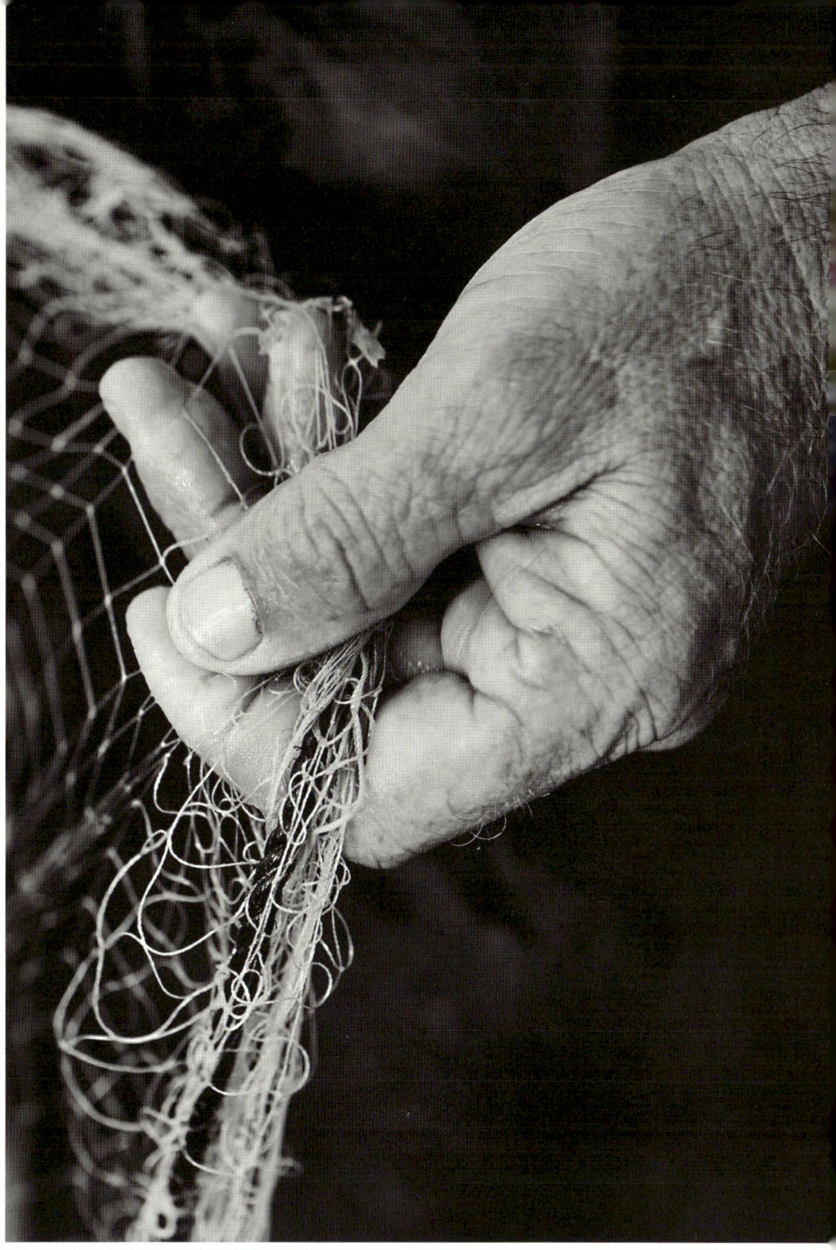
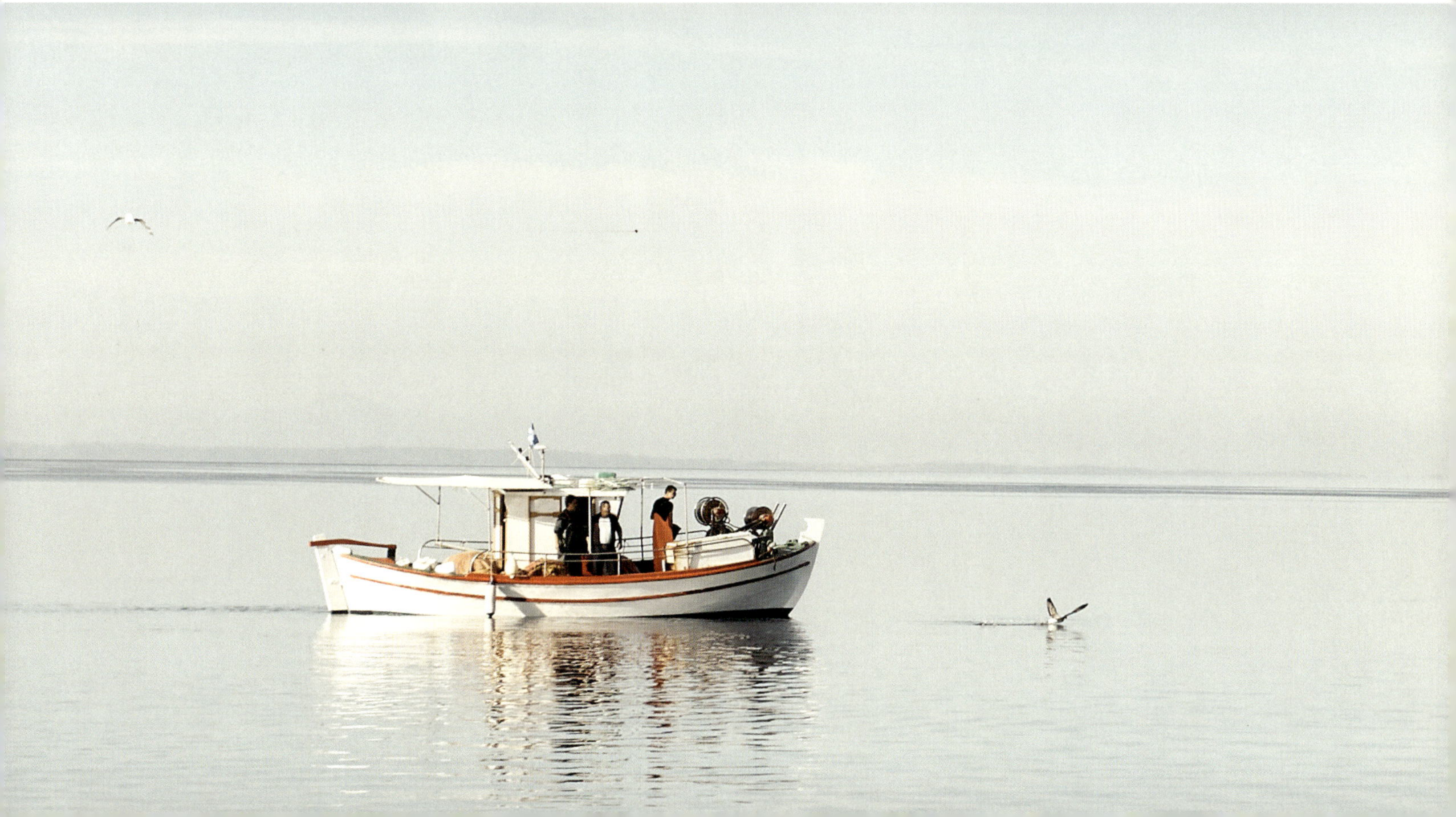

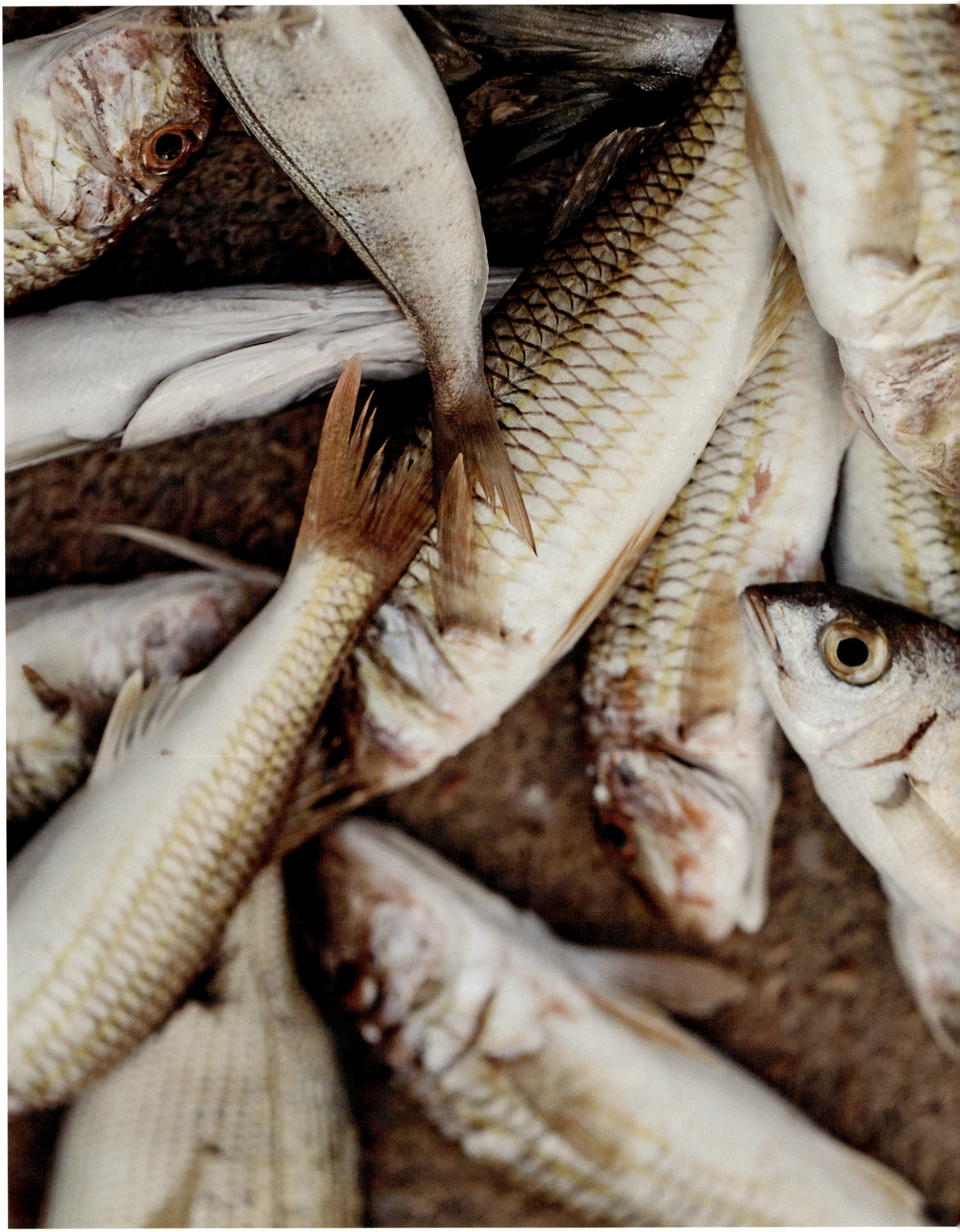

Θαλασσινά

FISCH & MEERES- FRÜCHTE

Fisch in Meersalzkruste

Für 2 Portionen

Ich werde nie den Tag vergessen, an dem ich mir vornahm, einen großen Fang zu machen. Ich fragte mich schon, wie ich den Fisch zubereiten sollte, und warf energisch meine Angel aus. Nicht weit von mir entfernt stand ein alter Fischer am Ufer. Ein spöttisches Grinsen huschte über sein wettergegerbtes Gesicht, als er mich fragte: „Du bist auf einen großen Fang aus, was?" Ich nickte, und er stapfte langsam durch das seichte Wasser auf mich zu. „Willst du heiraten, mein Sohn?" Ich zögerte. „Dann erkläre ich dir am besten, wie man Fisch in Meersalzkruste zubereitet", fuhr er fort. „Ich werde nie den Tag vergessen, an dem ich selbst dieses Rezept gelernt habe. Ich war ein junger Bursche wie du und wusste, dass es im Meer viele Fische gibt. Aber ich war hinter diesem einen großen Fang her. Das ist der Moment, in dem du die schmale Grenze zwischen echtem Fischen und der idiotischen Steherei am Ufer überschreitest, in der Hoffnung, dass überhaupt ein Fisch anbeißt. Es war ein Tag wie heute, als ich den Fang meines Lebens machte …" Müde blickten seine verhangenen grauen Augen in die Ferne. „Und seither bin ich verheiratet." Wir schwiegen für einen Moment. Er sog die salzige Luft ein und fuhr fort: „An dem Tag erkannte ich, dass ich selbst die ganze Zeit der Köder gewesen war. Ich war es, der am Haken hing, ohne mir der Folgen bewusst zu sein. Es war das letzte Mal, dass ich den Mund aufmachte. Seither sind meine Lippen verschlossen, das erspart Ärger. Nun stehe ich hier Tag für Tag und denke beim Angeln über die Klagen meiner Frau nach, bevor ich nach Hause zu meiner klagenden Frau gehe, wo ich über das Angeln nachdenke. Der einzige Lichtblick im Leben eines Mannes ist ein Fisch in Meersalzkruste, mein Sohn. Sein Geschmack erinnert mich an die Zeit, als ich noch jung war und frei wie ein Fisch im Meer." Wir lauschten auf das Kommen und Gehen der Wellen, bis ich die Stille unterbrach: „Und woher kennen Sie das Rezept?" Er warf mir einen bedeutungsvollen Blick zu und sagte: „An jenem Tag ging ich am Ufer entlang, träumte von dem großen Fang und fragte mich, was ich damit kochen sollte. Als ich mit meiner Angelrute wie ein Idiot am Ufer stand, wollte ein alter Fischer wissen, ob ich auf einen großen Fang aus sei. Und als er mich fragte, ob ich heiraten wolle, nickte ich.

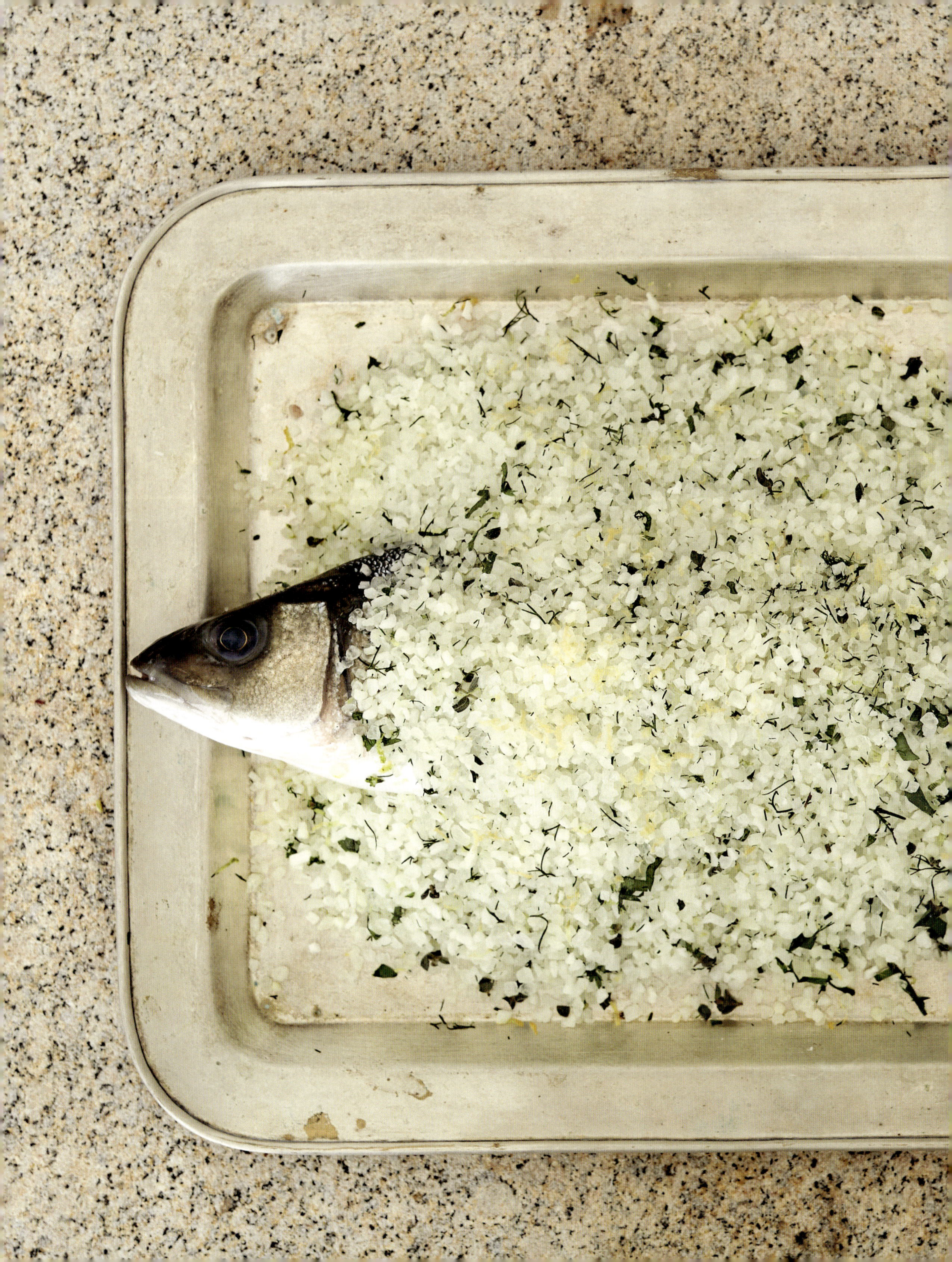

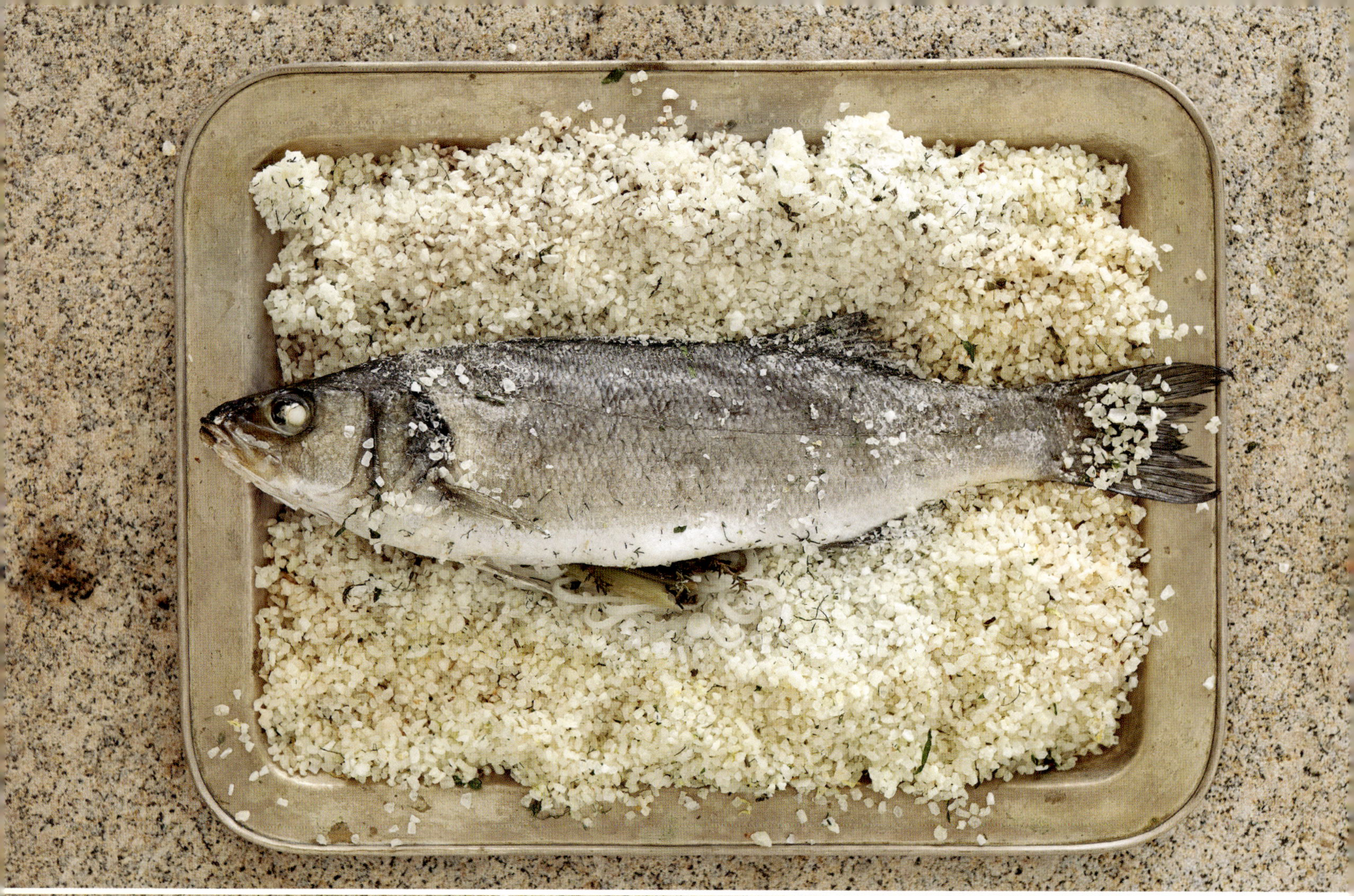
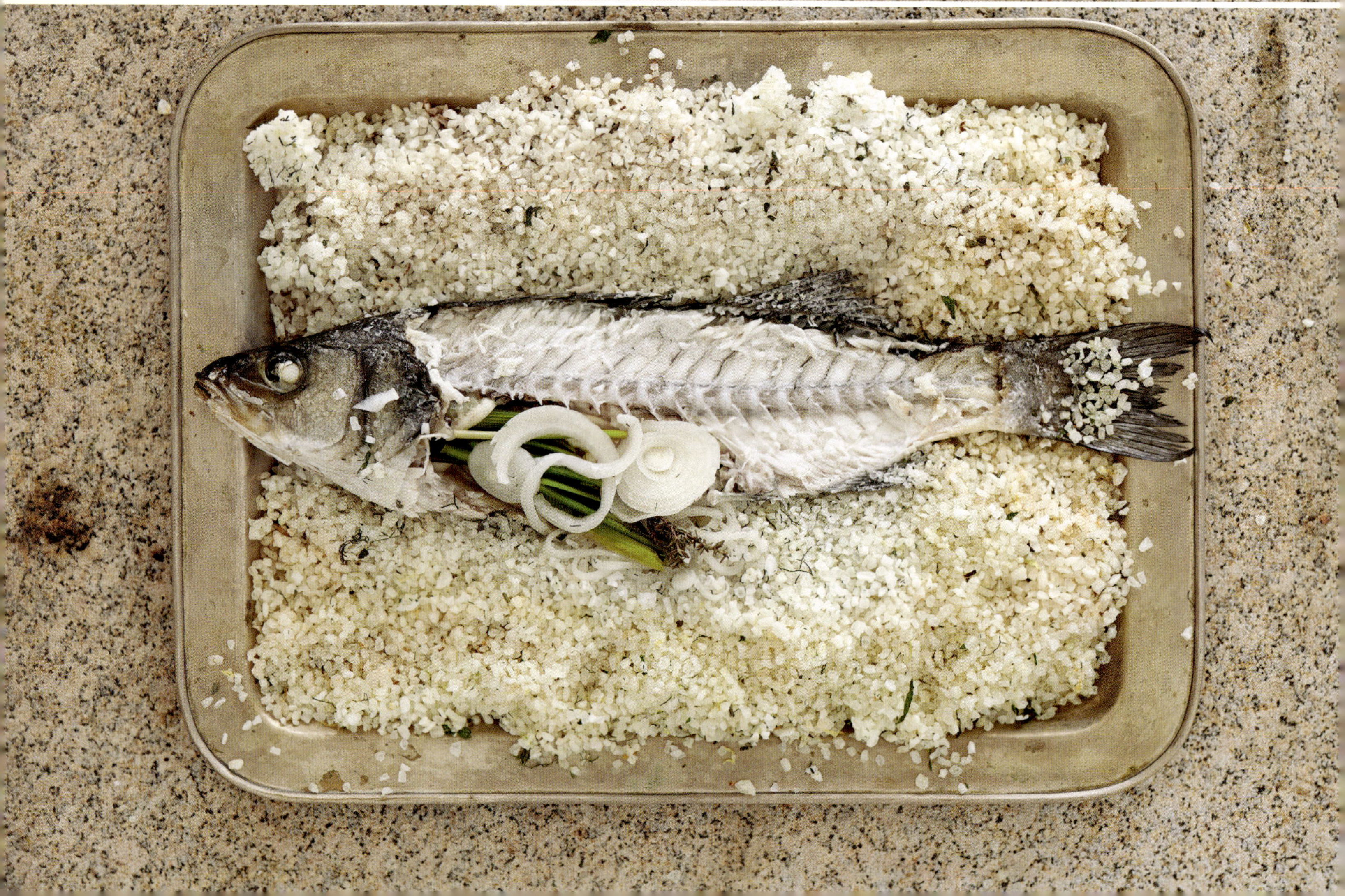

ZUTATEN

1 kg	weißfleischiger Fisch
4 EL	griechisches Olivenöl zzgl. mehr zum Einfetten
	feines Meersalz und frisch gemahlener Pfeffer
1	Zweig Rosmarin, Nadeln abgezupft
1,5 kg	grobes Meersalz
5	Eiweiß
	abgeriebene Schale von 1 Bio-Zitrone
1	Zweig frischer Thymian, Blättchen abgezupft
	Ladolemono-Sauce (siehe Seite 226)
½	Bund frische Petersilie, fein gehackt

1. Den Ofen auf 180 °C vorheizen.

2. Zuerst den ganzen Fisch säubern, der Länge nach aufschneiden und ausnehmen, allerdings noch nicht filetieren.

3. Das Fischfleisch mit 2 Esslöffel Olivenöl beträufeln und mit etwas feinem Salz, Pfeffer und Rosmarinnadeln würzen.

4. Grobes Salz, Eiweiße, Zitronenschale, Thymian, Pfeffer und 2 Esslöffel Olivenöl in einer Schüssel mit einem Holzlöffel vermischen.

5. Ein Backblech mit Olivenöl beträufeln und eine dünne Schicht der Salzmischung darauf verteilen. Den Fisch darauflegen und mit der restlichen Salzmischung vollständig bedecken.

6. Den Fisch ca. 25 Minuten im Ofen garen. Die Garzeit kann je nach Gewicht des Fisches variieren, deshalb nach Ablauf der Garzeit prüfen, ob das Fischfleisch bereits gar ist. Gegebenenfalls den Fisch etwas länger im Ofen lassen.

7. Das Backblech aus dem Ofen nehmen und den weich gegarten Fisch auf einem Servierteller anrichten. Vor dem Servieren mit Ladolemono-Sauce beträufeln und mit Petersilie bestreuen.

Seebarsch mit knuspriger Brotkruste auf Zucchinipüree an Sommertomatensalat

Für 2 Portionen

Wenn ich dieses Gericht beschreiben sollte, würde ich Worte wie schmackhaft, köstlich, delikat oder lecker wählen oder sagen, dass einem das Wasser im Munde zusammenläuft. Dabei braucht man eigentlich gar nicht viele Worte zu machen. Genauso gut könnte ich sagen: Servieren Sie es!. Dann werden Sie feststellen, dass Sie selten etwas Besseres gekostet haben.

ZUTATEN FISCHFILETS

- 1 altbackenes Baguette, mind. 1 Tag vor der Zubereitung im TK-Fach eingefroren
- 4 Seebarschfilets (à 100 g)
  griechisches Olivenöl

ZUTATEN ZUCCHINIPÜREE

- 4 große Basilikumblätter
- 2 Zweige frischer Thymian
  griechisches Olivenöl
- 2 Zucchini, ungeschält und in dünne Scheiben geschnitten
  feines Meersalz und frisch gemahlener Pfeffer
- 80 g Butter, grob geschnitten
  Saft von ½ Zitrone

ZUTATEN TOMATENSALAT

- 2 große Tomaten
- 4 EL griechisches Olivenöl zzgl. mehr zum Braten
- 1 weiße Zwiebel, fein gehackt
- 1 Knoblauchzehe, fein gehackt
  feines Meersalz und frisch gemahlener Pfeffer
- 20 g Butter
- 1 Prise frischer Thymian
- 1 Prise Zucker
- 3 große Basilikumblätter, klein geschnitten
- 1 TL weißer Essig
- 3 Tropfen Zitronensaft

1. Für das Zucchinipüree Basilikum und Thymian in eine Schüssel geben. Etwas Olivenöl in einer Pfanne erhitzen. Die Zucchinischeiben hineinlegen, mit Salz und Pfeffer würzen, dann zugedeckt ca. 6 Minuten unter gelegentlichem Rühren anbraten, bis sie weich sind. Am Ende der Garzeit den Rand einer Zucchinischeibe zwischen den Fingern zusammendrücken und so prüfen, ob sie weich ist.

2. Die weichen Zucchinischeiben in die Schüssel geben und mit Thymian, Basilikum sowie einigen Tropfen Olivenöl vermischen. Die Schüssel abdecken und die Zucchini warm halten.

3. Für den Tomatensalat Wasser in einem Topf zum Kochen bringen. Die Tomaten in das kochende Wasser legen und maximal 1 Minute blanchieren. Die Tomaten herausnehmen, schälen, halbieren und die Samen mit einer Messerspitze entfernen. Das weiche Fruchtfleisch in kleine Stücke schneiden und beiseitestellen.

4. In einer Pfanne etwas Olivenöl erhitzen und die Zwiebel darin glasig anschwitzen. Knoblauch, etwas Salz und Pfeffer unterrühren, dann 2 Minuten anbraten. 2 Esslöffel Olivenöl, Butter, Thymian und zum Schluss das Tomatenfruchtfleisch unterrühren. Mit Zucker, Basilikum, Essig, Zitronensaft und 2 Esslöffel Olivenöl würzen und die Temperatur auf mittlere Hitze reduzieren. Weitere 2 Minuten anbraten, gut durchrühren und die Pfanne vom Herd nehmen.

5. Für das Zucchinipüree die marinierten Zucchinischeiben und die Butter in einem Mixer auf höchster Stufe zu einem samtigen Püree mixen. Mit Salz, Pfeffer und Zitronensaft würzen und erneut mixen.

6. Für die knusprige Brotkruste von dem gefrorenen Baguette mit einem scharfen Messer der Länge nach 4 dünne Scheiben abschneiden. Den Rand vom Brot abschneiden, sodass rechteckige Scheiben entstehen. Diese vorsichtig auf die einzelnen Fischfilets drücken.

7. Etwas Olivenöl in einer Bratpfanne erhitzen. Zuerst die mit Brot bedeckte Seite der Filets knusprig und goldbraun anbraten. Anschließend die Filets wenden und von der anderen Seite fertig garen.

8. Beim Anrichten zuerst das Zucchinipüree in der Mitte des Serviertellers platzieren. Das Fischfilet aus der Pfanne nehmen und mit der Brotkruste nach oben auf dem Püree anrichten. Den Tomatensalat rund um den Fisch oder kreisförmig neben dem Filet arrangieren. Zum Schluss mit etwas Olivenöl beträufeln und heiß servieren.

Thunfisch auf einem Quinoa-Linsen-Bett

Für 4 Portionen

Quinoa habe ich entdeckt, als ich auf der Suche nach der perfekten Beilage für Thunfisch war. Ich wollte etwas nicht allzu Aufwendiges, aber dennoch Köstliches, das gut zum Fisch passt. Quinoa machte damals Schlagzeilen als „Superkorn der Zukunft", ein einfach zu handhabendes Produkt aus der Gruppe der komplexen Kohlenhydrate. Und, oh Mann, komplex war gar kein Ausdruck! Als Erstes musste ich herausfinden, wie dieses „Kie-NO-ah" überhaupt geschrieben wurde. Dank der Autokorrektur stieß ich dann schnell auf die Information, dass das „Korn der Zukunft" bereits vor 5000 Jahren bekannt war und damals als „altes Korn" bezeichnet wurde. Es ist nicht einfarbig wie andere Getreidesorten, sondern mal rot, schwarz, beige oder weiß. Ich las weiter und erfuhr, dass es zwar so gekocht und verzehrt wird wie sonstiges Getreide, aber – welche Überraschung – gar kein Getreide ist! Quinoa sind die Samen einer Pflanze und verwandt mit Spinat. Es ist reich an Nährstoffen und kann daher mit Fug und Recht als „Superfood" bezeichnet werden. Gewiss das komplexeste Kohlenhydrat, das ich kenne. Und eins weiß ich mit Sicherheit über Quinoa: Zu Linsen und Thunfisch schmeckt es köstlich.

ZUTATEN

1 kg	Thunfischfilets, in 2 Finger breite Scheiben geschnitten
200 g	schwarze Linsen
200 g	Quinoa
	griechisches Olivenöl zum Braten
2	Frühlingszwiebeln, fein gehackt
10	Cherrytomaten, geviertelt
	abgeriebene Schale und Saft von ½ Bio-Zitrone
1	Prise fein gehackter frischer Dill
	griechisches Olivenöl
	feines Meersalz

1. Für die Linsen in einem großen Topf reichlich Wasser aufkochen. Die Linsen in das kochende Wasser geben und 15 Minuten weich kochen.

2. Zwischenzeitlich in einem zweiten Topf reichlich Salzwasser aufkochen. Quinoa in das kochende Salzwasser geben und ca. 3 Minuten lang bissfest kochen.

3. Linsen und Quinoa abgießen und in eine Schüssel mit kaltem Wasser geben.

4. In einer großen Pfanne etwas Olivenöl erhitzen und Frühlingszwiebeln, Cherrytomaten, Zitronenschale und -saft, Dill, 1 EL Olivenöl und 1 TL Salz 30 Sekunden lang anschwitzen.

5. Linsen und Quinoa abgießen und in die Pfanne geben. Die Zutaten gut durchrühren und bei niedriger Hitze anbraten.

6. Die Thunfischfilets zubereiten. Die Filets mit Salz einreiben und mit Olivenöl beträufeln. Die Filets in einer großen Pfanne in etwas Olivenöl ca. 2 Minuten von beiden Seiten anbraten. Um zu testen, ob der Fisch gar ist, nach der angegebenen Zeit mit einem Zahnstocher einstechen.

7. Die Quinoa-Linsen-Mischung vor dem Anrichten nochmals gut durchrühren, dann auf die Servierteller verteilen. Die Thunfischfilets auf dem Quinoa-Linsen-Bett anrichten. Heiß servieren und Olivenöl dazu reichen.

Garnelen-Saganaki

Für 4 Portionen

ZUTATEN

	Griechisches Olivenöl zum Braten
500 g	Garnelen, Schalen, Schwänze und Darm entfernt
2	Knoblauchzehen, fein gehackt
¼	scharfe grüne Peperoni, fein gehackt
½	grüne Paprikaschote, in dünne Streifen geschnitten
20 ml	Weißwein
1	geschälte Tomate, geviertelt
1	Prise Zucker
	feines Meersalz und frisch gemahlener Pfeffer
1 ½ EL	Skordalia (Rezept siehe Seite 230)
2 EL	Tomatensauce
2	Prisen frisch gehackte Petersilie
150 g	Fetakäse, zerbröselt
1	Prise frisch gehacktes Basilikum

ZUTATEN GARNELENSUD

	Griechisches Olivenöl zum Braten
	Schalen und Schwänze von 500 g Garnelen
350 ml	Wasser

1. Für den Garnelensud etwas Olivenöl in einem Topf bei hoher Hitze heiß werden lassen und die Schalen sowie Schwänze der Garnelen darin anbraten. Dabei die Schwänze und Schalen mit einem Kartoffelstampfer zerkleinern. Das Wasser zugießen und alles 5-7 Minuten köcheln lassen. Anschließend die Flüssigkeit durch ein Sieb abgießen und den Garnelensud vorerst beiseitestellen.

2. Etwas Olivenöl in einer großen Pfanne bei hoher Hitze heiß werden lassen. Die Garnelen in das heiße Öl geben und von beiden Seiten jeweils 30 Sekunden anbraten. Die gebratenen Garnelen aus der Pfanne nehmen und beiseitestellen.

3. In derselben Pfanne Knoblauch bei hoher Hitze in etwas Olivenöl anschwitzen. Peperoni und grüne Paprika dazugeben und 1 Minute anbraten, dann mit Weißwein ablöschen. Die Tomate einrühren und mit Zucker, Salz und Pfeffer würzen. Die Zutaten 3-4 Minuten garen.

4. Skordalia und Tomatensauce unterrühren, dann 1 Prise gehackte Petersilie dazugeben. Nach ca. 2 Minuten den Garnelensud in die Pfanne gießen und alles 2-3 Minuten köcheln. Sobald die Sauce sich verdickt hat, die Garnelen sowie den Feta dazugeben und in der Sauce schwenken. Das Saganaki weitere 2-3 Minuten köcheln.

5. Das fertige Saganaki mit der restlichen Petersilie und dem Basilikum bestreuen. Heiß servieren.

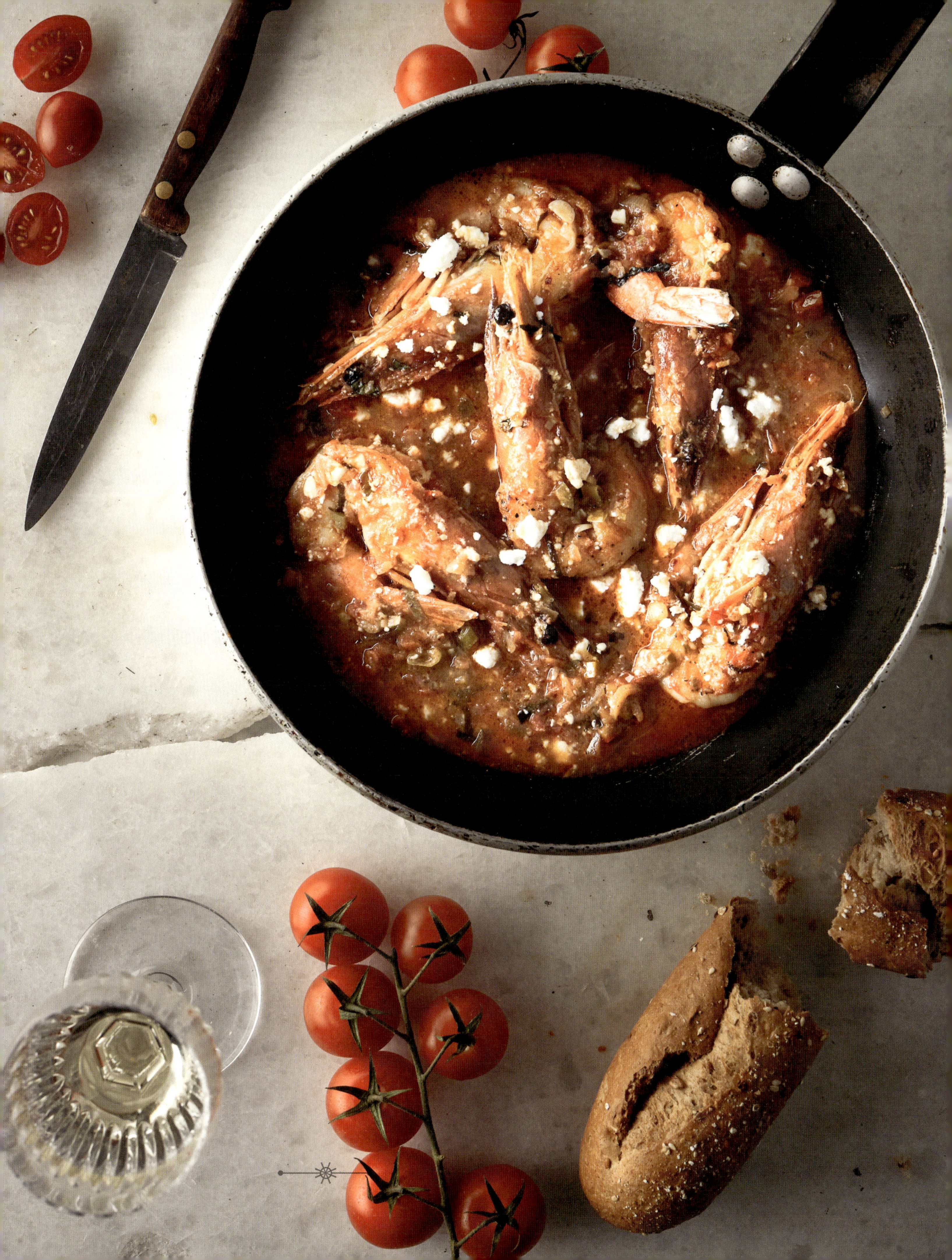

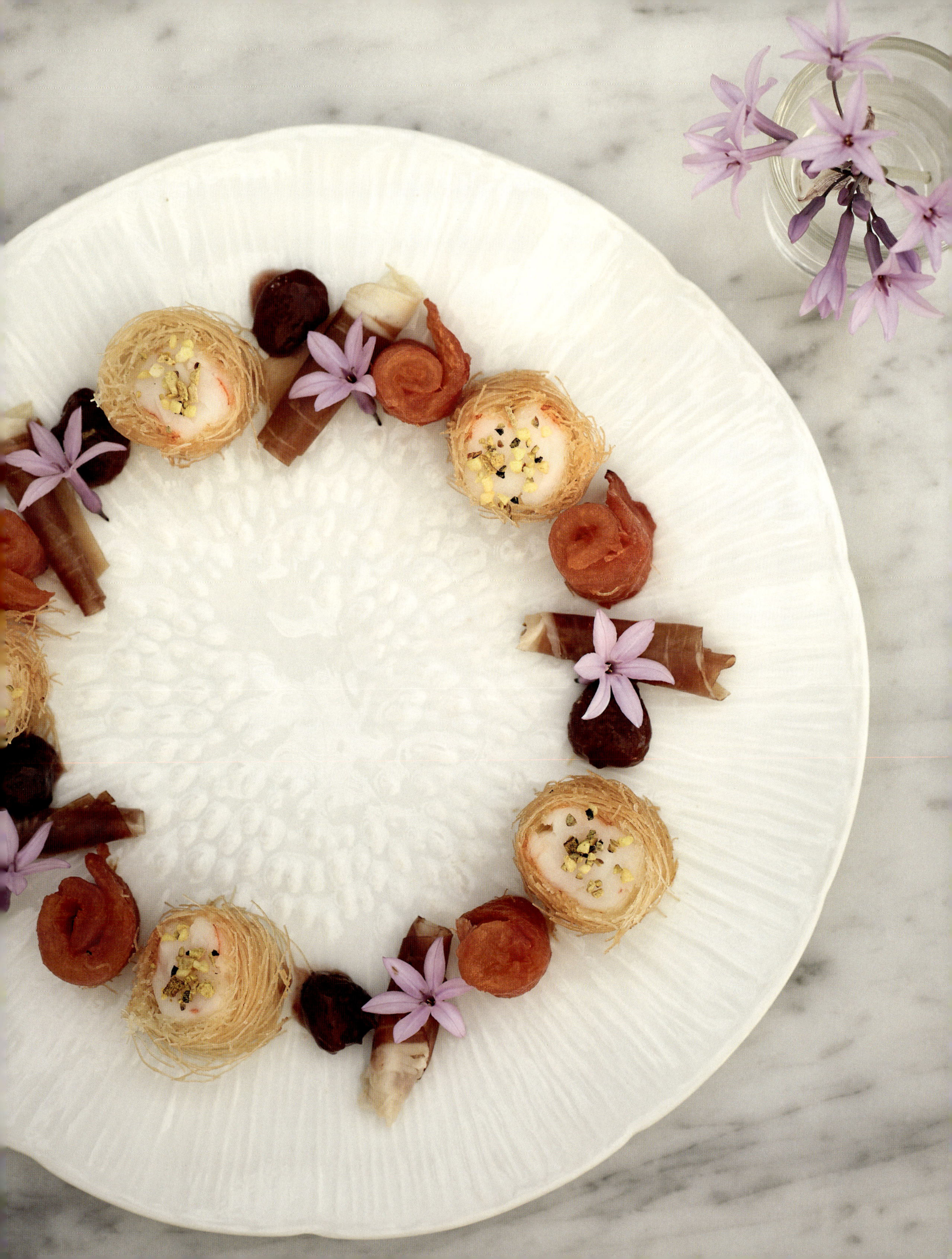

Langusten in Kataifi-Engelshaar mit Erdbeergazpacho

Für 4 Portionen

Schönheit liegt im Auge des Betrachters. In meinen Augen ist dieses Gericht mit seiner farbenfrohen Optik und der Vielfalt an Aromen ausgesprochen verlockend: frische Langusten, umhüllt mit krossem Engelshaar, garniert mit süßen, saftigen Erdbeeren und Honig sowie kunstvoll dekoriert mit Blüten. Für meine kulinarischen Fähigkeiten war dieses Gericht eine Herausforderung. Doch in der anspruchsvollen Zubereitung liegt in diesem Fall die wahre Schönheit. Es ist wie bei der Reise durch Australien, die ich einmal gemacht habe. Ich besuchte Märkte, bewunderte farbenfrohe Kunstwerke, genoss die vielfältige Küche und schwelgte im kulturellen Reichtum der Städte und des Landes. Ehrlich gesagt war meine persönliche Abenteuerlust manches Mal überfordert. Aber die Reise war nicht nur deshalb so schön, weil ich einen fremden Kontinent kennenlernte, sondern weil ich meine Komfortzone verließ und über meine Grenzen hinausging. Haben Sie Mut! Stellen Sie Ihre Fähigkeiten auf die Probe, anstatt bitteres Bedauern zu empfinden. Wagen Sie sich an dieses Rezept heran und kosten Sie, wie süß der Erfolg schmeckt. So süß wie Honig und Erdbeeren.

ZUTATEN

- 2 mittelgroße Tomaten
- 2 Prisen feines Meersalz
- 1 Prise frisch gemahlener Pfeffer
- 1 Prise Puderzucker
- 1 TL weißer Balsamicoessig
- 2 TL griechisches Olivenöl
- 5 Basilikumblätter
- 1 Knoblauchzehe, in dünne Scheiben geschnitten
- 100 g Kataifi-Teigfäden (Engelshaar)
- 20 frische Langusten, Köpfe, Schwänze und Schalen abgetrennt
- Butter
- Pistazienkerne, fein gehackt
- 3 Scheiben griechischer Rohschinken, in Streifen geschnitten
- 6 getrocknete, schwarze Oliven, in Scheiben geschnitten

1. Zunächst die Tomaten vierteln und die Samen mit einer Messerspitze entfernen. Das Fruchtfleisch in eine Schüssel geben.

2. Die Tomaten mit Salz, Pfeffer und Puderzucker würzen, dann mit Balsamicoessig und Olivenöl besprenkeln. Basilikumblätter und die Knoblauchzehe untermischen. Die Tomaten zum Marinieren beiseitestellen. Nach 45 Minuten den Ofen auf 130 °C vorheizen.

3. Nach ca. 1 Stunde Marinierzeit die Tomaten aus der Schüssel nehmen und auf einem Backblech verteilen. Mit etwas Marinade beträufeln und 30 Minuten im Ofen garen.

ZUTATEN ERDBEERGAZPACHO

1	Scheibe weißer Toast, Rand abgeschnitten, in grobe Stücke zerteilt
	griechisches Olivenöl zum Braten
	feines Meersalz und frisch gemahlener Pfeffer
1	rote Paprikaschote, in grobe Stücke geschnitten
3	Zweige frischer Thymian
1	Knoblauchzehe
500 g	frische Erdbeeren, halbiert
1	große Essiggurke, in dünne Scheiben geschnitten
3	frische Basilikumblätter
1 EL	Puderzucker
1 EL	Honig
	essbare Blüten, nach Belieben

4. Zwischenzeitlich mit dem Gazpacho beginnen. Dafür werden 2 Bratpfannen benötigt. In der ersten Pfanne etwas Olivenöl bei mittlerer bis hoher Hitze heiß werden lassen. Das Toastbrot darin von beiden Seiten anbraten. Mit Salz und Pfeffer würzen. In der Zwischenzeit Olivenöl in der zweiten Pfanne bei mittlerer bis hoher Hitze heiß werden lassen und die Paprika darin anschwitzen. Mit Salz und Thymian würzen, dann die ganze Knoblauchzehe zugeben. Alles ca. 3 Minuten anschwitzen, bis die Paprika weich ist. Erdbeeren, Essiggurke, Basilikum, 2 Prisen Salz und 2 Prisen Pfeffer mit einem Holzlöffel unterrühren. Nach 3-4 Minuten Thymian, Basilikum und die Knoblauchzehe aus der Pfanne nehmen. Die Erdbeermischung mit Puderzucker bestreuen.

5. Die Erbeermischung und das gebratene Toastbrot mit dem Honig in einen Mixer geben und bei hoher Stufe mixen. Für eine feinere Konsistenz das Püree durch ein Sieb drücken. Das fertige Erdbeergazpacho beiseitestellen und warm halten.

6. Mit den Langusten fortfahren. Die Kataifi-Teigfäden auf einer Arbeitsfläche verteilen. Die Langusten nacheinander mit Salz und Pfeffer würzen, auf die Kataifi-Fäden legen und einrollen. Die zylinderförmigen, eingerollten Langusten aufrecht auf einem Backblech platzieren, ein kleines Stück Butter auf jede Languste geben und 7 Minuten im Ofen knusprig backen.

7. Die knusprigen Langusten aus dem Ofen nehmen und die Enden gerade abschneiden, sodass Zylinder entstehen. Die Zylinder nun in Scheiben schneiden und kreisförmig auf einem Teller anrichten. Mit den Fingerspitzen jede Scheibe mit Pistazienkernen dekorieren.

8. Die Schinkenstreifen aufrollen und zwischen den Langusten platzieren.

9. Die Tomatenfilets und die Oliven zwischen den anderen Zutaten anrichten. Nach Belieben mit essbaren Blüten dekorieren. Das Erdbeergazpacho zu den Langusten reichen und vor dem Verzehr in die Mitte des Tellers gießen.

HAUPTGERICHTE ~ Fisch & Meeresfrüchte { 161 }

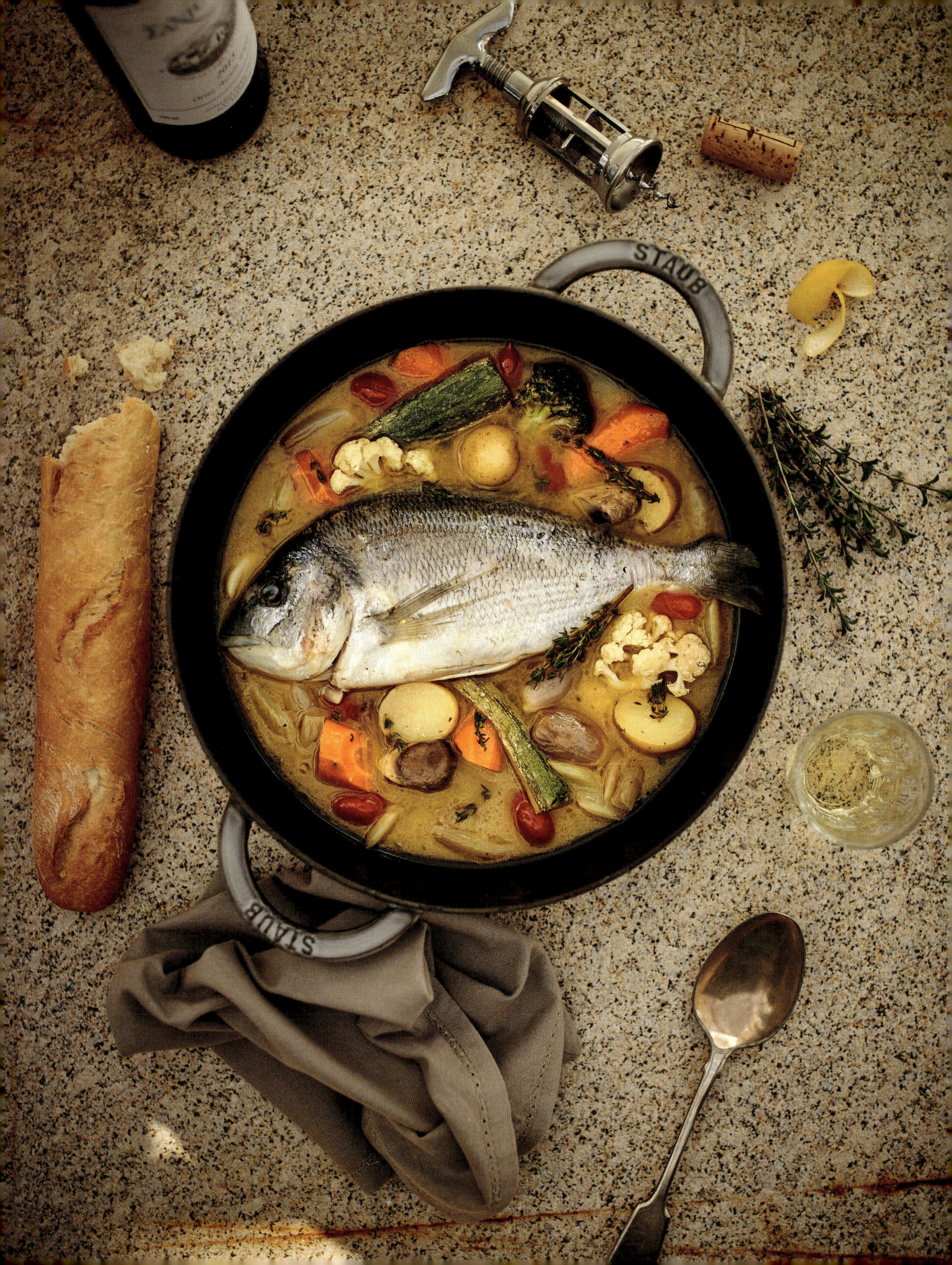
STAUB
STAUB

Meerbrasse auf mediterranem Gemüsebett

Für 2 Portionen

Ich esse für mein Leben gern. Und ich liebe es zu kochen. Aber Geschirrspülen finde ich ziemlich fade. Pfannen- oder Eintopfgerichte sind daher eine Verlockung für meine Experimentierfreude. Die Zubereitung ist denkbar einfach: Deckel drauf, den Herd Herd sein lassen und ein Glas Wein genießen, während das Gericht wie durch Zauberhand von selbst gart. Nach ein paar Versuchen kam ich auf dieses Meerbrassen-Gericht, das selbst einen so anspruchsvollen Fischfan wie mich anspricht. Ich liebe Fisch. Er ist reich an Vitaminen und Proteinen, ungemein schmackhaft und so vielseitig, um an jedem Tag schnelle und einfache Mahlzeiten damit kreieren zu können. Dieses Rezept kombiniert auf einfachste Weise das kräftige Aroma der Meerbrasse mit einigen meiner liebsten, bunten mediterranen Gemüsesorten.

ZUTATEN

- 600 g Meerbrasse, gesäubert und ausgenommen
- feines Meersalz und frisch gemahlener Pfeffer
- 40 g Butter, gewürfelt
- 1 EL griechisches Olivenöl
- 1 weiße Zwiebel, grob geschnitten
- 4 Knoblauchzehen, halbiert
- 1 Kartoffel, geschält und grob geschnitten
- 2 Stangen Sellerie, grob gehackt
- 10 Cherrytomaten, halbiert
- 1 Champignon, in Scheiben geschnitten
- ½ Zucchini, Kerne entfernt, in Streifen geschnitten
- 1 Karotte, geschält und in Scheiben geschnitten
- 1 Frühlingszwiebel, grob gehackt
- 10 Blumenkohlröschen, grob zerteilt
- 4 Zweige frischer Thymian
- 1 EL Dijonsenf
- 60 ml trockener Weißwein
- 400 ml Fischfond
- abgeriebene Schale und Saft von 1 Bio-Zitrone
- 10 Stängel Petersilie, grob gehackt

1. Die Meerbrasse auf beiden Seiten mit Salz einreiben. Die Hälfte der Butter und das Olivenöl in einer Schmorpfanne bei mittlerer Hitze heiß werden lassen. Zwiebel, Knoblauch, Kartoffel und Sellerie in die heiße Pfanne geben. Mit Salz und Pfeffer würzen und das Gemüse 3-4 Minuten anbraten.

2. Cherrytomaten, Champignon, Zucchinistreifen, Karotte, Frühlingszwiebel, Blumenkohlröschen und Thymian untermischen und weitere 2 Minuten braten.

3. Dijonsenf und restliche Butter unterrühren. Alles mit Weißwein ablöschen und 3-4 Minuten köcheln lassen.

4. Den Fischfond über die Zutaten gießen, bis diese von der Flüssigkeit bedeckt sind. Mit Zitronensaft und -schale aromatisieren und weitere 2 Minuten köcheln.

5. Den Fisch in die Pfanne geben. Mit Petersilie bestreuen und zugedeckt 7-8 Minuten lang köcheln, bis der Fisch gar ist. Die Zutaten sollten stets von Flüssigkeit bedeckt sein, daher gegebenenfalls nach einigen Minuten etwas Fischfond nachgießen. Zum Anrichten den fertigen Fisch aus der Pfanne nehmen und auf einen Servierteller legen. Das Gemüse rund um den Fisch anrichten und alles mit einigen Löffeln Sauce beträufelt servieren.

Dorade mit zweierlei Betepüree

Für 2 Portionen

Als mir dieses Rezept vorschwebte, saß ich wie ein Maler vor einer leeren Leinwand. Der Geschmack des Gerichts ist köstlich, aber zur Kunst wird es durch seine Farben. Auch mein Buch war eine leere Leinwand, bis sich Farben, Formen, Raum, Fotos und Schrift langsam zu einem großen Ganzen fügten. Zwischen den Seiten wächst grünes Gras, gleißendes Sonnenlicht blendet das Auge, und das silberne Aroma von Meeresfrüchten, der Geruch des türkisen Meeres und ein süßer, violetter Geschmack breiten sich aus. Grün und Gelb sind quirlige Freunde, Grau und Rosa plaudernde Nachbarn, Orange und Rot Liebende, die Hand in Hand spazieren gehen, und Schwarz und Weiß sind sich schüttelnde Hände.

ZUTATEN

- 2 Doradenfilets
- 500 g Rote und Gelbe Bete, Blätter entfernt
- griechisches Olivenöl
- feines Meersalz und frisch gemahlener Pfeffer
- 40 g Butter, gewürfelt
- 200 ml Hühnerbrühe
- Saft von ½ Zitrone
- feines Meersalz

1. Den Ofen auf 180 °C vorheizen.

2. Für das Püree für jede Knolle jeweils ein 40 x 20 cm großes Stück Alufolie zuschneiden. Die Alufolie großzügig mit Olivenöl beträufeln und mit Salz bestreuen. Jede Knolle in der Mitte eines Alurechtecks platzieren und die Folie zu Päckchen verschließen. Die Folie sollte nicht zu dicht an der Knolle anliegen. Die Beteknollen 90 Minuten im Ofen garen. Mit einem Zahnstocher hineinstechen und so prüfen, ob sie weich gegart sind.

3. Sobald die Knollen weich sind, aus dem Ofen nehmen und die Alufolie öffnen. Kurz abkühlen lassen, dann das Gemüse noch warm schälen. Die roten und gelben Knollen separat in grobe Stücke schneiden. Die Rote Bete, die Hälfte der Butter und die Hälfte der Hühnerbrühe in einen Mixer geben und auf hoher Stufe samtig mixen. Mit Salz, Pfeffer und etwas Zitronensaft würzen und erneut mixen. Beiseitestellen und warm halten. Aus der Gelben Bete genauso Püree herstellen und warm halten.

4. Die Doradenfilets mit Salz einreiben. Olivenöl in einer Pfanne bei mittlerer Hitze erhitzen. Die Filets darin von beiden Seiten gar braten. Herausnehmen und auf Teller platzieren. Rotes und gelbes Betepüree anrichten und das farbenfrohe Gericht heiß genießen.

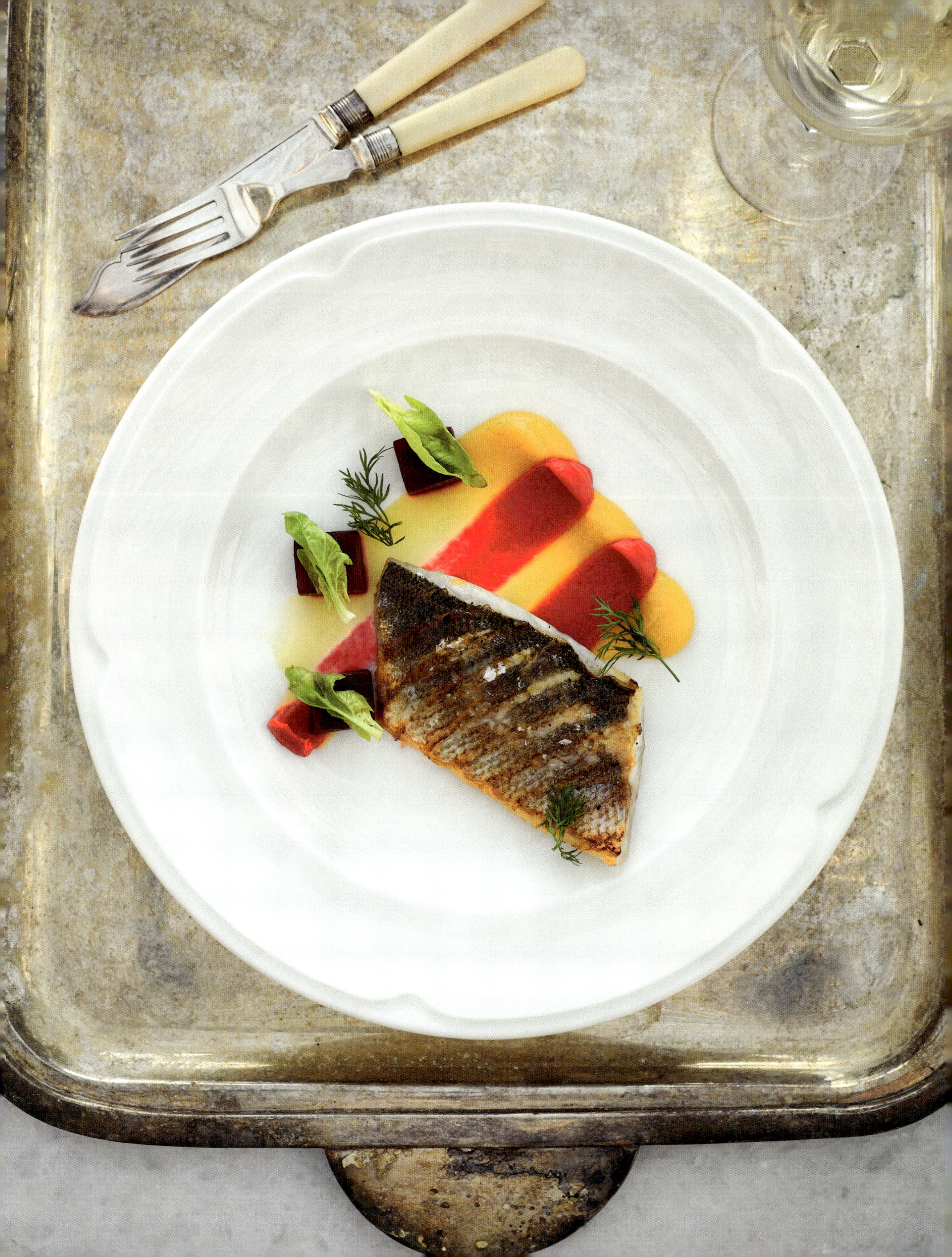

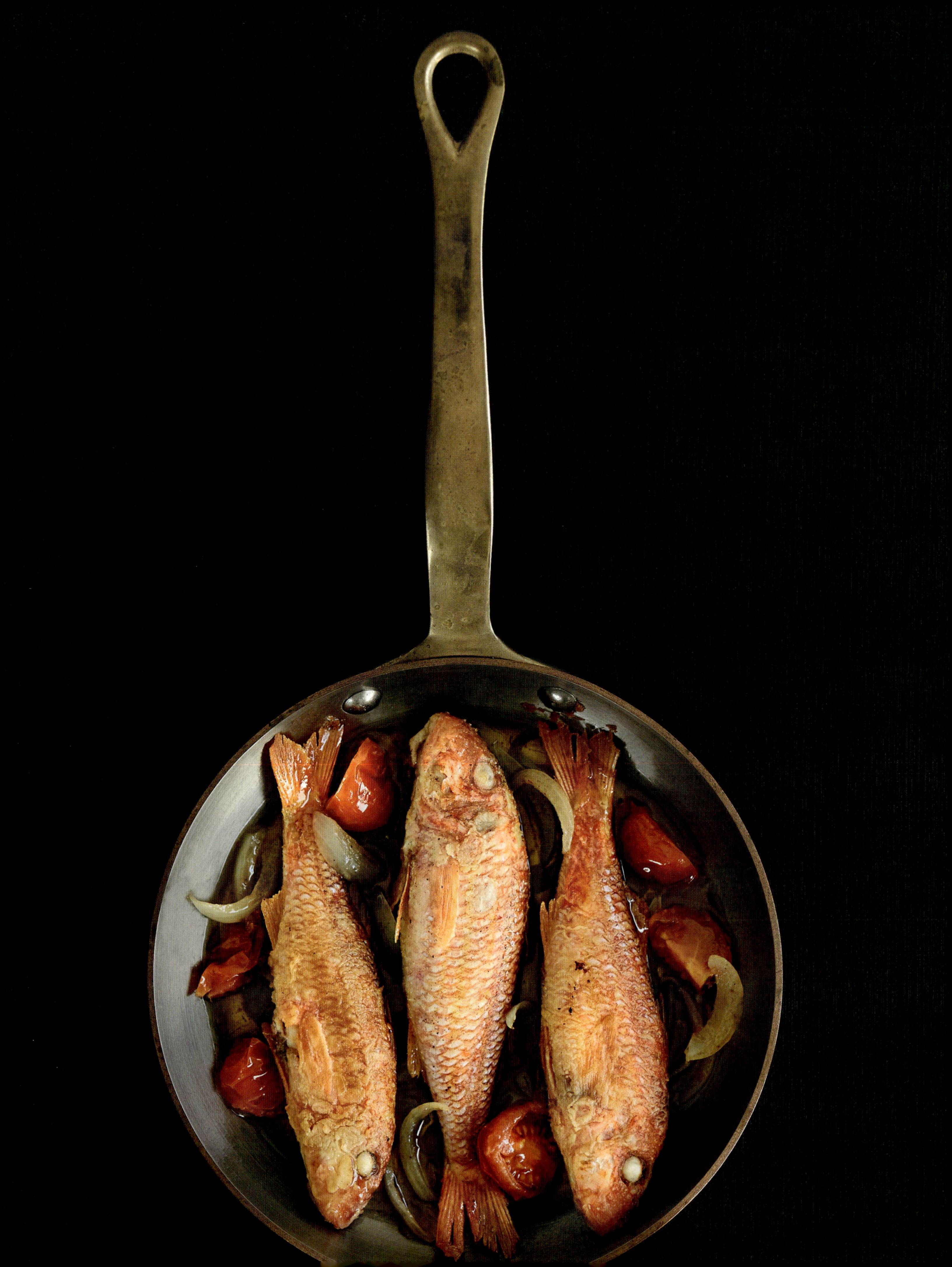

Knusprige Rotbarbe

Für 8 Portionen

Bei der Entwicklung dieses Rezeptes ging es mir um das Wesentliche: die Rotbarbe und das Gemüse. Ich wollte das, was harmonierte, dazugeben und Unnötiges weglassen. Das mag einfach klingen, aber es war ein langer Weg voller Misserfolge und Rückschläge. Doch zum Glück war ich nicht allein. Eine Jury aus Freiwilligen stimmte ergeben über jeden Versuch meines Ein-Mann-Kochwettbewerbs ab. Sie gaben mir inspirierende Ratschläge: „Gib Martini dazu. Martini ist immer ein Glas wert." „Gib einen Schuss Wodka hinzu. Wodka ist immer ein Gläschen wert." Nur beim Wein erhob sich Protest, da er nach Meinung der Experten eher in ihre Gläser als in die Pfanne gehörte. Dieses herrliche Gericht hat den unangefochtenen Sieg errungen. Die Jury erkor es zu einem der besten Rezepte, die ich je zubereitet habe. Ihr Kichern war unüberhörbar, und ich war mir sicher, dass ich ein zufriedenes Lächeln auf ihre Lippen gezaubert hatte, auch wenn ich ihre Gesichter hinter den vielen leeren Flaschen nicht sehen konnte.

ZUTATEN

- 8 Rotbarben, gesäubert und ausgenommen
- feines Meersalz und frisch gemahlener Pfeffer
- Mehl zum Panieren
- griechisches Olivenöl zum Braten
- 8 Cherrytomaten, geviertelt
- ½ weiße Zwiebel, in dünne Ringe geschnitten
- 5 Knoblauchzehen, zerdrückt
- 1 Zweig frischer Rosmarin
- 3 Zweige frischer Thymian
- Apfelessig

1. Die Rotbarben großzügig mit Meersalz einreiben und in Mehl wenden.

2. Etwas Olivenöl in einer Pfanne bei mittlerer Hitze heiß werden lassen. Den Fisch in das heiße Öl geben und auf einer Seite 3-4 Minuten knusprig braten.

3. Tomaten, Zwiebel, Knoblauchzehen, Rosmarin und Thymian in die Pfanne geben und gut umrühren, dann den Fisch wenden. Den Fisch und die restlichen Zutaten 4 Minuten anbraten.

4. Alles mit Apfelessig ablöschen, dann mit Salz und Pfeffer würzen. Die Fische aus der Pfanne nehmen und mit dem gebratenen Gemüse servieren.

Hummer-Moussaka

Für 6 Portionen

Glauben Sie, dass Sie Außergewöhnliches leisten können? Ich hatte einmal hochfliegende Träume: Ich wollte den Kilimandscharo besteigen. Aber es gelang mir nicht. Ein anderes Mal war mein Traum so tiefgründig wie der Ozean, wo die frischesten Hummer leben: Ich wollte ein Hummer-Moussaka kreieren. Aber auch damit scheiterte ich. Außergewöhnliches erreicht man nicht auf die Schnelle. Die Besteigung des Kilimandscharo mag ich erstmal aufgegeben haben, aber nicht das Bergsteigen an sich, nur weil ich einen Gipfel nicht auf Anhieb erreicht habe. Ich mag über meinem Hummer-Moussaka das Handtuch geworfen haben, aber dann habe ich es aufgehoben, mir den Schweiß von der Stirn gewischt und neu angefangen. Außergewöhnliches entsteht, wenn man seine Träume nicht aufgibt. Ich wurde dafür belohnt: zwar noch nicht mit dem Blick vom Gipfel des Kilimandscharo, wohl aber mit einem atemberaubenden Hummer-Moussaka. Ein ozeantiefer Misserfolg, der zum himmelhohen Triumph wurde.

ZUTATEN HUMMERFOND

- Köpfe und Schalen von 3 Hummern
- griechisches Olivenöl zum Braten
- 1 Stange Sellerie, grob geschnitten
- 1 weiße Zwiebel, in Ringe geschnitten
- 2 Karotten, grob geschnitten
- 50 g Butter
- frischer Thymian
- 30 ml Cognac
- 60 ml trockener Weißwein
- 1 EL Tomatenpüree
- 1,2 l Hühnerbrühe

ZUTATEN MOUSSAKA

- griechisches Olivenöl
- 3 Auberginen, in Scheiben geschnitten
- 3 Kartoffeln, geschält und in fingerbreite Stücke geschnitten
- feines Meersalz und frisch gemahlener Pfeffer

1. Mit dem Hummerfond beginnen. Etwas Olivenöl in einer großen Pfanne erhitzen. Die Köpfe und Schalen 3 Minuten im heißen Öl anbraten, dann mit einem Kartoffelstampfer zerkleinern. Sellerie, Zwiebel, Karotten, Butter und Thymian zugeben und ebenfalls mit dem Kartoffelstampfer zerdrücken. Ca. 4 Minuten anbraten, bis die gesamte Flüssigkeit verdampft ist.

2. Die Zutaten mit Cognac und Weißwein ablöschen. Tomatenpüree unterrühren und 5 Minuten köcheln, dann die Hühnerbrühe in die Pfanne gießen. Die Temperatur auf mittlere Hitze reduzieren und die Zutaten 15 Minuten köcheln.

3. Den Fond durch ein Sieb in einen Topf abgießen und bis zur Verwendung warm halten.

4. Den Ofen auf 180 °C Grad vorheizen.

5. Für das Moussaka 2 Backbleche mit Olivenöl beträufeln. Die Auberginenscheiben auf einem der Backbleche auslegen und 35 Minuten im Ofen garen. Die Kartoffelscheiben auf dem zweiten Backblech auslegen, großzügig von beiden Seiten salzen und 30 Minuten im Ofen garen.

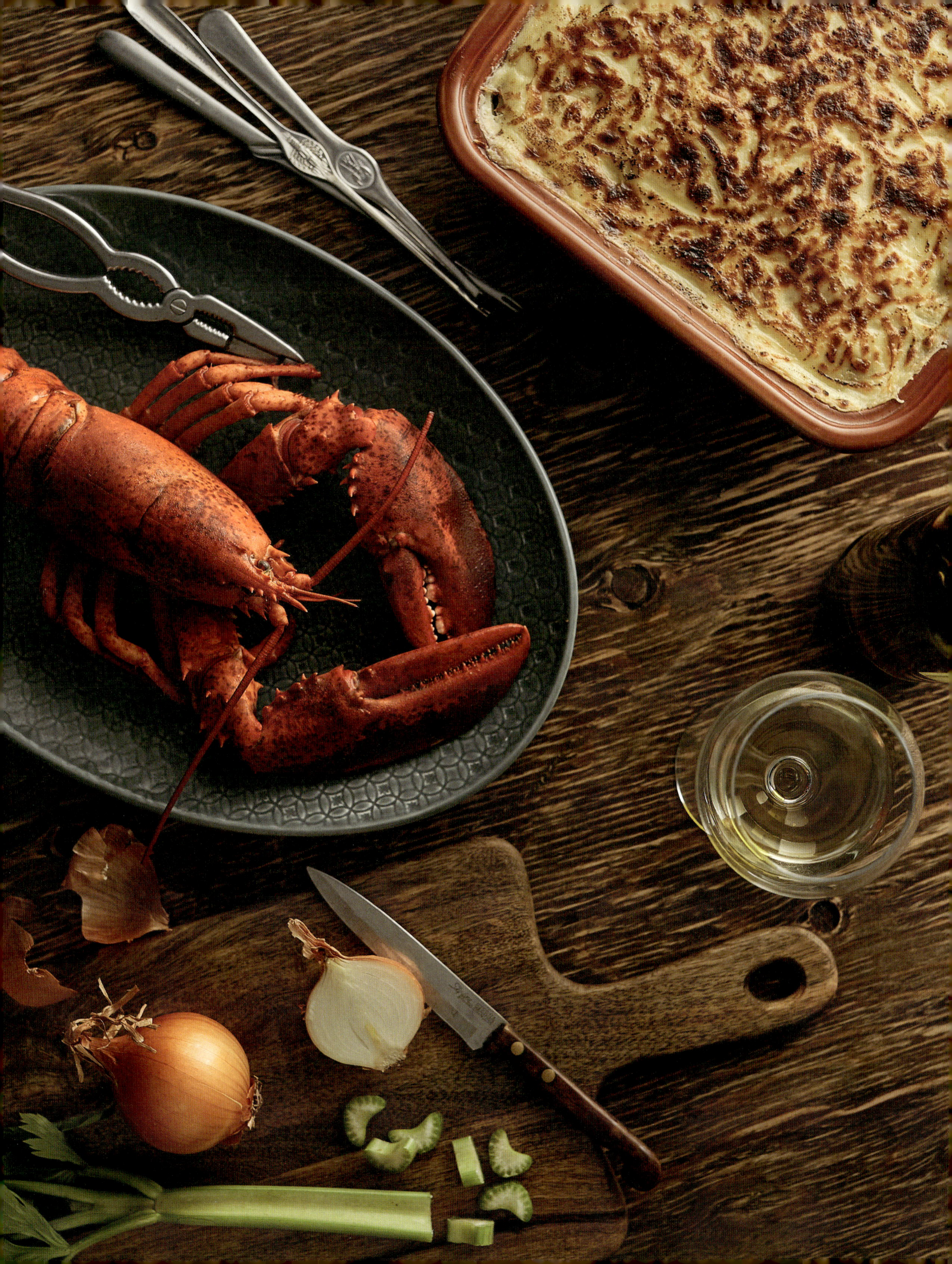

	Salzwasser
3	ganze Hummer oder 100 g Hummerfleisch
2	Karotten, geschält und fein gehackt
1	Stange Lauch, fein gehackt
1	Stange Sellerie, fein gehackt
1	weiße Zwiebel, fein gehackt
1	Fenchelknolle, fein gehackt
1	Knoblauchzehe, fein gehackt
2	Zweige frischer Thymian
1	Zweig frischer Rosmarin
3 EL	Passata
1 TL	Tomatenpüree
	abgeriebene Schale von 1 Bio-Zitrone
	Saft von ½ Zitrone
1	Prise frischer Dill, fein gehackt
4	frische Basilikumblätter, fein gehackt
1	Prise geriebene Muskatnuss
2 EL	Semmelbrösel
50 g	Parmesan, gerieben

ZUTATEN BÉCHAMELSAUCE

110 g	Butter
120 g	Mehl
50 g	Parmesan, gerieben
1	Prise geriebene Muskatnuss
1 TL	Zitronensaft
1	Ei

6. Für das Hummerfleisch Salzwasser in einem Topf zum Kochen bringen. Das Hummerfleisch in das kochende Wasser geben und ca. 3 Minuten kochen. Das zarte Hummerfleisch aus dem Topf nehmen und in kleine Stücke schneiden.

7. Für die restliche Füllung etwas Olivenöl In einer großen Pfanne bei mittlerer Hitze heiß werden lassen. Karotten, Lauch, Sellerie, Zwiebel, Fenchel, Knoblauch, Thymian und Rosmarin in die Pfanne geben und mit 1 Prise Salz würzen. 2 Minuten unter häufigem Rühren anbraten, dann das Hummerfleisch, Passata und Tomatenpüree untermischen. Zitronenschale und 7 Esslöffel Hummerfond einrühren. Mit Salz und Pfeffer abschmecken und die Zutaten 10 Minuten unter gelegentlichem Rühren bei mittlerer Hitze köcheln.

8. Die Herdplatte ausschalten. Mit einer Zange die Thymian- und Rosmarinzweige aus der Pfanne nehmen. Zitronensaft, Dill, Basilikum und Muskat untermischen, dann beiseitestellen.

9. Für die Béchamelsauce Butter in einem Topf bei hoher Hitze zerlassen. Das Mehl mit einem Schneebesen mit der Butter verrühren. 600 ml Hummerfond dazugeben und mit dem Rührbesen ca. 6 Minuten gut durchrühren. Parmesan unterziehen, dann mit Muskat sowie Zitronensaft würzen und 3 Minuten weiterrühren. Sofort vom Herd nehmen, das Ei untermischen und beiseitestellen.

10. Die weichen Kartoffel- und Auberginenscheiben aus dem Ofen nehmen und die Temperatur des Ofens auf 200 °C erhöhen.

11. Mit dem Schichten des Moussakas beginnen: den Boden einer ofenfesten Form mit einer Schicht Béchamelsauce, Semmelbröseln und einigen Tropfen Olivenöl bestreichen. Die Kartoffelscheiben darauflegen. Anschließend die Auberginenscheiben auf die Kartoffelschicht legen und 30 g Parmesan darüberstreuen. Für die nächste Schicht die Hummer-Gemüse-Mischung mit einem Löffel darüber verteilen. Zum Schluss alles mit Béchamelsauce bedecken und mit dem restlichen Parmesan bestreuen. Das Moussaka anschließend 30 Minuten im Ofen goldbraun backen.

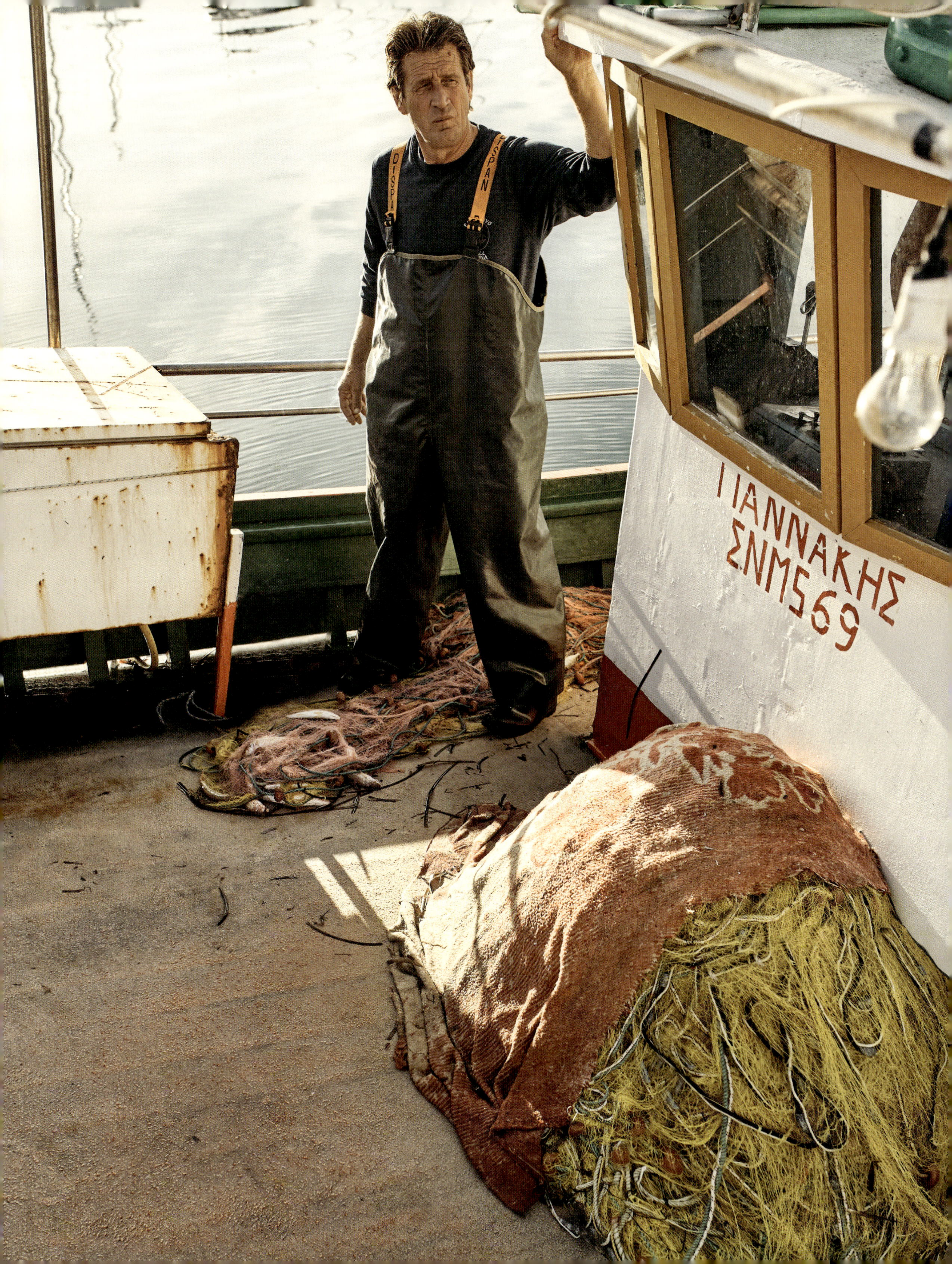
ΓΙΑΝΝΑΚΗΣ
ΣΝΜ569

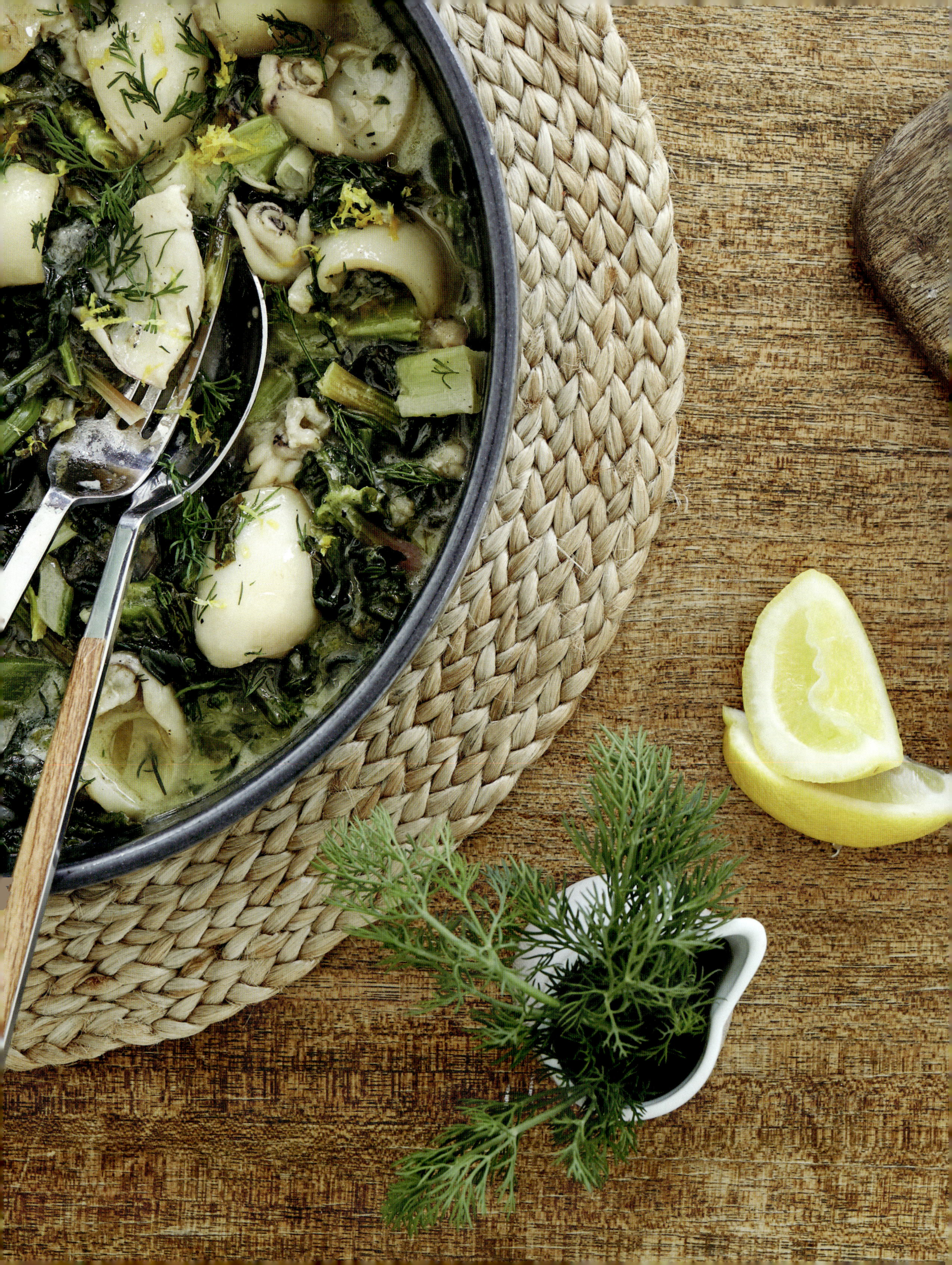

Kalamari auf frischem Blattspinat

Für 2 Portionen

Ich konnte alles nur verschwommen sehen, während ich mich auf wackligen Beinen durch die Menschenmenge kämpfte und versuchte, die vom Bratendunst schwere Luft zu ignorieren. Fasten fiel mir ungeheuer schwer, bis ich auf dieses köstliche Rezept kam. In der traditionellen orthodoxen Fastenzeit verzichten wir Griechen auf die meisten tierischen Produkte außer Honig und Meeresfrüchte. Das Kreieren dieses Gerichts war das Ergebnis purer Verzweiflung. Ich wage sogar zu behaupten, dass Gott mich auf die Probe stellte. Meine kleine Nichte Sophia wollte mich eines Sonntags aus meinem Haus locken, wo ich mich vor den Versuchungen der Außenwelt verbarrikadiert hatte. Hinter dem monotonen Brummen meines Kühlschranks war ihre Stimme kaum zu hören, aber irgendwie gelang es ihr, mich aus dem Haus und schnurstracks auf einen Straßenmarkt zu lotsen. Während sie mich durch den Menschenstrom führte, brach mir plötzlich der Schweiß aus. An einem Grill brutzelte saftiges Souflaki-Fleisch über dem Feuer. Kaum hatte ich mich von dem Aroma losgerissen, wollte mich am nächsten Stand ein Grillhähnchen in Versuchung führen. Sophia schleppte mich zu den Fischhändlern, wo ich durch verlockende Düfte stolperte und die Speisen fast zu schmecken meinte, während mein Kaffee verzweifelt weinte, weil er seine Milch vermisste. An einem Gyros-Stand schwanden mir die Sinne. Das Letzte, was ich hörte, bevor mir schwarz vor Augen wurde, war die kleine Sophia, die vernehmlich ihr Gyros schmatzte. „Entschuldigung, mein Onkel ist zusammengebrochen! Könnten Sie mir bitte helfen und ihn zu der Eisdiele dort drüben bringen? Danke."

ZUTATEN

- 500 g gesäuberter Tintenfisch
- griechisches Olivenöl zum Braten
- 1 weiße Zwiebel, fein gehackt
- 2 Knoblauchzehen, fein gehackt
- Saft und abgeriebene Schale von 1 Bio-Zitrone
- 150 ml trockener Weißwein
- 300 ml Gemüsebrühe oder Wasser
- 500 g Blattspinat, geputzt
- 3 Frühlingszwiebeln, fein gehackt
- ½ Bund frischer Dill, fein gehackt
- ⅓ Bund frische Minze, fein gehackt
- feines Meersalz und frisch gemahlener Pfeffer

1. Den Tintenfisch in 3–4 cm große Stücke zerteilen.

2. Etwas Olivenöl in einer Pfanne bei mittlerer Hitze heiß werden lassen. Zwiebel und Knoblauch darin glasig anschwitzen. Den Tintenfisch dazugeben und 3–4 Minuten braun anbraten. Mit Zitronenschale aromatisieren und mit Weißwein ablöschen.

3. Nachdem der Weißwein verdampft ist, Zitronensaft und Gemüsebrühe oder Wasser in die Pfanne gießen und alles 35–40 Minuten köcheln.

4. Den Blattspinat, Frühlingszwiebeln, Dill und Minze unterrühren. Die Zutaten unter gelegentlichem Rühren 5–6 Minuten köcheln, bis der Spinat gar ist. Mit etwas Zitronensaft, Salz und Pfeffer abschmecken, dann heiß servieren.

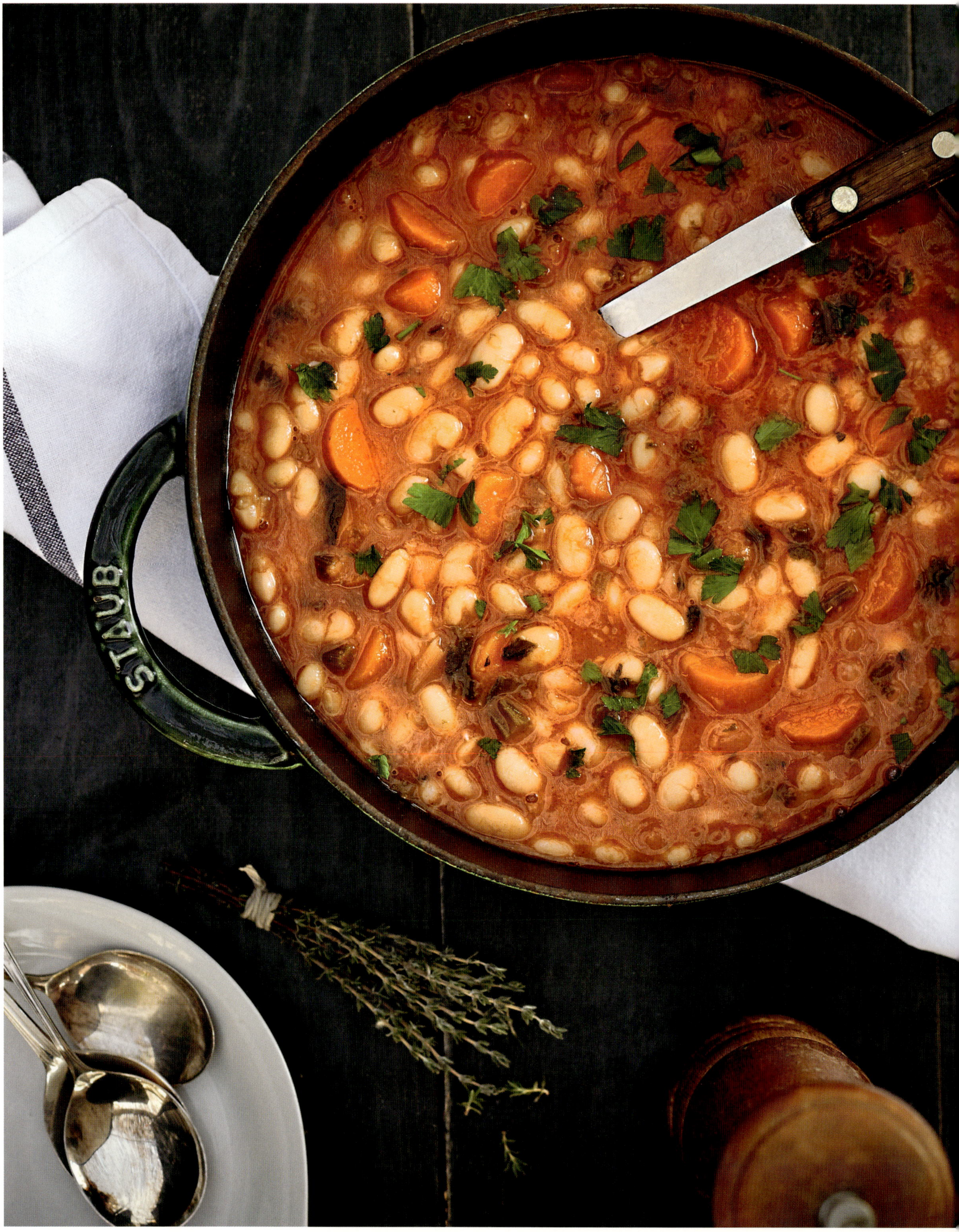
STAUB

Σούπες

SUPPEN

SUPPEN

Ich bin kein perfekter Koch. Das sieht man an meiner Schürze, die inzwischen ziemlich viele lose Fäden hat und bunte Flecken von all meinen Lieblingsgerichten aufweist. Vielleicht sogar einen oder zwei Flecken von der Suppe, die hinter mir auf dem Herd köchelt. Um den Topf herum liegen Gemüseschalen, Hähnchenstücke, Fischgräten oder ein paar kleine Bohnen, die bei der Zubereitung von der Arbeitsfläche kullern. Diese Zutaten habe ich auf dem Markt gekauft, der ebenso bunt ist wie meine Schürze. Der Geruch dort ist einzigartig, eine Mischung aus den feilgebotenen Gewürzen, dem Aroma gegrillter Snacks und fangfrischem Fisch. Ich treffe ständig Bekannte, aber jedes Gespräch wird vom Schreien der Händler, die ihre Produkte anbieten, vom aufgeregten Plappern der Kinder, die an der Hand ihrer Mütter vorbeispazieren und von den lauten Grüßen anderer Leute, die Bekannte treffen, übertönt. Diese Geräusche sind für mich die Musik des Marktes, ein Orchester der griechischen Kultur.

Ich koste die Suppe, spüre ihre Wärme im Magen und hänge meine alte Schürze über eine Stuhllehne. Mein Land ist wie diese Schürze. Griechenland ist nicht perfekt. Es hat Flecken, die sich nicht auswaschen lassen, und hier und da ist ein loser Faden. Der frühere Glanz mag verblasst sein. Aber ich würde nie woanders leben wollen. Ich würde nie eine andere Schürze haben wollen. Für mich schmälern diese Flecken die Schönheit nicht. Stattdessen sind sie Spuren von all den Dingen, die ich liebe. Es sind Erinnerungen, die in diesem Land verwurzelt sind, bunte Erinnerungen, die schließlich den Stoff durchtränkt haben.

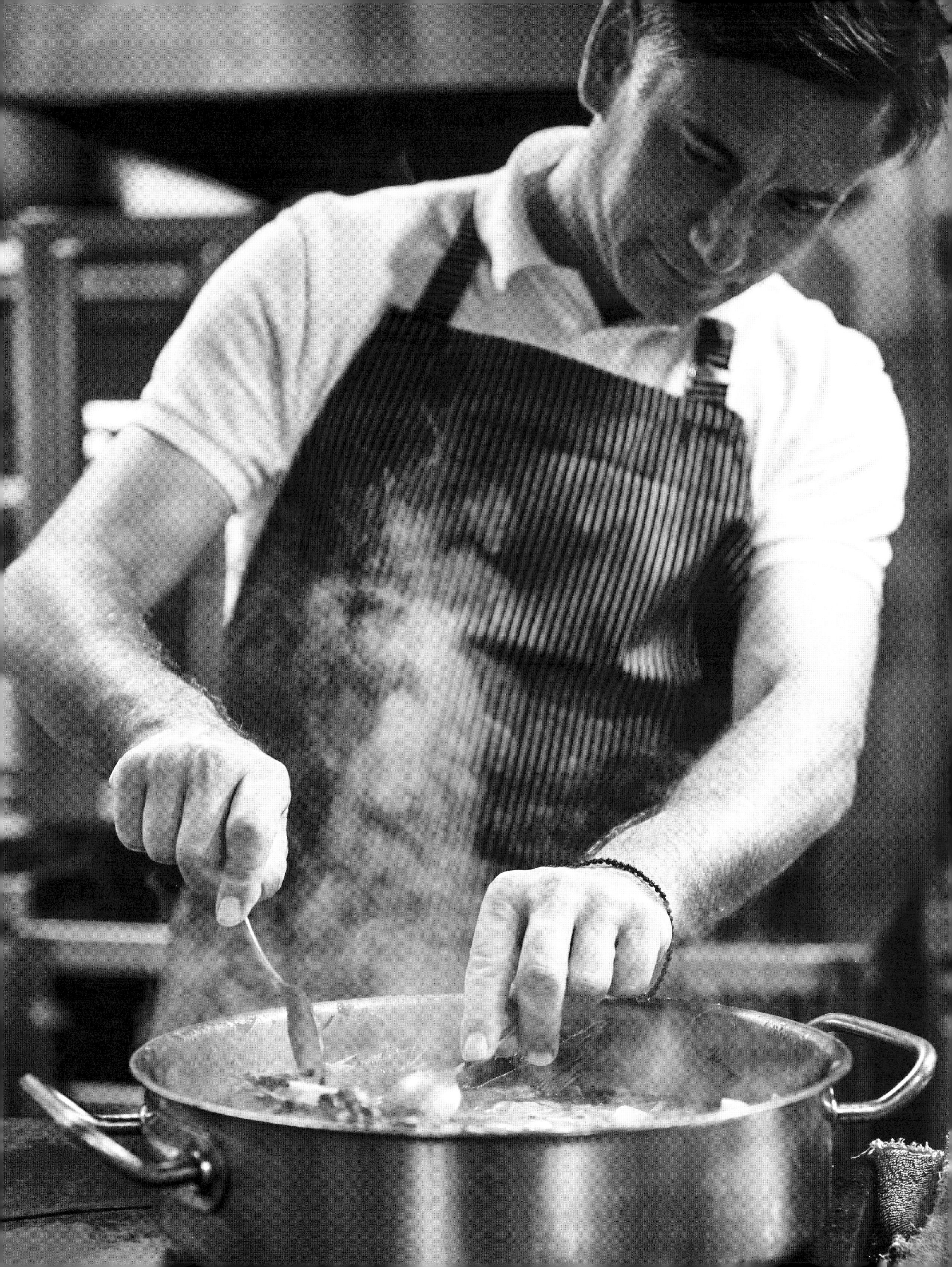

Giouvarlakia – Suppe mit Fleischbällchen

Für 2 Portionen

ZUTATEN

50 g	roher Carolina-Reis
500 g	Rinderhackfleisch
1	Ei
1	weiße Zwiebel, gerieben
50 ml	griechisches Olivenöl
1	Handvoll frische Petersilie, fein gehackt
2	Prisen fein gehackter Dill
	Mehl
1,5 l	Salzwasser
	feines Meersalz und frisch gemahlener Pfeffer
1	Karotte, in Würfelchen geschnitten, blanchiert und in kaltem Salzwasser eingelegt
	Avgolemono-Sauce (siehe Seite 227)

1. Den Reis 30 Minuten in Wasser quellen lassen.

2. Den eingeweichten Reis abgießen und in eine Schüssel geben. Hackfleisch, Ei, Zwiebel, Olivenöl, Petersilie, 1 Prise Dill und etwas Salz sowie Pfeffer mit dem Reis zu einer glatten Masse verkneten. Die Masse mit den Händen zu kleinen, walnussgroßen Bällchen formen. Die Hackfleischbällchen in Mehl wenden, damit sie mit einer dünnen Schicht Mehl überzogen sind.

3. Salzwasser in einem Suppentopf aufkochen lassen. Die bemehlten Hackfleischbällchen und die Karottenwürfel in das kochende Wasser geben und mit 1 Prise Salz sowie Pfeffer würzen. Die Suppe gut durchrühren, dann zugedeckt 30 Minuten köcheln.

4. Zwischenzeitlich die Avgolemono-Sauce nach Rezept zubereiten.

5. Den Suppentopf vom Herd nehmen. Mit einem Holzlöffel die Avgolemono-Sauce unterrühren und den übrigen Dill in die Suppe streuen. Heiß genießen.

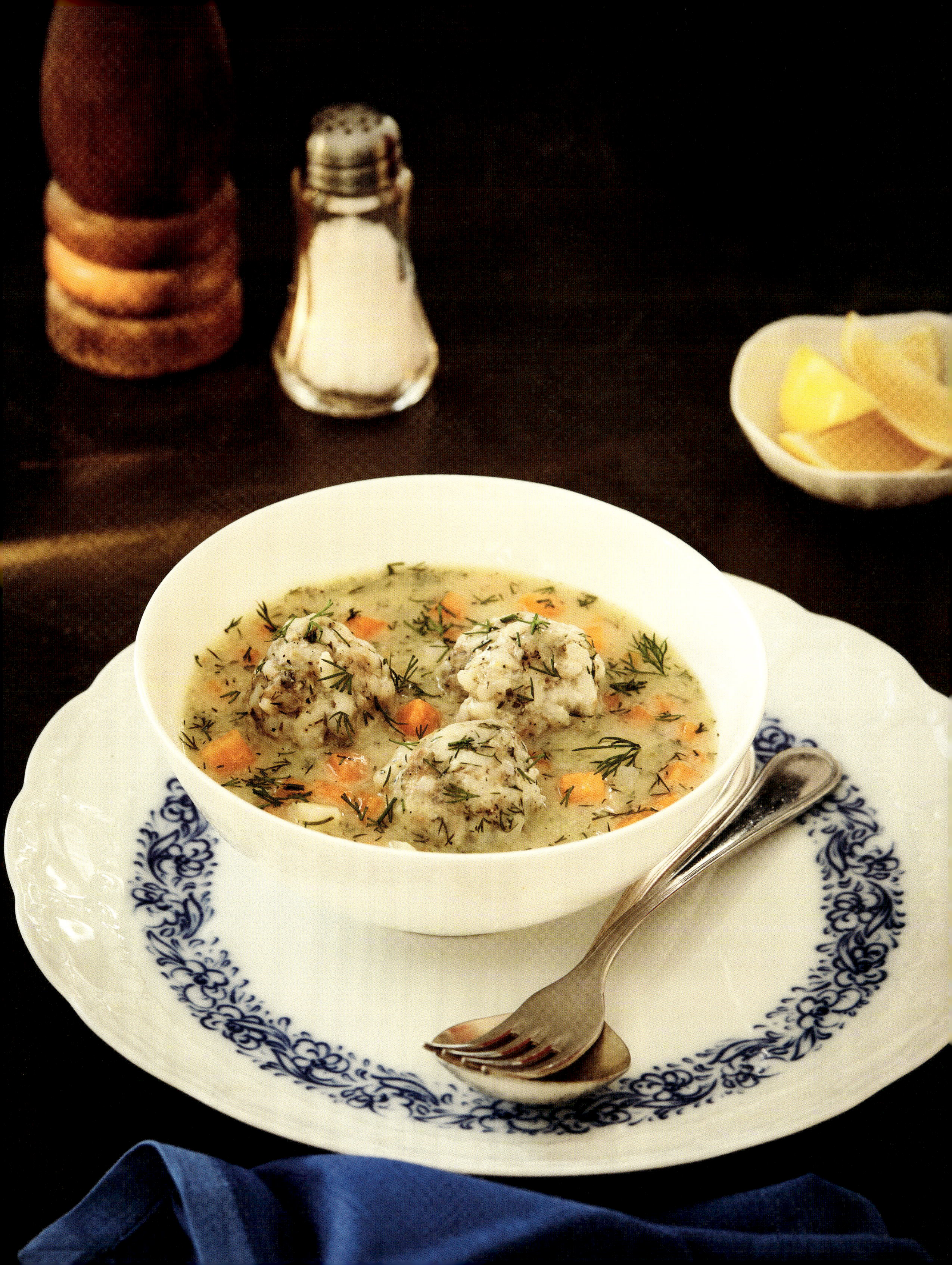

Fasolada – klassische Bohnensuppe

Für 4 Portionen

ZUTATEN

500 g	mittelgroße getrocknete weiße Bohnen
1	weiße Zwiebel, fein gehackt
80 ml	griechisches Olivenöl zzgl. mehr zum Garnieren
2	Knoblauchzehen, fein gehackt
2	weiße Zwiebeln, fein gehackt
2	Frühlingszwiebeln, grob gehackt
2	Karotten, grob gehackt
2	Stangen Sellerie, grob gehackt
50 g	Speck, klein geschnitten
3	Tomaten, gerieben
2 TL	Tomatenpüree
2 EL	geräuchertes Paprikapulver
1	Prise Zucker
3	Zweige frischer Thymian
2 TL	feines Meersalz
1 TL	frisch gemahlener Pfeffer
	Sellerieblätter, grob gehackt
	zerkrümelter Fetakäse, nach Belieben

Am Vortag

1. Die weißen Bohnen über Nacht in Wasser einweichen.

Am Folgetag

2. Einen großen Topf mit 1,8 l kaltem Wasser füllen. Die eingeweichten Bohnen mit einer Schaumkelle in den Topf schöpfen. Das Wasser aufkochen. Die Zwiebeln zum kochenden Wasser geben, die Temperatur auf niedrige Hitze reduzieren und köcheln lassen.

3. Mittlerweile mit der Zubereitung der Suppe fortfahren. Das Olivenöl in einer Pfanne bei mittlerer Hitze heiß werden lassen. Knoblauch, weiße Zwiebeln, Frühlingszwiebeln, Karotten, Sellerie und Speck darin anbraten. Die Temperatur auf niedrige Hitze reduzieren, dann Tomaten, Tomatenpüree, Paprikapulver, Zucker, Thymian, Salz, Pfeffer und 100 ml Wasser dazugeben. Die Zutaten 10-15 Minuten köcheln. Falls nötig etwas Wasser zugießen und gelegentlich umrühren.

4. Die Pfanne vom Herd nehmen und die Zutaten in den Topf zu den Bohnen geben. Bei niedriger Hitze mindestens 1 ½ Stunden köcheln, bis die Bohnen weich gekocht sind.

5. Sobald die Bohnen weich sind, ca. 3-4 Minuten vor dem Servieren einige Sellerieblätter unterrühren. Die heiße Suppe in eine Servierschüssel schöpfen und mit etwas Olivenöl sowie nach Belieben mit Fetakäse garnieren.

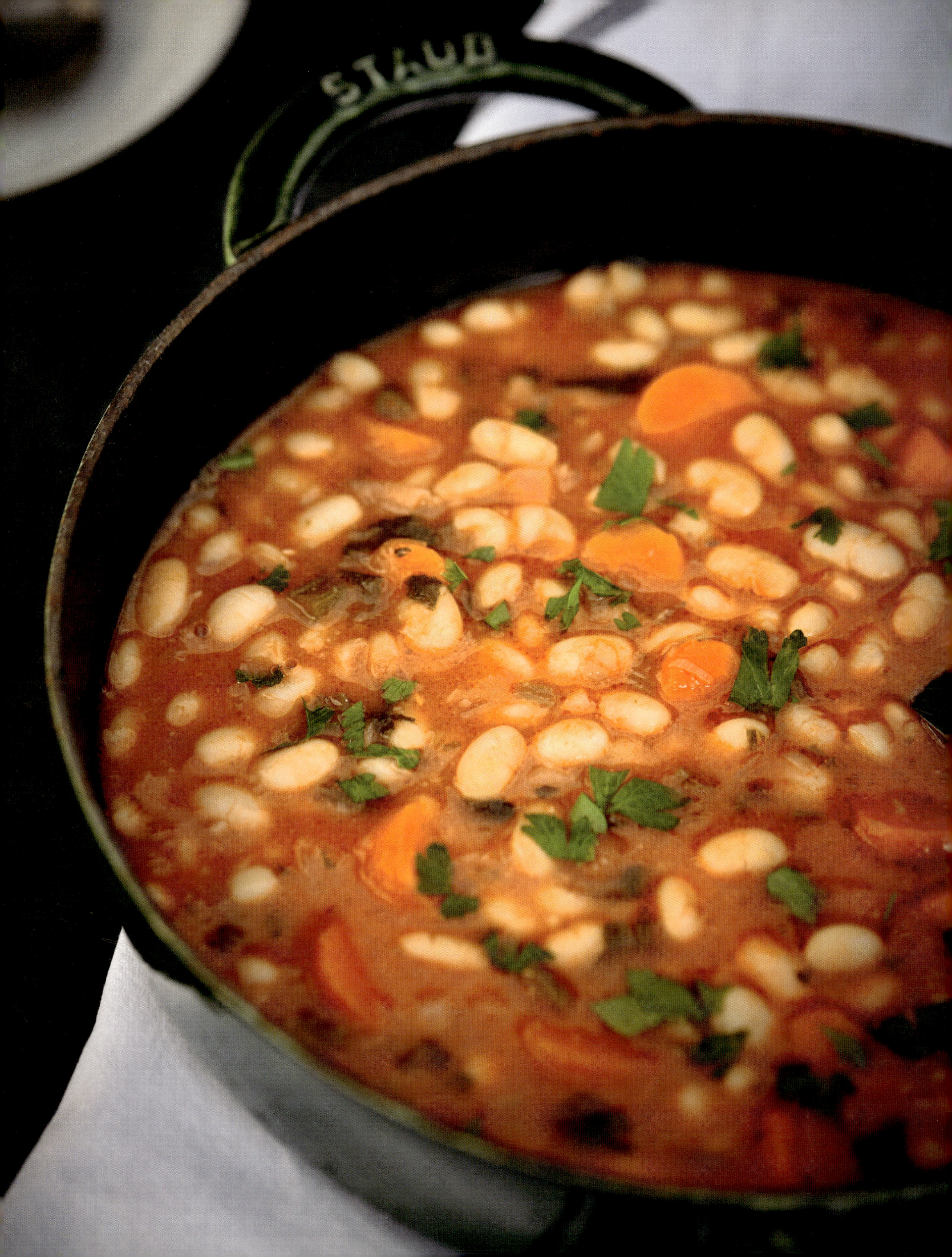

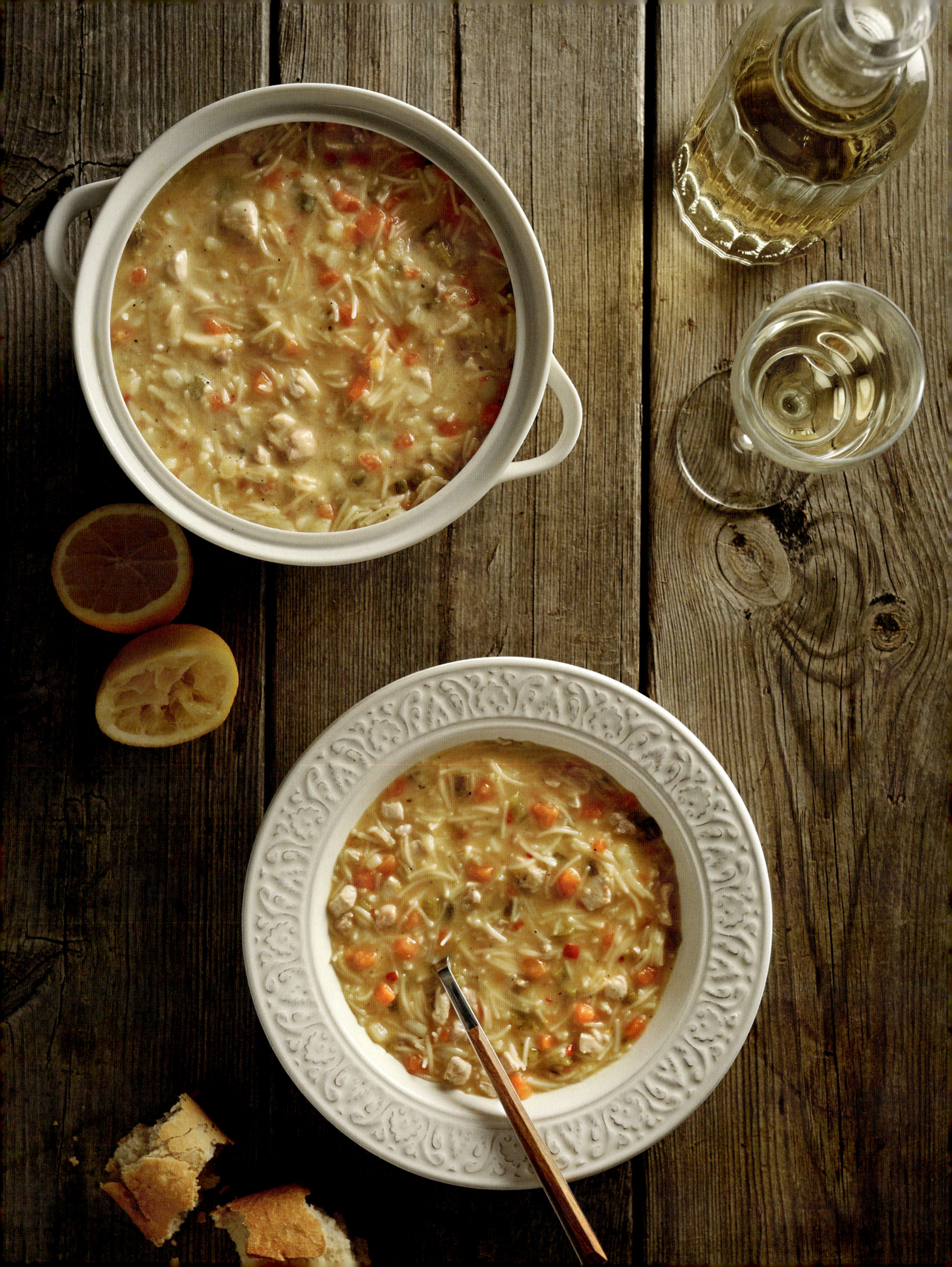

Hühnersuppe

Für 4 Portionen

ZUTATEN

	griechisches Olivenöl
1	Kartoffel, fein gewürfelt
2	Karotten, fein gehackt
	Schale von 1 Zucchini, fein gehackt
	feines Meersalz und frisch gemahlener Pfeffer
1	Knoblauchzehe, fein gehackt
1	Schalotte, fein gehackt
2	Lorbeerblätter
2	Zweige frischer Thymian
1,3 l	Hühnerbrühe
250 g	Hühnerbrust oder -schenkel, in Streifen geschnitten
50 g	Vermicelli-Nudeln
1 EL	frisch gehackte Petersilie
	Saft von ½ Limette
75 g	Butter

1. Olivenöl in einem großen Topf erhitzen. Die Kartoffel darin 1 Minute anbraten, dann die Karotten, Zucchinischale sowie 1 Prise Salz und Pfeffer dazugeben. Mit 2 Teelöffel Olivenöl beträufeln und die Zutaten ca. 2 Minuten anschwitzen.

2. Knoblauch und Schalotte unterrühren und nach 3 Minuten auch die Lorbeerblätter und den Thymian dazugeben.

3. Die Hühnerbrühe in den Topf gießen. Mit 2 Teelöffeln Salz würzen, dann die Suppe aufkochen. Das Hühnerfleisch dazugeben und die Suppe unter gelegentlichem Rühren 10 Minuten köcheln lassen.

4. Die Nudeln in die Suppe rühren. Nach 1 Minute die Lorbeerblätter entfernen. Die Petersilie und den Limettensaft untermischen. Zum Schluss die Butter einrühren und die Suppe noch ca. 1 weitere Minute ziehen lassen. Wenn die Nudeln weich gegart sind, den Topf vom Herd nehmen und die Suppe heiß servieren.

Velouté mit Kabeljau & Gemüse

Für 4 Portionen

ZUTATEN

- 1 weiße Zwiebel, in Ringe geschnitten
- 2 Karotten, in Scheiben geschnitten
- 2 Kartoffeln, grob geschnitten
-   griechisches Olivenöl zum Braten
- 5 Stangen Sellerie, in grobe Stücke geschnitten
- 700 g Kabeljaufilet
-   Saft von 1 Zitrone
-   feines Meersalz und frisch gemahlener Pfeffer
-   frischer Dill zum Garnieren

1. Zunächst Zwiebel, Karotten und Kartoffeln in einer Pfanne in etwas Olivenöl anbraten. In einer großen Schmorpfanne bei hoher Hitze Wasser zum Kochen bringen. Die Zwiebel, Karotten und Kartoffeln in das kochende Wasser geben und zugedeckt 5 Minuten köcheln.

2. Den Sellerie dazugeben und den Kabeljau hineinlegen. Die Temperatur auf mittlere Hitze reduzieren. Zugedeckt weitere 12 Minuten köcheln und nach der Hälfte der Zeit den Fisch wenden.

3. Den weich gegarten Fisch aus der Pfanne nehmen.

4. Die Suppe und das gekochte Gemüse in einen Mixer geben und bei hoher Stufe mixen. Mit Zitronensaft und etwas Salz sowie Pfeffer würzen und nochmals bei hoher Stufe zu einer samtigen Suppe mixen.

5. Die Suppe auf Suppenteller verteilen und den Fisch in der Suppe anrichten. Mit etwas Dill garnieren und heiß servieren.

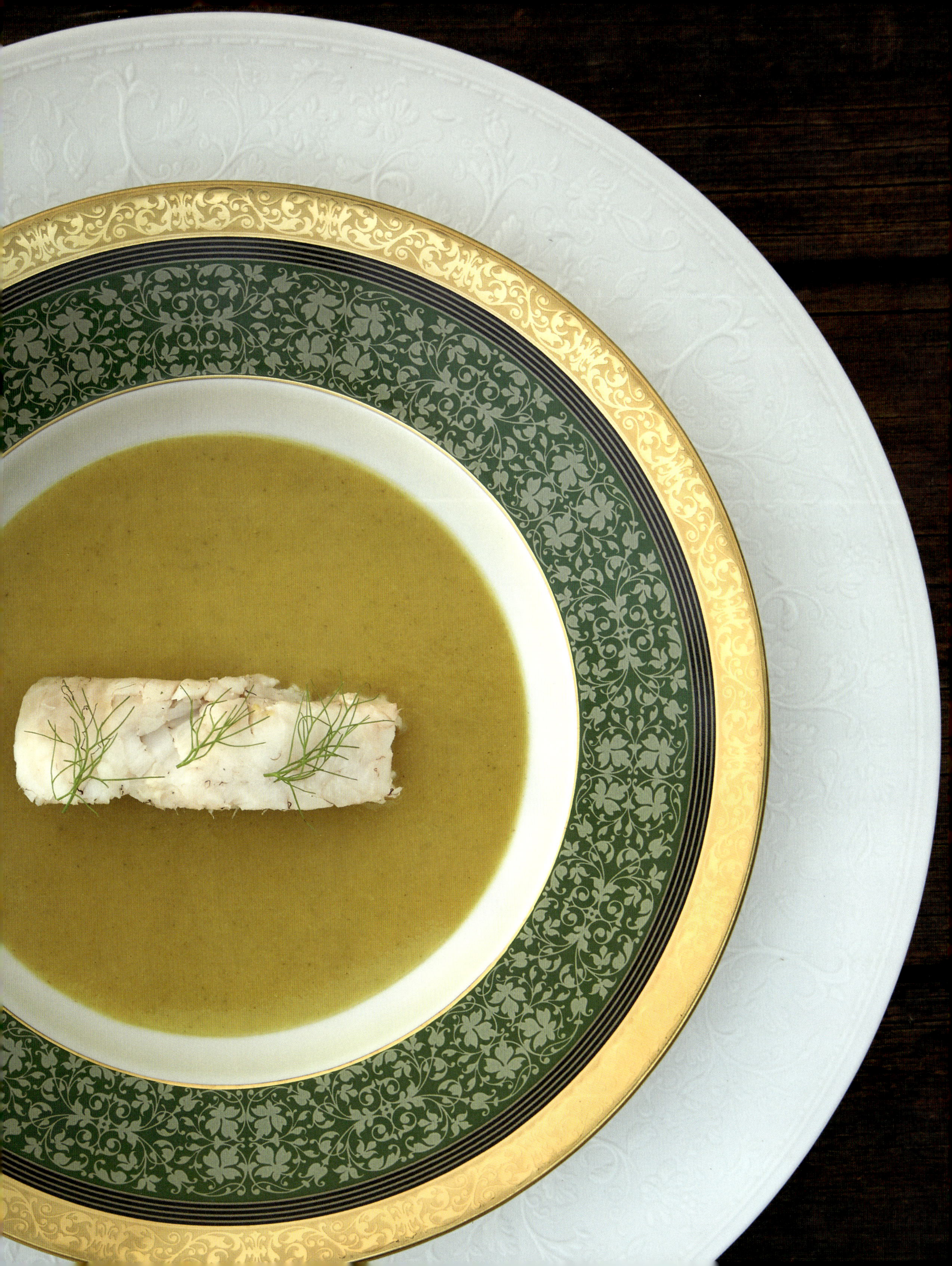

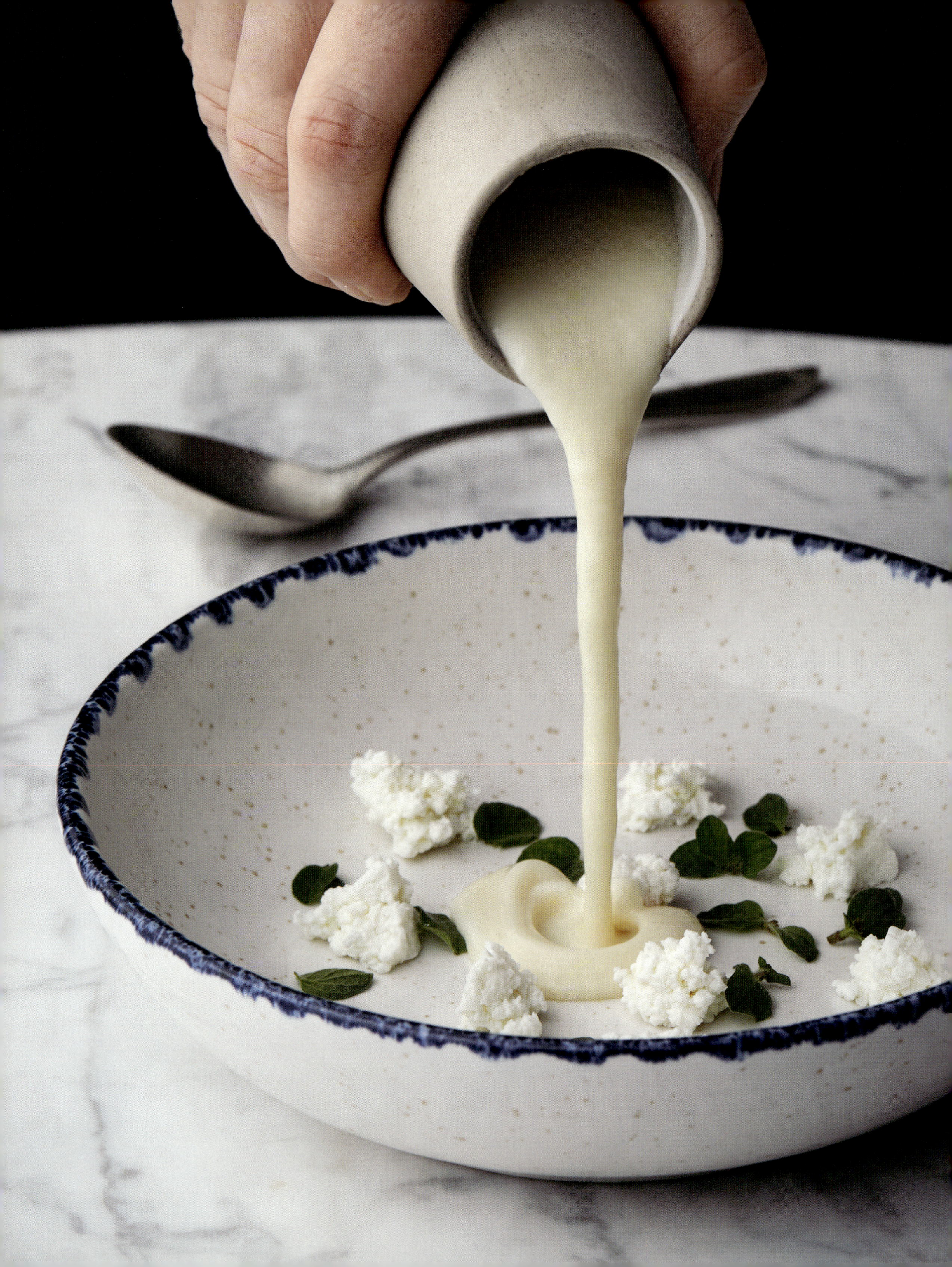

Selleriesuppe mit Feta & Oregano

Für 4 Portionen

ZUTATEN

1 kg	Stangensellerie, in grobe Stücke geschnitten
	abgeriebene Schale und Saft von 1 Bio-Zitrone
	griechisches Olivenöl zum Braten
2	weiße Zwiebeln, grob gehackt
5	Zweige frischer Thymian
2	Knoblauchzehen, zerdrückt
45 g	Butter
1 TL	feines Meersalz zzgl. mehr zum Abschmecken
1,3 l	Hühnerbrühe
500 ml	Vollmilch
100 g	Sahne
	weißer Pfeffer
120 g	Fetakäse
	frischer Oregano, fein gehackt

1. Eine Schüssel mit Wasser füllen. Sellerie sowie den Saft einer ½ Zitrone hineingeben, dann die Schüssel beiseitestellen.

2. Olivenöl in einer Pfanne bei mittlerer Hitze heiß werden lassen. Zwiebeln, Thymian und Knoblauch darin anschwitzen. Anschließend 30 g Butter hinzugeben. Sobald die Butter geschmolzen ist, die Zutaten nochmals ca. 3 Minuten sautieren.

3. Den Sellerie aus dem Zitronenwasser nehmen und in die Pfanne geben. Mit Salz und Zitronenschale würzen. Die Zutaten unter gelegentlichem Rühren weitere 8 Minuten anbraten.

4. 1 Liter Hühnerbrühe, Milch und Sahne unterrühren und die Suppe aufkochen. Bei mittlerer Hitze 30 Minuten köcheln, bis der Sellerie weich ist.

5. Mit einer Schaumkelle den gekochten Sellerie aus der Suppe schöpfen und in einen Mixer geben. 2 Suppenkellen Brühe dazugießen und alles bei hoher Stufe mixen. Die Selleriemischung zurück in die Suppe gießen. Sollte die Suppe zu dickflüssig sein, mit etwas Hühnerbrühe verdünnen.

6. Die Suppe durch ein Sieb abgießen. Die restliche Butter unterrühren und mit Salz, etwas weißem Pfeffer und dem restlichen Zitronensaft abschmecken.

7. Vor dem Servieren jeden Suppenteller mit je 30 g Feta und Oregano garnieren. Anschließend die Suppe auf die Teller verteilen und heiß genießen.

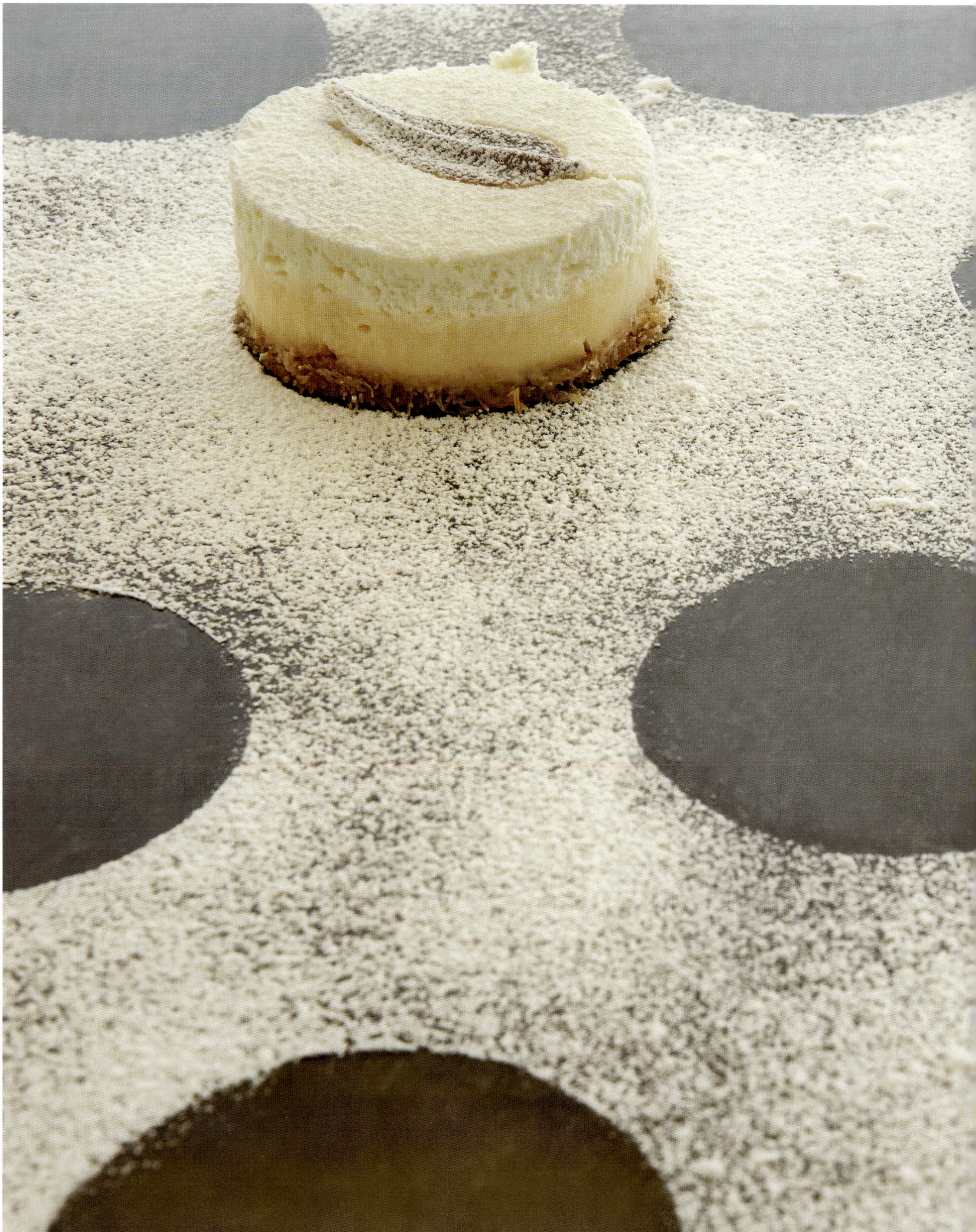

Γλυκά

DESSERTS

DESSERTS

Beim Dessert kann man Erstaunliches erleben. Hin und wieder habe ich das Vergnügen, einen Nachmittag mit ein paar älteren Leuten aus dem nahen Dorf zu verbringen. In unserem Haus ist es gute alte Tradition, diesen Senioren jedes Jahr einen netten Nachmittag an unserem großen runden Tisch auf der weißen Veranda im Schatten der Kiefern zu bereiten. Jedes Mal, wenn wir zusammenkamen, war ich wieder ein Stück gewachsen und sie hatten ein paar weiße Haare mehr – aber das hat uns nie davon abgehalten, eine schöne Zeit miteinander zu verbringen, mit griechischem Kaffee, Süßspeisen, gelegentlichen Meinungsverschiedenheiten, vielen guten Gesprächen und noch mehr Gelächter, sanftem Wangentätscheln und Ratschlägen fürs Leben.

Ich hatte gerade ein Stück Orangenkuchen verspeist, als ich von links einen solchen Rat bekam. „Man sollte nie etwas Süßes auslassen!"

Thelma, eine der netten alten Damen, zwinkerte mir zu und ließ es sich nicht nehmen, mir bei diesen weisen Worten die Wange zu tätscheln. „Thelma", seufzte eine tiefe Stimme am anderen Ende des Tisches. „Beim Dessert sollte man sich mäßigen." Missbilligend schüttelte der ältere Herr den Kopf.

Ich blickte auf meinen Teller mit dem bescheidenen Kuchenstück, als sich plötzlich zu meinem Orangenkuchen ein köstliches Schokoladendessert gesellte, das von der Kuchengabel in Thelmas zittriger Hand herabglitt. „Das hast du dir verdient! Und ich auch." Kichernd bediente sie sich ebenfalls an dem Schokoladenkuchen. „Einfach unersättlich. Du solltest dich wirklich zurückhalten", kritisierte ein weiterer Gast. Doch Thelma verspeiste gut gelaunt ihren Kuchen und ermunterte mich mit einem Stups, weiterzuessen.

Als die Teller leer waren, bog sich der Tisch noch immer unter den übrig gebliebenen Leckereien. Die Gäste plauderten munter, eine weitere Runde griechischen Kaffees war unterwegs. Kaum standen die Tassen vor uns, da betrachtete Thelma verzückt das Ekmek-Gebäck – und ehrlich gesagt nicht nur sie. Sie sah mich achselzuckend an und sagte: „Ab und zu muss man sich etwas gönnen." Ihre Kuchengabel grub sich in den weißen Ekmek, um meinen und ihren Teller abermals zu füllen. Die übrigen Gäste rollten mit den Augen. „Willst du uns nicht auch etwas anbieten?", fragte ein Herr mit rauer Stimme. Thelma schien zu sehr mit ihrem Kuchen beschäftigt, um auf ihn zu achten. Sie schwelgte in jedem Stückchen Sahne. „Sei doch nicht so gierig, Thelma." Letztendlich bediente er sich selbst am Büfett.

Später am Nachmittag holte ich das Tavli, eines der beliebtesten Brettspiele Griechenlands, und zwei der Herren begannen eine Partie, während wir anderen ihre Züge kommentierten und sie anfeuerten. Schließlich trug ich Loukoumades auf, luftige, mit Honig beträufelte Teigbällchen. Thelmas Gesicht leuchtete auf. „Wie kannst du immer noch Süßes essen, Thelma? Das ist sicher nicht gut für dich." Schweigend sahen die anderen zu, als Thelma ihre Gabel ins erste Teigbällchen grub. Sie schloss genüsslich die Augen und drehte sich zu mir um. „Für etwas Süßes ist immer Platz!" Ich freute mich über ihren Appetit und nahm auch mir selbst ein paar Loukoumades. Bei Sonnenuntergang erhoben sich die Gäste. Ich küsste sie zum Abschied und sagte voller Ernst zu Thelma: „Das könnte ich jeden Tag tun." „Aber gewiss. Wenn du nicht in jedem Tag etwas Süßes finden kannst, gönn dir einfach ein Dessert. Genieße jeden einzelnen Bissen. Ich erlaube mir jeden Tag mindestens einen Leckerbissen. Zu oft musste ich darauf verzichten, und in meinem Alter habe ich kein schlechtes Gewissen. Wenn ich Lust darauf habe, esse ich eben alles." Sie zwinkerte mir zu und trippelte davon.

Ich stand da und dachte über ihre Worte nach. Dann rief ich ihr nach: „Kümmert es Sie nicht, was die Leute sagen? Den ganzen Tag haben die anderen an Ihnen herumkritisiert, Sie sollten bescheiden sein und verzichten …" Ich unterbrach mich mitten im Satz und schaute Thelma lächelnd nach, die weitertrippelte und sich nicht zu mir umwandte. Ich konnte mich nicht erinnern, sie je so glücklich und zufrieden gesehen zu haben. Zumindest nicht, als sie noch gut hören konnte.

Selbst gemachtes Kaimaki- & Loukoumi-Eis

Für 4 Portionen

Wenn Sie unglücklich sind, sollten Sie vielleicht Eismann werden. Hier bei uns gibt es leider keine bunt bemalten Eiswagen, die pure Freude direkt vor die Haustür bringen. Wie herrlich muss es sein, das fröhliche Läuten des Eismanns zu hören, der für eine Handvoll Münzen eine Eistüte mit einer süßen Kugel füllt. Wie verlockend muss die Melodie klingen, wenn man weiß, dass die kleine Portion Glück im nächsten Moment um die Ecke biegt. Wenn alle ihr Eishörnchen schlecken und die Münzen in seinen Taschen klimpern, sieht der Eismann die zufriedenen Gesichter in seiner Heckscheibe verschwinden, und er setzt seine Runde fort. Weitere aufmerksame Ohren und sehnsüchtig funkelnde Augen warten auf das Klingeln, das sein Kommen ankündigt. Noch mehr Kugeln wandern über die Theke, noch mehr Momente des Glücks, noch mehr Eiscreme, solange sie nicht geschmolzen ist.

Aber was tun Sie, wenn Ihnen die Eiscreme durch die Finger rinnt? Lecken Sie sie ab oder werfen Sie Ihr Eis gleich weg? Im Grunde ist es egal, denn der Eismann kommt morgen zurück. Merken Sie sich das, wenn Ihnen das Glück entgleitet. Loslassen oder festhalten? Wenn Sie wüssten, dass Sie am nächsten Tag Ihr Glück wieder finden würden, wäre es egal. Wenn Sie nicht darauf warten und hoffen müssten, dass es von einem fröhlichen Klingeln angekündigt um die Ecke biegt. Nicht darauf warten, dass es an Ihre Haustür geliefert wird. Nicht darauf hoffen, dass ein anderer es Ihnen bringt. Wenn Sie unglücklich sind, sollten Sie vielleicht Eismann werden. Ich warte auf niemanden. Ich mache mein eigenes Eis. Ich bin mein eigener Eismann.

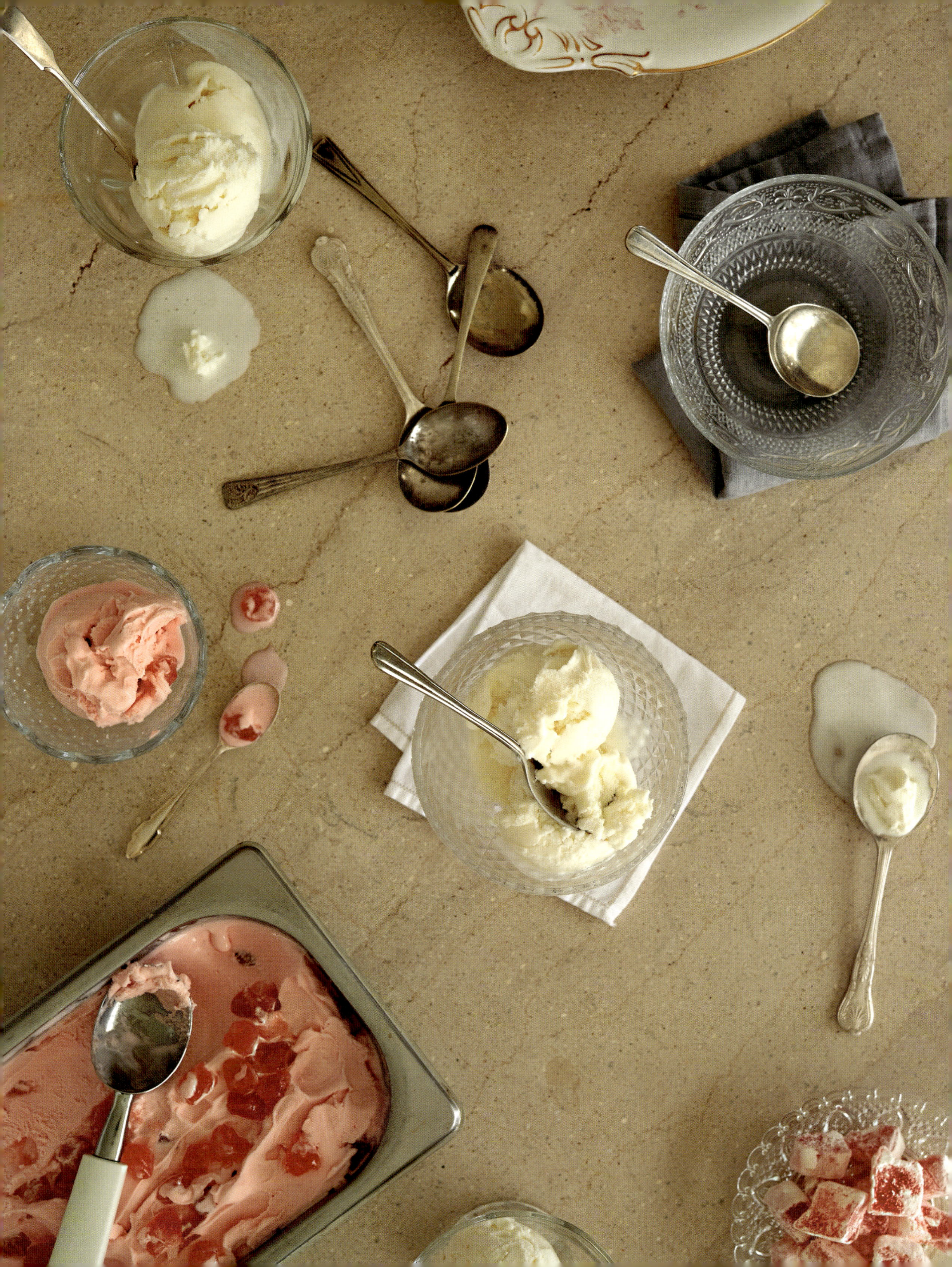

Selbst gemachtes Kaimaki-Eis

Für 4 Portionen

ZUTATEN

3 g	Mastix-Kristalle, hart gefroren
10	Zimtstangen
1 l	Vollmilch
260 g	Sahne
280 g	Zucker
5 g	Sahlep-Pulver (Orchideenstärke, online erhältlich)

1. Die Mastix-Kristalle und die Zimtstangen in einem Mixer bei hoher Stufe zu einem Pulver vermahlen.

2. Vollmilch, Sahne, Zucker und Sahlep-Pulver in einer Schüssel mischen. Mit einem Handrührgerät die Zutaten bei mittlerer Stufe gründlich verrühren.

3. Die Milchmischung in einen großen Topf gießen und unter konstantem Rühren mit einem Holzlöffel auf 85 °C erhitzen. Den Topf dann sofort vom Herd nehmen und beiseitestellen. Die Milchmischung abkühlen lassen.

4. Die erkaltete Milchmischung und das Pulver in eine Eismaschine geben und nach Gebrauchsanweisung zu Eis gefrieren. Die süß-herbe Eiscreme sofort verzehren oder in einem luftdicht verschlossenen Behälter einfrieren.

5. Für die Herstellung ohne Eismaschine: Die abgekühlte Milchmischung und das Pulver in einen luftdicht verschließbaren Behälter geben und gut durchrühren. Den Behälter verschließen und einfrieren. Die Eiscreme nach 30 Minuten mit einem Löffel gut durchrühren. Diesen Prozess 4-5 Mal wiederholen, bis die Eiscreme vollständig gefroren ist.

Selbst gemachtes Loukoumi-Eis

Für 4 Portionen

ZUTATEN

1 l	Vollmilch
260 g	Sahne
280 g	Zucker
5 g	Sahlep-Pulver (Orchideenstärke, online erhältlich)
80 g	Kekse, zerbröselt
100 g	Loukoumi mit Rosenaroma (griechische Süßigkeit)

1. Vollmilch, Sahne, Zucker und Sahlep-Pulver in einer Schüssel verrühren. Mit einem Handrührgerät die Zutaten bei mittlerer Stufe gründlich vermischen.

2. Die Milchmischung in einen großen Topf gießen und unter konstantem Rühren mit einem Holzlöffel auf 85 °C erhitzen. Den Topf dann sofort vom Herd nehmen und beiseitestellen. Die Milchmischung abkühlen lassen.

3. Die Kekse und das Loukoumi in einem Mixer bei hoher Stufe zu Pulver vermahlen.

4. Die abgekühlte Milchmischung und das Pulver in eine Eismaschine geben und nach Gebrauchsanweisung zu Eis gefrieren. Die süße Loukoumi-Eiscreme sofort verzehren oder in einem luftdicht verschlossenen Behälter einfrieren.

5. Für die Herstellung ohne Eismaschine: Die abgekühlte Milchmischung und das Pulver in einen luftdicht verschließbaren Behälter geben und gut durchrühren. Den Behälter verschließen und einfrieren. Die Eiscreme nach 30 Minuten mit einem Löffel gut durchrühren. Diesen Prozess 4-5 Mal wiederholen, bis die Eiscreme vollständig gefroren ist.

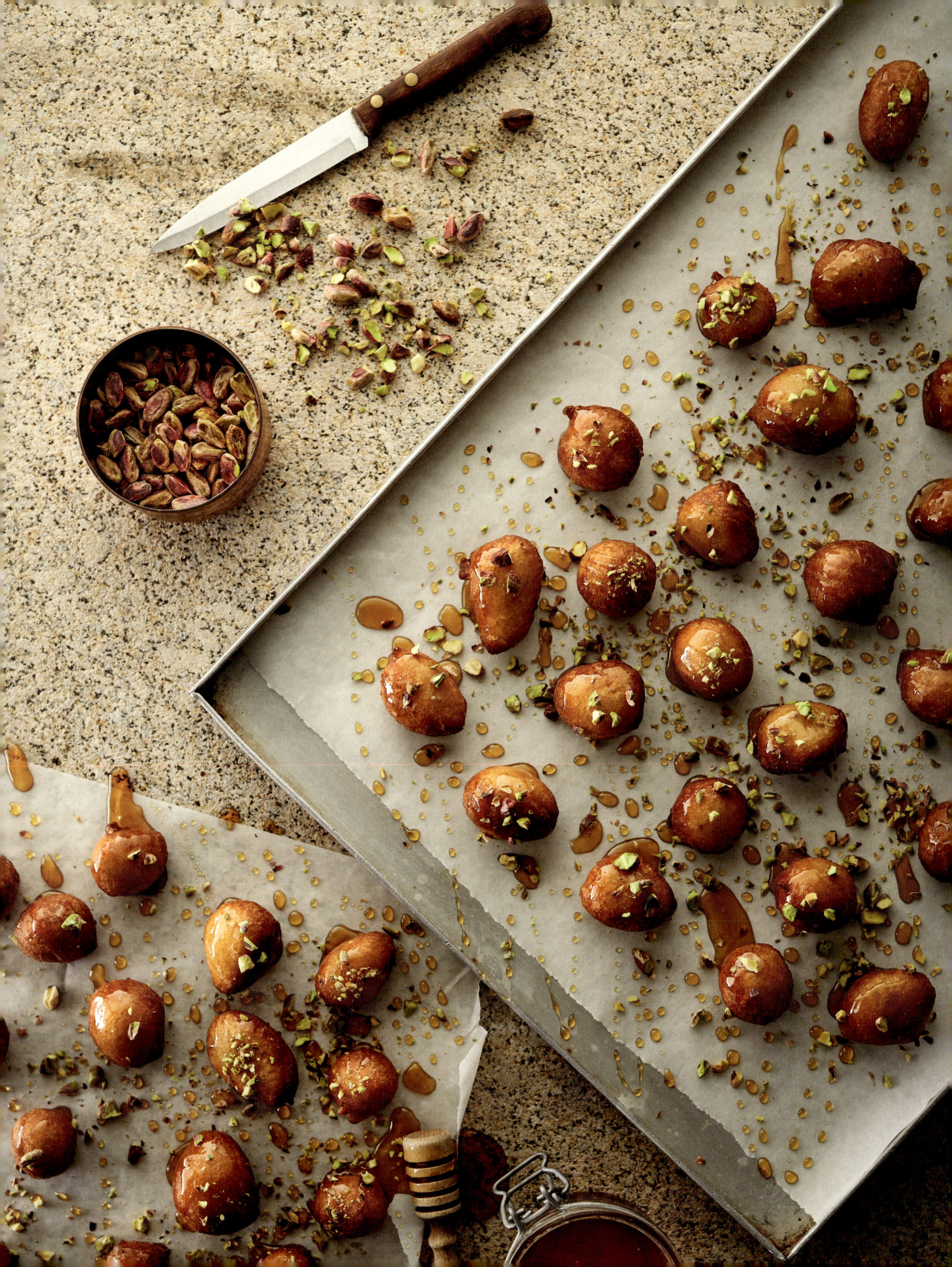

Loukoumades – fluffige Hefekugeln mit Honig

Für 4 Portionen

Das Schönste am Morgen ist der Moment kurz vor Sonnenaufgang, wenn man auf den Balkon tritt und die frische Luft einatmet. Wenn der Morgennebel noch über dem Gras liegt und kein Verkehrslärm das Vogelzwitschern übertönt. Die meisten Menschen schlafen noch, nur in wenigen Fenstern brennt Licht. Ich beobachte, wie die Sonne langsam hinter den Dächern aufsteigt und goldene und safranfarbene Streifen an den Himmel malt. Auf den Sonnenaufgang zu warten ist wie das Warten auf meine Loukoumades. Während sie ausbacken, breitet sich in der Küche der Duft nach Teig und Zimt aus. Die zarten, luftigen, goldenen Kugeln sind wie eine kleine Handvoll Sonnenstrahlen. Sie erhellen meinen Tag jedes Mal. Leider vergehen die Loukoumades auf der Zunge ebenso schnell wie die Schönheit des Sonnenaufgangs. Aber zum Glück können wir beides immer wieder aufs Neue erleben.

ZUTATEN

- 280 ml lauwarmes Wasser
- 220 g Mehl
- 45 g Speisestärke
- 10 g Trockenhefe
- 70 g Pistazienkerne, fein gehackt
- 1 EL Honig
- 1 TL Salz
- Sonnenblumenöl zum Frittieren
- Honig
- gemahlener Zimt
- fein gehackte Pistazienkerne

1. Wasser, Mehl, Speisestärke, Trockenhefe, Pistazienkerne, Honig und Salz in einer Schüssel verrühren. Die Zutaten mit der Hand zu einem glatten Teig verkneten.

2. Die Schüssel mit Frischhaltefolie abdecken und den Teig an einem warmen Ort 30 Minuten gehen lassen, bis sich das Volumen etwa verdoppelt hat.

3. Reichlich Sonnenblumenöl in einer Fritteuse auf 180 °C erhitzen. Testen, ob das Öl heiß genug ist. Dazu einen kleinen Brotwürfel hineinwerfen: Wenn das Öl brutzelt, ist es heiß genug zum Frittieren.

4. Den Teig mit den Händen zu kleinen, walnussgroßen Kugeln formen. Mit einem angefeuchteten Löffel jede Kugel in das heiße Öl gleiten lassen. Den Löffel zwischendurch immer wieder mit frischem Wasser befeuchten. Die Loukoumades knusprig und goldbraun frittieren. Dann mit einem Sieblöffel herausnehmen und das Fett mit Küchenpapier abtupfen.

5. Die fluffigen Kugeln auf einen Servierteller geben. Mit Honig beträufeln und mit Zimt und Pistazienkernen bestreuen.

Beschwipste Pfirsiche

Für 2 Portionen

Als wir Kinder waren, schenkte mir meine Schulfreundin Sophia einen kleinen, grünen, unreifen Pfirsich. Nach der Schule legte ich ihn zu Hause mit anderen Obstgeschenken meiner Schulfreunde in einen Obstkorb. Ich hatte diese Episode und unsere Freundschaft nach über 30 Jahren längst vergessen. Eines Tages aber bekam ich Lust auf ein Stück Obst, und das Einzige, was nach all der Zeit noch im Obstkorb lag, war Sophias Pfirsich. Er war nicht mehr unreif und grün, sondern zu einem goldenen, köstlich-weichen Pfirsich herangereift – er war perfekt. Ich rief Sophia an. Wir trafen uns und wurden engere Freunde als je zuvor. Neulich fragte sie mich bei einem Glas Mastiha, ob ich mich noch an den Pfirsich erinnere. Ich antwortete: „Der Pfirsich liegt immer noch im Obstkorb. Ich habe ihn hineingelegt, als er noch grün und winzig war, und nun, da er golden und reif ist, hüte ich ihn wie einen Schatz. Ich hoffe, dass er in vielen Jahren immer noch da ist und ich zusehen kann, wie er runzlig und alt wird. Ich behalte ihn nicht wegen seines Geschmacks. Seine Farbe war mir immer egal. Mir geht es um den Kern."

ZUTATEN

- 1 EL brauner Zucker
- 4 reife Pfirsiche, halbiert und entkernt
- 3 EL griechischer Mastiha-Likör
- 3 frische Minzeblätter, fein gehackt
- Vanilleeiscreme zum Servieren

1. Den braunen Zucker in einer Pfanne bei mittlerer Hitze heiß werden lassen. Mit einem Holzlöffel konstant umrühren, bis der Zucker karamellisiert.

2. Die Pfirsichhälften in die Pfanne geben und anbraten, bis sie weich sind.

3. Die Pfirsiche mit Mastiha-Likör beträufeln und die Minze unterrühren. Die Zutaten 2 Minuten weiterbraten, dabei die Pfirsiche gelegentlich im süßen Sud wenden.

4. Die beschwipsten Pfirsiche auf Vanilleeiscreme servieren.

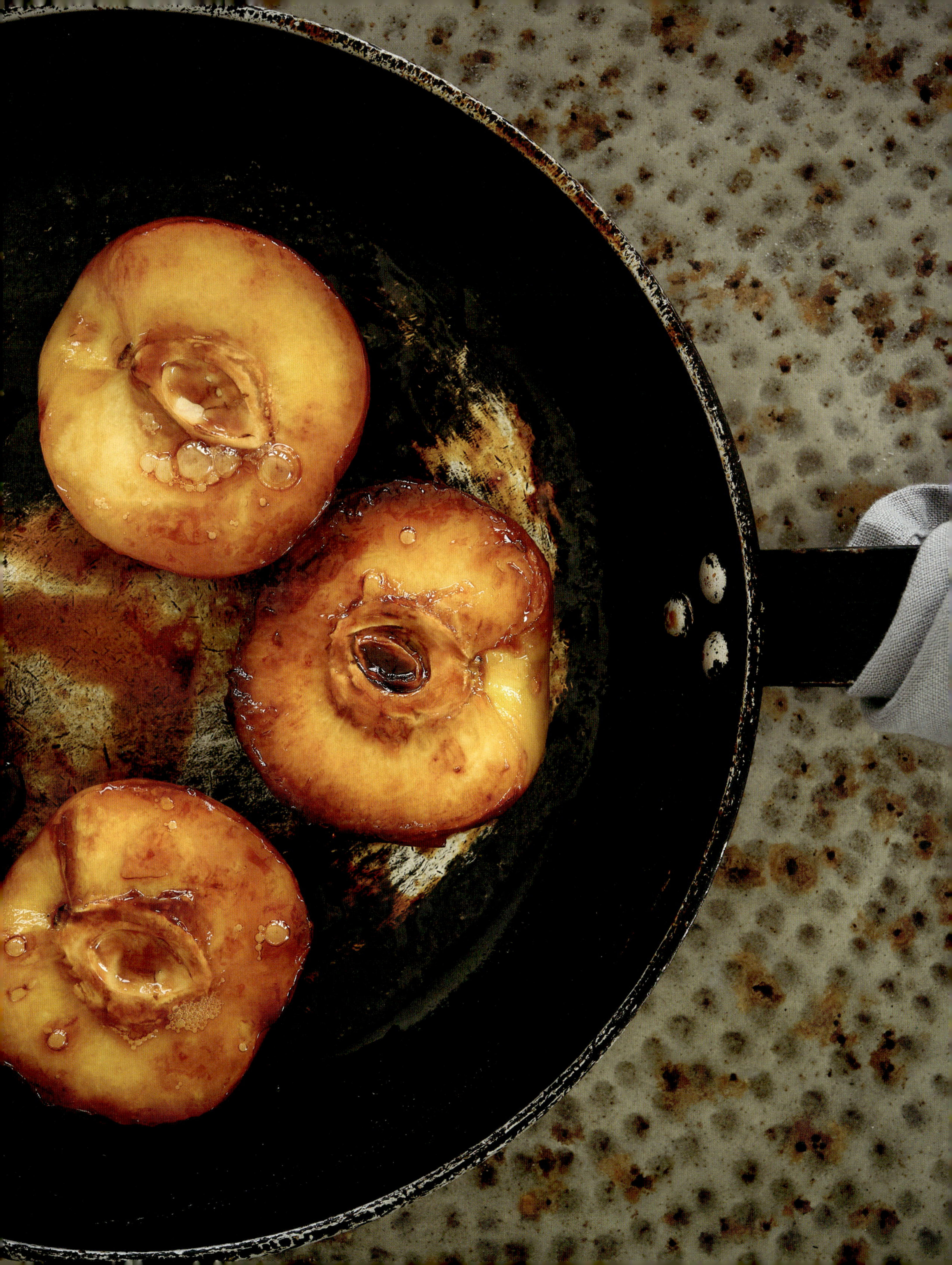

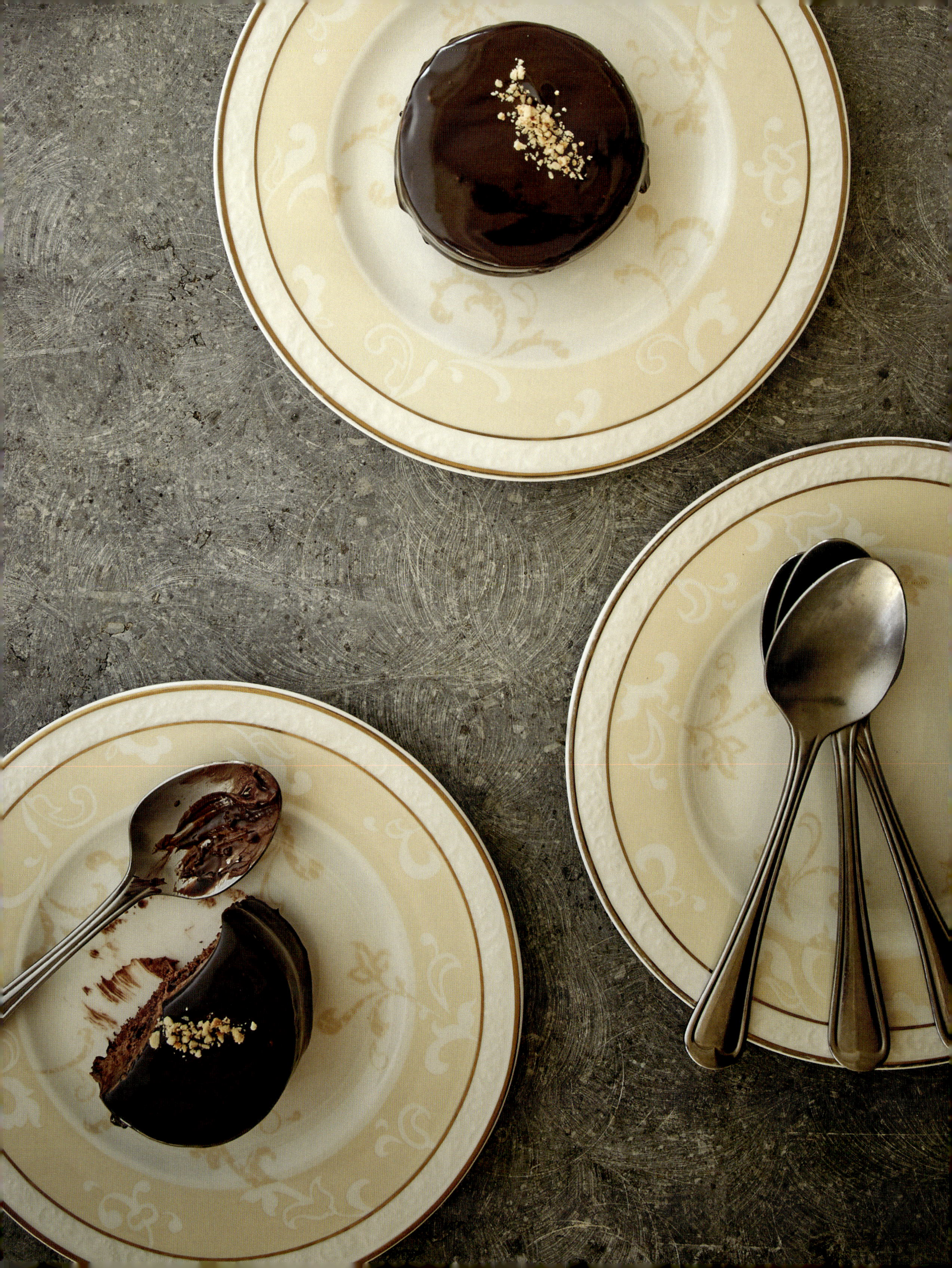

Saftige Schokoladenkuchen

Für 4 Portionen

Es gibt so viele verschiedene Schokoladenkuchenrezepte, dass selbst der größte Schokoladenfan nicht alle probieren könnte. Dennoch wollte ich in meinem Buch einen besonderen Kuchen, der selbst die größten Schokoladenliebhaber verzückt. Das Rezept ist eine kleine Herausforderung, daher könnte etwas Backerfahrung hilfreich sein. Es sei denn, Sie haben nichts dagegen, mehrere Versuche mit reichlich Schokoladenresten zu machen. So gesehen eignet sich das Rezept letztendlich doch für jedermann.

ZUTATEN BISKUITBODEN

- 150 g   gemahlene Mandeln
- 200 g   Zucker
- 150 g   Eiweiß (von 4 Eiern Größe M)

ZUTATEN SCHOKOLADENGLASUR

- 4   Blätter Gelatine
- 200 ml   lauwarmes Wasser
- 340 g   Zucker
- 280 g   Sahne
- 120 g   Kakaopulver

ZUTATEN MOUSSEFÜLLUNG

- 90 g   Zucker
- 1   Ei
- 110 g   Eigelb (von 6 Eiern Größe M)
- 175 g   dunkle Schokolade mit 70 % Kakaoanteil
- 300 g   Sahne

Blattgold-Raspeln zum Dekorieren

1. Den Ofen auf 180 °C vorheizen.

2. Für den Biskuitboden 2 Schüsseln vorbereiten. In der ersten Schüssel die Mandeln mit der Hand mit 150 g Zucker mischen.

3. In der zweiten Schüssel die Eiweiße mit einem Handrührgerät bei hoher Stufe 3–4 Minuten lang schaumig schlagen. Den restlichen Zucker dazugeben und die Eiweiße abermals 4 Minuten bei hoher Stufe zu Eischnee schlagen.

4. Mit einem Spatel die Mandel-Zucker-Mischung unter den Eischnee ziehen und zu einem glatten Teig mischen.

5. Eine Backform einfetten und den Boden der Form mit einer ca. 1,5 cm dicken Teigschicht bedecken. Den Teig 10 Minuten im Ofen backen, bis er eine schwammige Konsistenz annimmt. Die Backform aus dem Ofen nehmen und zum Auskühlen beiseitestellen.

6. Für die Glasur die Gelatine in das lauwarme Wasser legen und warten, bis sie sich aufgelöst hat.

7. Zucker und Sahne in einem Topf bei mittlerer Hitze unter konstantem Rühren aufkochen. Sobald die Mischung kocht, sofort das Kakaopulver unterrühren und auf 101 °C erhitzen.

8. Den Topf vom Herd nehmen und die aufgelöste Gelatine unterrühren. Die Glasur beiseitestellen und abkühlen lassen.

9. Für die Moussefüllung Zucker in eine kleine Pfanne geben und mit einigen Tropfen Wasser befeuchten. Die Pfanne bei mittlerer Hitze heiß werden lassen, bis der Zucker eine Temperatur von 116 °C erreicht und zu Sirup wird.

10. Ca. 5 Minuten bevor der Zucker die genannte Temperatur erreicht, das Ei in einer Schüssel mit den Eigelben verrühren, dann mit einem Handrührgerät bei hoher Stufe schaumig schlagen.

11. Den Zuckersirup in die Eimischung geben und beides 15 Minuten zu einer glatten Masse schlagen.

12. Zwischenzeitlich die Schokolade über einem heißen Wasserbad schmelzen und in eine Schüssel gießen. Die geschmolzene Schokolade und die Ei-Zuckersirup-Mischung mit einem Spatel verrühren.

13. Zum Schluss die Sahne mit einem Handrührgerät steif schlagen. Die geschlagene Sahne ebenfalls mit dem Spatel unter die Schokoladencreme ziehen und alles zu einer fluffigen Mousse verrühren.

14. Mit dem Schichten des Schokokuchens beginnen. Mit einem kleinen Törtchenring kleine Kreise aus dem Biskuitboden ausstechen. Eine Schicht Mousse auf den Biskuitboden im Törtchenring geben und 1 Stunde in die Gefriertruhe stellen. Aus dem restlichen Boden und der übrigen Mousse genauso Törtchen herstellen.

15. Ein Kuchengitter auf ein Backblech legen. Die erkalteten Kuchen daraufsetzen und vorsichtig die Tortenringe abnehmen. Die Glasur über die Kuchen gießen, bis jeder von der glänzenden Schokoglasur umhüllt ist. Das Backblech mit dem Kuchengitter in die Gefriertruhe stellen. Die Kuchen so lange gefrieren, bis die Schokoladenglasur hart geworden ist. Die Schokoladenkuchen nach Belieben mit Blattgold dekorieren.

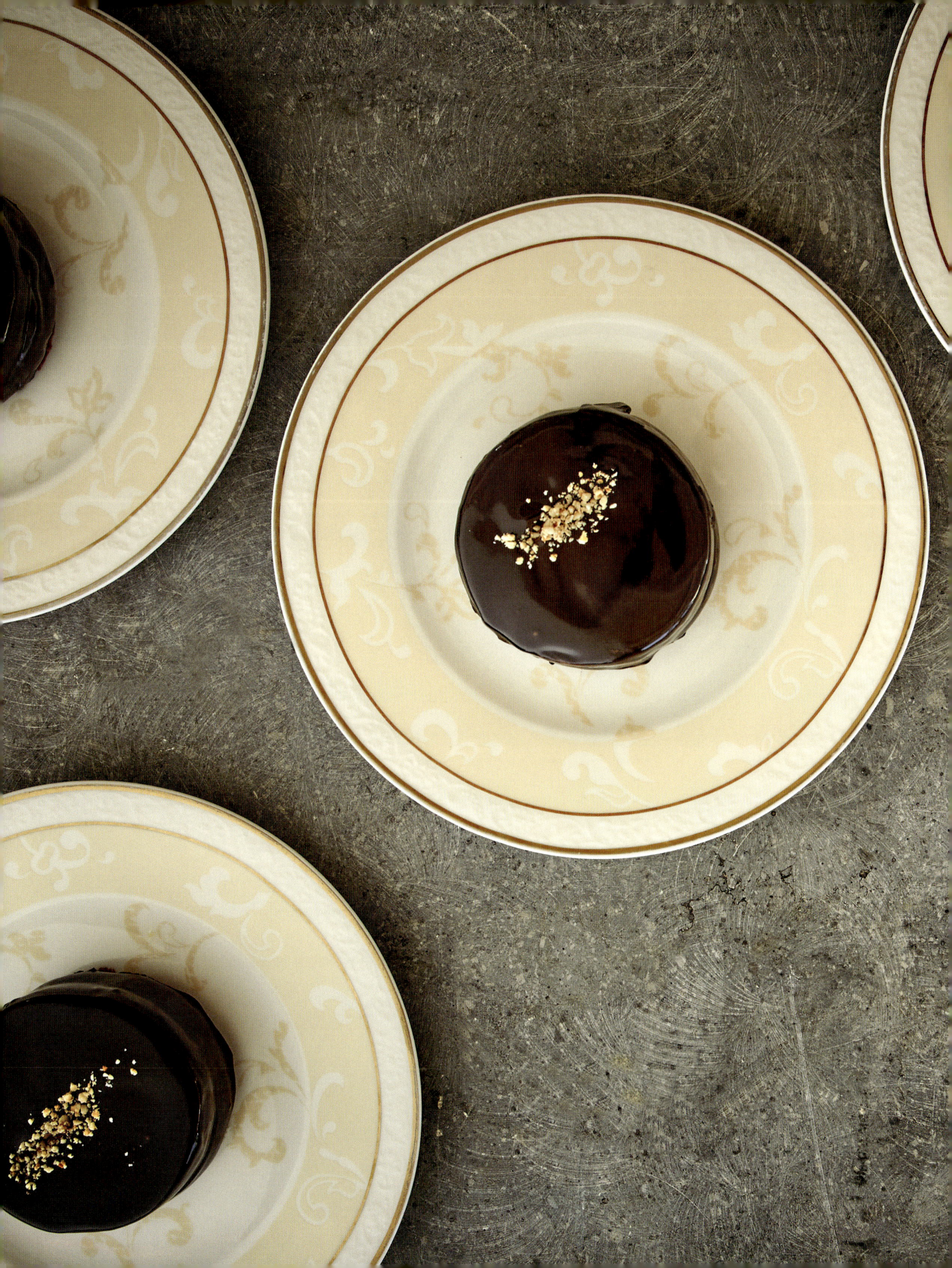

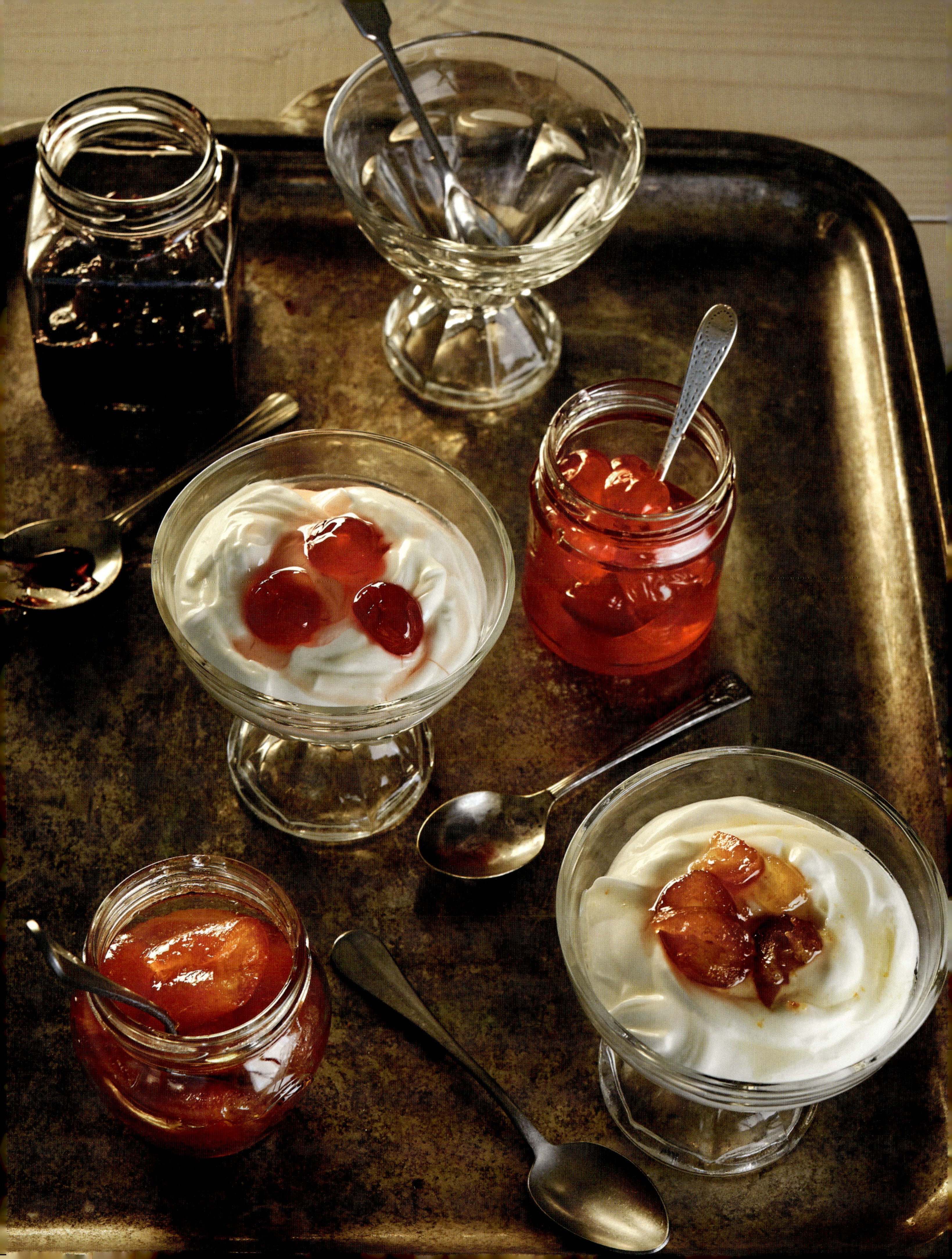

Glyko tou Koutaliou – ein Löffelchen Süßes auf leichtem Joghurt

Für 4 Portionen

Glyko tou Koutaliou – übersetzt „ein Löffelchen Süßes" – ist ein wunderbar leichtes Dessert: cremiger griechischer Joghurt mit einem Löffel süßem Sirup. Heute ist das für mich eine Näscherei aus Kindertagen, aber als Kind war es für mich Zauberei. Ich lernte früh genug, dass das Leben fade, sauer oder sogar bitter sein kann. Aber als kleiner Junge war es einfach nur süß. Ich lernte früh genug, dass das Leben als Erwachsener manchmal erschreckender ist, als alle Monster unter meinem Bett je hätten sein können. Aber auch, dass das Leben mehr Geschenke bereithält, als der Weihnachtsmann je hätte tragen können. Deshalb ist ein Löffel dieses Desserts wie ein köstlicher Moment aus der Kindheit, eine Erinnerung, wie süß das Leben war, als man nichts wusste und an alles glaubte. Klingt für mich wie Zauberei.

ZUTATEN

- 300 ml Wasser
- 600 g Zucker
- 50 g flüssige Glukose
- 800 g weiße Trauben, halbiert und Kerne entfernt
- griechischer Joghurt zum Servieren

1. Das Wasser mit Zucker und flüssiger Glukose in einem kleinen Topf vermischen. Die Mischung bei mittlerer Hitze aufkochen lassen, dabei konstant mit einem Holzlöffel umrühren.

2. Die halbierten Weintrauben unterheben, dann die Temperatur auf niedrige Hitze reduzieren. Die Zutaten 45 Minuten unter gelegentlichem Rühren zu einem dickflüssigen Sirup einkochen.

3. Den fertigen Sirup in ein Schraubglas gießen und luftdicht verschließen. Das Gefäß kopfüber an einem trockenen, kühlen Ort lagern, bis der Sirup erkaltet ist. Den fertigen Sirup als süße Beilage auf griechischem Joghurt servieren.

4. Tipp für den Joghurt: Für eine besonders fluffige Textur etwas flüssige Sahne in den griechischen Joghurt gießen und ca. 2 Minuten lang schlagen.

Orangenkuchen

Für 1 Kuchen bzw. 9 Stücke

ZUTATEN ORANGENKUCHEN

1 kg	fertige Blätterteigplatten
5	Eier
480 ml	Sonnenblumenöl
480 g	Zucker
300 g	griechischer Joghurt
	abgeriebene Schale von 3 Bio-Orangen
150 ml	frisch gepresster Orangensaft
30 g	Backpulver
	Butter zum Einfetten

ZUTATEN SIRUP

1,4 kg	Zucker
1 l	Wasser
600 g	flüssige Glukose

DEKORATION

9	halbierte Orangenscheiben
	dünne Streifen Bio-Orangenschale

Am Vortag

1. Die einzelnen Blätterteigplatten vorsichtig trennen und bis zum nächsten Tag an einem trockenen, warmen Ort auslegen. Sie sollen eine pergamentartige Textur angenommen haben.

Am Folgetag

2. Den Ofen auf 185 °C vorheizen. Für den Teig 3 Schüsseln bereitstellen. Die Blätterteigplatten in der ersten Schüssel zerbröseln. In der zweiten Schüssel Eier, Öl und Zucker mit einem Rührbesen aufschlagen. In der dritten Schüssel Joghurt und Orangenschale mit einem Rührgerät bei hoher Stufe verrühren.

3. Zuerst den fluffigen Joghurt, dann die Eiermischung mit einem Löffel zu den Blätterteigbröseln geben. Die Zutaten mit der Hand vermischen, bis ein dicker Teig entsteht. Orangensaft und Backpulver in den Teig geben und erneut mit der Hand untermischen. Eine Backform mit Butter einfetten. Den Teig in die Form füllen und ca. 15 Minuten im Ofen backen.

4. Die Ofentemperatur auf 155 °C reduzieren. Den Kuchen nochmals bis zu 20 Minuten backen, bis er knusprig und goldbraun ist. Mit einem Zahnstocher in den Kuchen stechen, um zu prüfen ob der Teig im Inneren fest geworden ist. Den fertigen Kuchen auf einem Kuchengitter abkühlen lassen.

5. Für den Sirup Zucker, Wasser und Glukose in einem Topf bei hoher Hitze unter Rühren erhitzen. Ca. 5 Minuten weiterrühren, bis der Sirup eindickt. Dann beiseitestellen und warm halten.

6. Den leicht abgekühlten Kuchen in der Kastenform in 9 Stücke schneiden. 4 Suppenkellen warmen Sirup gleichmäßig über den Kuchen gießen, bis er damit getränkt ist. Jedes Kuchenstück mit einer halben Orangenscheibe dekorieren und mit Orangenschale bestreuen. Vor dem Servieren einige Minuten in der Form ziehen lassen.

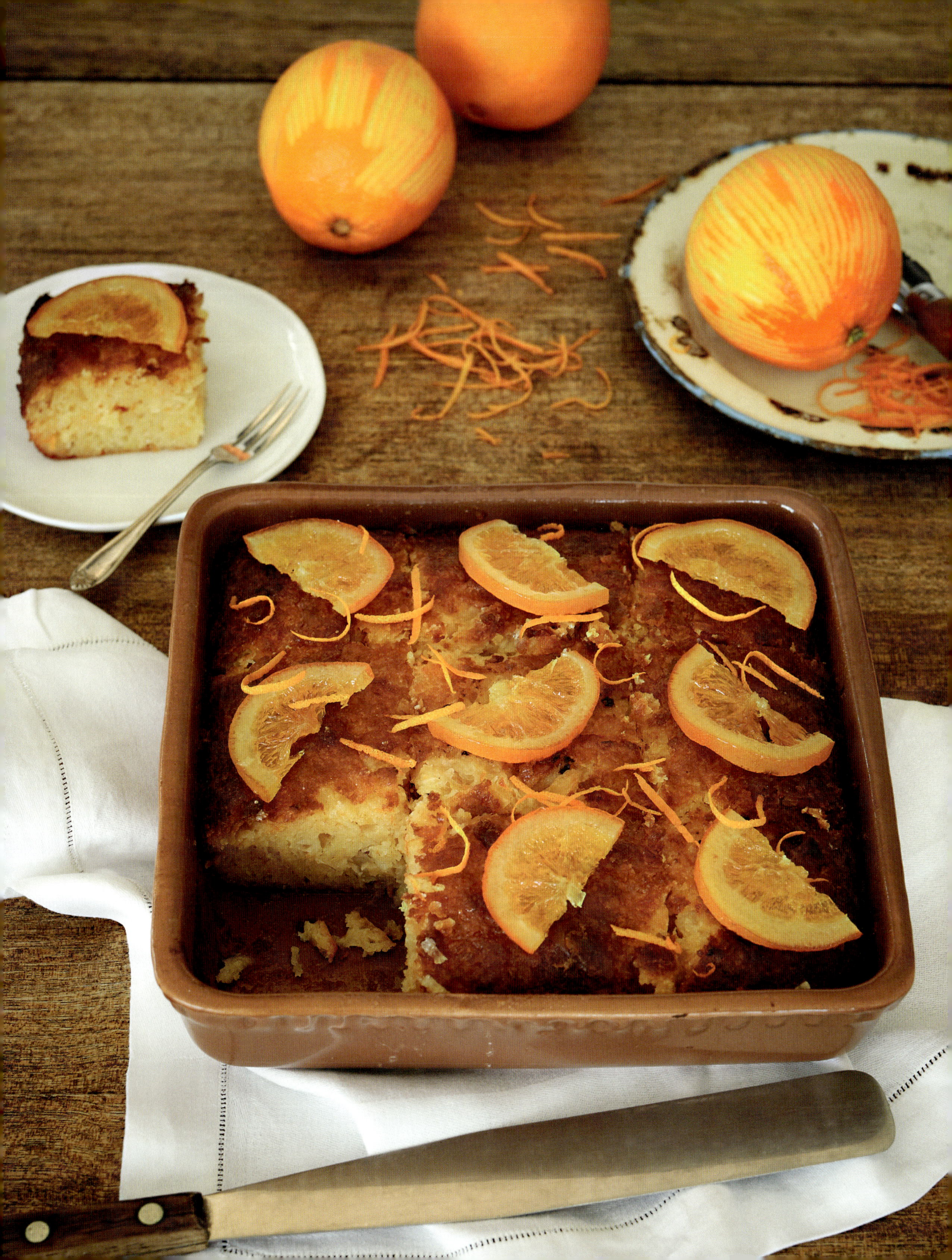

Ekmek

Für 12 Stücke

Als ich neulich durch die Innenstadt flanierte, erblickte ich in einer Konditorei eine blonde Schönheit. Der Anblick des geradezu perfekten goldenen Engelshaars zog mich magisch an. Ohne zu zögern, betrat ich die Konditorei und verließ sie an jenem glücklichen Tag nicht allein. Anfangs hatte mich die blonde Schönheit betört, aber einmal mehr konnte ich feststellen, dass wahre Schönheit im Inneren zu finden ist: eine leichte, honigsüße Creme garniert mit einem Hauch Schokolade.

ZUTATEN SIRUP

- 1 l Wasser
- 1 kg Zucker
- 250 g flüssige Glukose
- 1 Tropfen Vanilleextrakt

2 Tage vor der Zubereitung

1. Für den Sirup Wasser, Zucker und Glukose in einem Topf bei hoher Hitze aufkochen. Die Mischung ca. 5 Minuten unter konstantem Rühren mit einem Rührbesen vermischen. Sobald sich der Sirup verdickt, den Topf vom Herd nehmen und Vanilleextrakt untermischen. Anschließend abkühlen lassen.

ZUTATEN BODEN

340 g	Kataifi-Teigfäden (Engelshaar)
60 ml	Butterschmalz
1 l	kalter Sirup

ZUTATEN FÜLLUNG

1,5 l	Vollmilch
600 g	Zucker
100 g	Speisestärke
5	Eier
1	Tropfen Vanilleextrakt
200 ml	Sahne

ZUTATEN DECKSCHICHT

600 ml	backfeste Puddingcreme
1 TL	Vanilleextrakt
800 g	Sahne

DEKORATION

Puderzucker
Schokoladendekor, nach Belieben

BACKFORM

Tiefe rechteckige Backform (30 x 40 cm)

Am Vortag

2. Den Ofen auf 200 °C vorheizen. Für den Boden die Kataifi-Teigfäden vorsichtig mit den Fingern trennen und auf dem Boden der Backform ausbreiten. Die Teigfäden mit einem Pinsel mit Butterschmalz bestreichen. Die Fäden 7 Minuten im Ofen backen. Aus dem Ofen nehmen, das Kataifi wenden und weitere 1–2 Minuten im Ofen backen, bis die Teigfäden golden und knusprig sind. Mit einer Suppenkelle den kalten Sirup über den Teigfäden verteilen, bis sie mit Sirup getränkt sind.

3. Für die Füllung 1,2 l Milch mit 500 g Zucker in einem großen Topf vermischen und beiseitestellen. In einer Schüssel die restliche Milch, den übrigen Zucker, Speisestärke und Eier mit einem Rührbesen schaumig schlagen.

4. Den Topf mit der Milchmischung bei hoher Hitze heiß werden lassen. Vanilleextrakt unterrühren und die Milch aufkochen. Sobald die Milch kocht, die Eimischung aus der Schüssel unterziehen und 2–3 Minuten weiterrühren. Sobald Blasen aufsteigen, Topf vom Herd nehmen und die Sahne unterrühren.

5. Die fertige Füllung über dem Kataifi-Boden in der Form verteilen. Die Oberfläche glatt streichen und alles über Nacht in den Kühlschrank stellen.

Am Folgetag

6. Am Tag, an dem serviert werden soll, die Deckschicht zubereiten. Die Puddingcreme mit Vanilleextrakt in einer Schüssel mischen. Mit einem Rührgerät bei hoher Stufe aufschlagen. Sobald die Creme beginnt steif zu werden, die Sahne dazugeben. Mit dem Rührgerät weiterschlagen, bis die Sahne steif geworden ist.

7. Die Backform aus dem Kühlschrank nehmen. Mit einem Spatel 12 Stücke markieren. Die Sahnecreme über der Füllung als Deckschicht verteilen und glatt streichen.

8. Das fertige Ekmek 30 Minuten in den Kühlschrank stellen. Die Backform aus dem Kühlschrank nehmen und die 12 markierten Stücke ausschneiden. Nach Belieben jedes Stück mit Schokoladendekor verzieren und durch ein Sieb mit Puderzucker bestreuen.

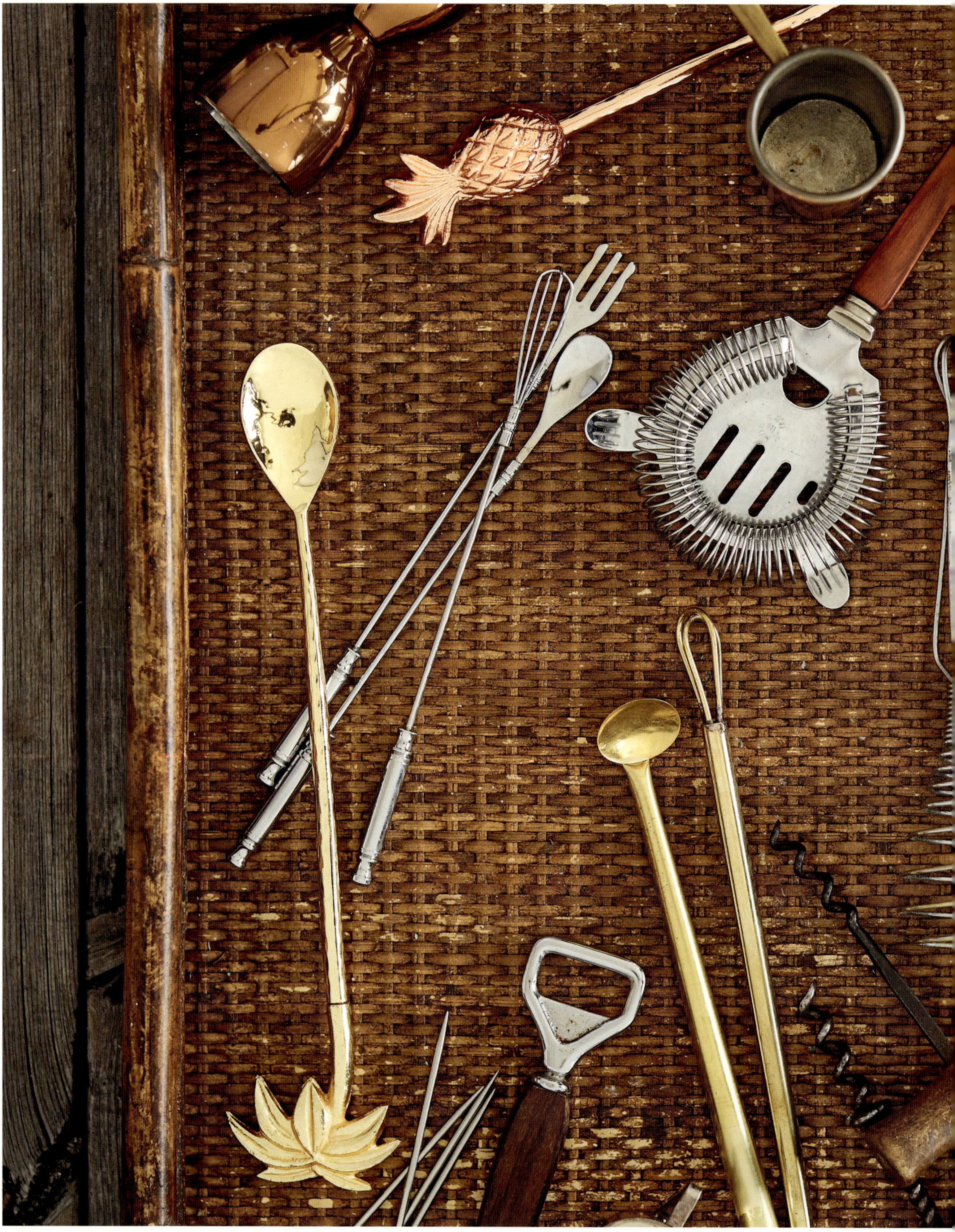

Koktéy

COCKTAILS

◆

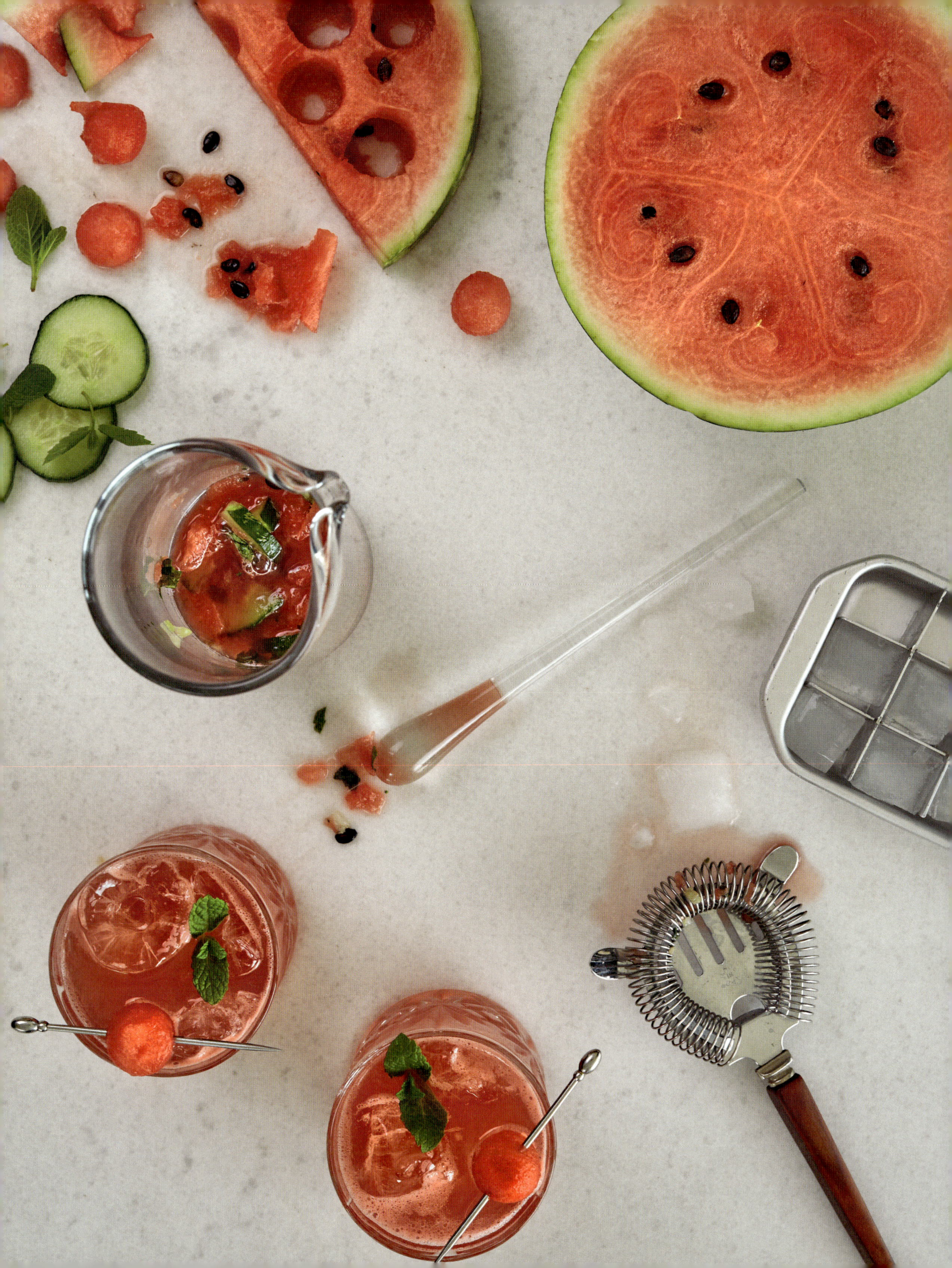

Minty Watermelon

ZUTATEN

60 g	frische Wassermelone, in grobe Stücke geschnitten
5	frische Minzeblätter
5 ml	Gurkensirup
5 ml	Wassermelonensirup
40 ml	Cranberrysaft
50 ml	Wodka
	Eiswürfel
2	frische Minzeblätter
1	frische Wassermelone, mit einem Kugelausstecher Kugeln ausgestochen

1. Wassermelonenstücke, Minzeblätter, Gurken- und Wassermelonensirup in einem Cocktailshaker mit einem Stößel zerstoßen. Den Shaker verschließen und die Zutaten durch Schütteln gut durchmixen.

2. Cranberrysaft und Wodka in den Shaker gießen. Mit Eis auffüllen und erneut gut schütteln.

3. Anschließend den Cocktail in ein mit Eiswürfeln gefülltes Old-Fashioned-Glas abseihen. Mit Minzeblättern und einer Wassermelonenkugel verzieren.

Mastiha

ZUTATEN

100 ml	Mastiha-Likör
	Crushed Ice
2-3	Tropfen Zitronen- oder Mandarinensaft
2	frische Minzeblätter
1	Streifen Bio-Zitronenschale

1. Ein gekühltes Glas mit dem Mastiha-Likör füllen. Crushed Ice dazugeben.

2. Mit Zitronen- oder Mandarinensaft beträufeln.

3. Den Mastiha mit Minzeblättern und Zitronenschale garnieren.

Metaxa Sour

ZUTATEN

50 ml	Metaxa
20 ml	Zuckersirup
	Saft von ½ Limette
3	Tropfen Angosturabitter
	Eiswürfel
1	Kirsche

1. Metaxa, Zuckersirup, Limettensaft und Angosturabitter mit reichlich Eiswürfeln im Cocktailshaker mixen.

2. Den Cocktail in ein mit Eiswürfeln gefülltes Old-Fashioned-Glas abseihen und mit der Kirsche garnieren.

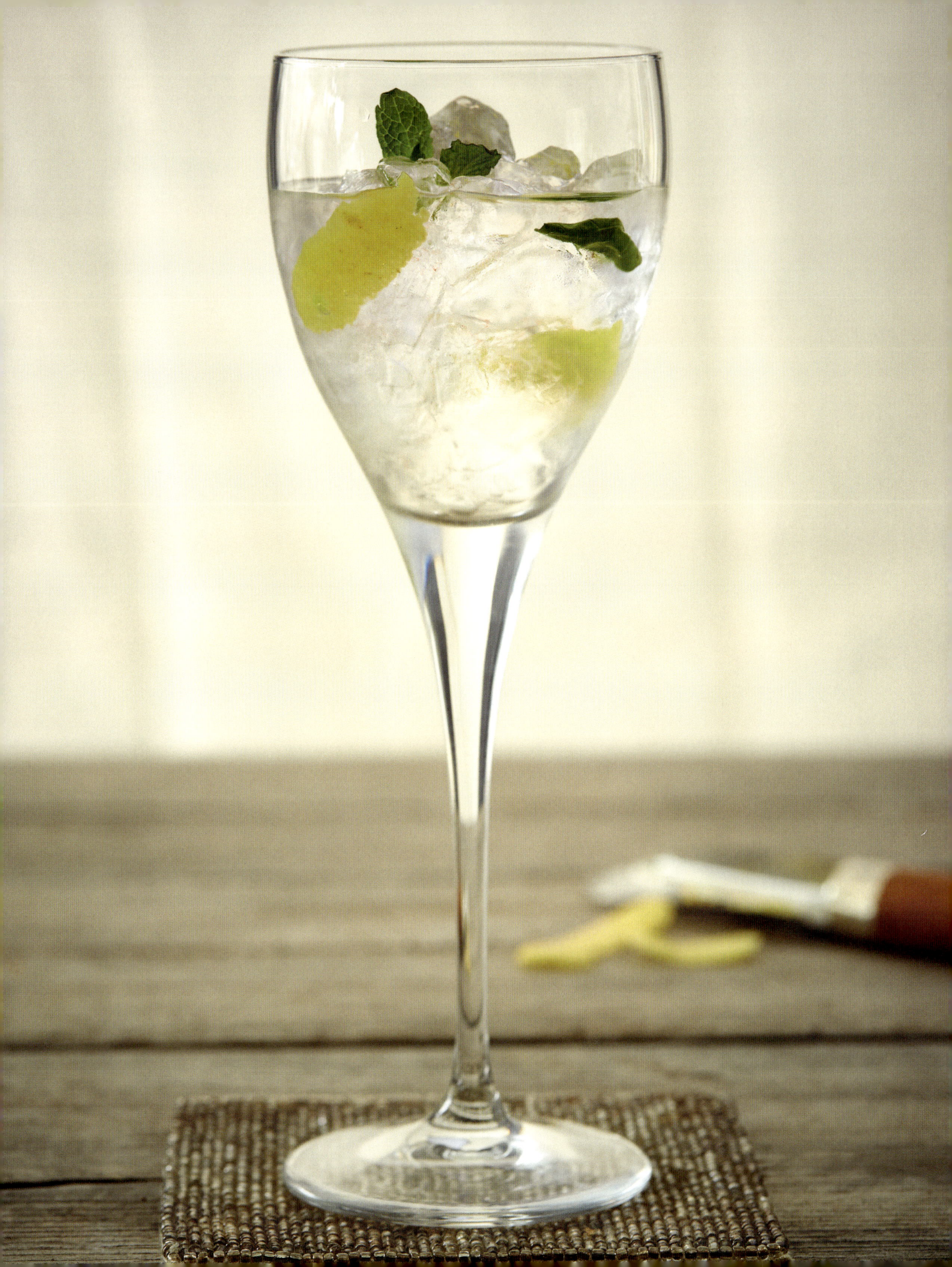

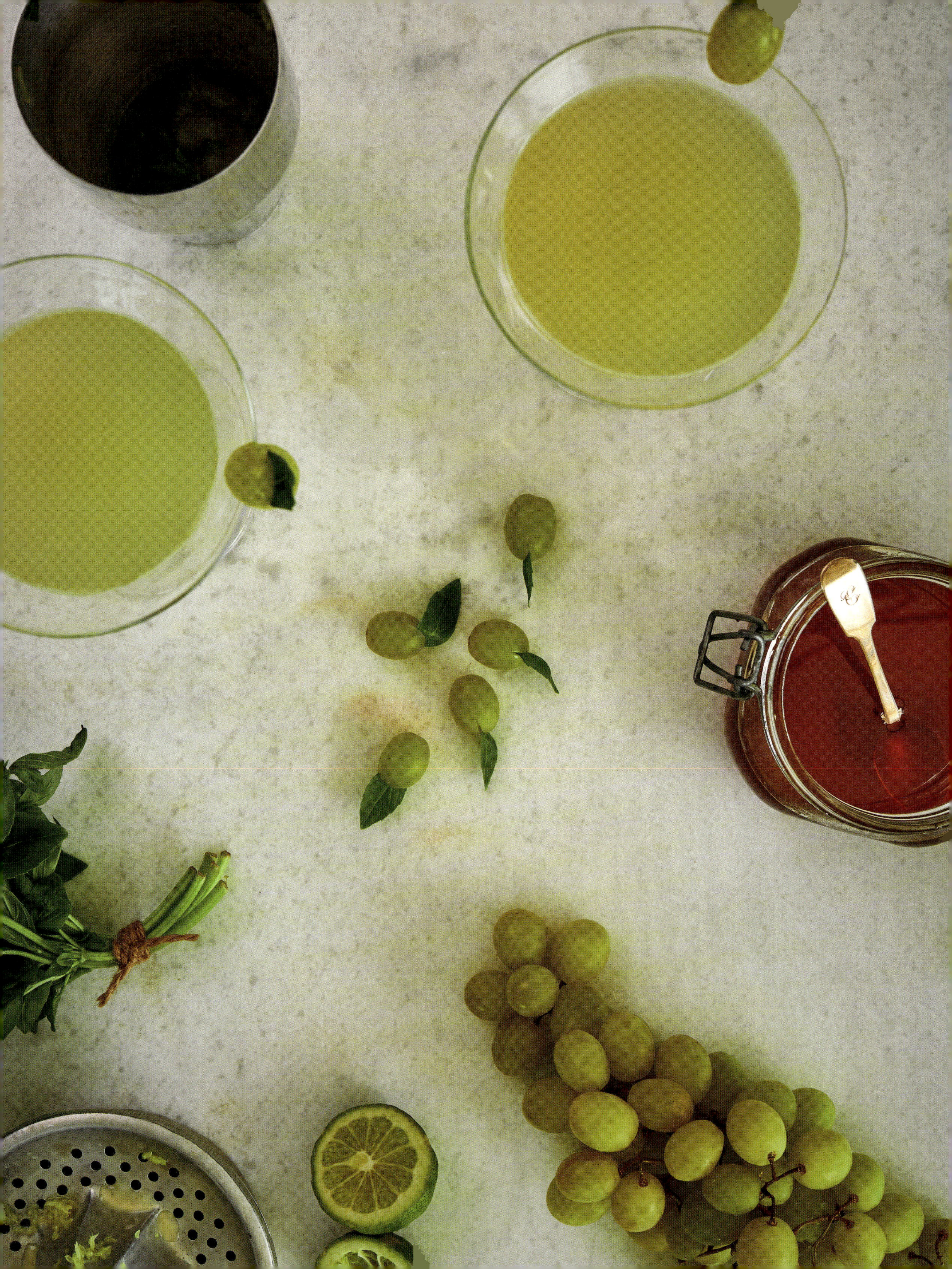

The Real Greek

ZUTATEN

15	kernlose helle Weintrauben, halbiert
4 TL	Honig
	Saft von ½ Limette
	Saft von ½ Zitrone
5	frische Basilikumblätter
25 ml	Tsipouro ohne Anis (griechischer Grappa)
25 ml	Mastiha-Likör
	Eiswürfel
1	helle Weintraube
1	frisches Basilikumblatt

1. Die halbierten Weintrauben in einem Cocktailshaker mit einem Stößel zerstoßen. Mit Honig, Limetten- sowie Zitronensaft beträufeln und die Basilikumblätter zugeben. Den Shaker verschließen und die Zutaten durch Schütteln gut durchmixen.

2. Tsipouro und Mastiha-Likör dazugeben. Den Cocktailshaker mit Eiswürfeln auffüllen und nochmals gut schütteln.

3. Den Cocktail in ein gekühltes hohes Glas zweifach abseihen. Mit der Weintraube und dem Basilikumblatt garnieren.

Granatapfellikör

ZUTATEN FÜR DEN WODKA

1 l	Wodka
250 ml	Metaxa
	Kerne von 5 Granatäpfeln
1 EL	frisch gemahlener Pfeffer
1	Handvoll Zitronenverbene
1	Zimtstange

FÜR DEN SIRUP

1 l	Wasser
1 kg	Zucker

Eiswürfel nach Belieben

1. Wodka und Metaxa in ein verschließbares Gefäß füllen. Granatapfelkerne, Pfeffer, Zitronenverbene und Zimtstange zugeben und durchmischen.

2. Das Gefäß verschließen und den Wodka an einem kühlen, trockenen und dunklen Ort 1 Monat lang durchziehen lassen. Einmal pro Woche den Likör durch sanftes Schütteln durchmischen.

3. Den Wodka vor dem Servieren durch ein Sieb abgießen.

4. Wasser und Zucker in einem Topf bei hoher Hitze aufkochen. Mit einem Rührbesen 5 Minuten rühren, bis der Sirup dickflüssig wird. 700 ml Sirup beiseitestellen und abkühlen lassen.

5. Zum Servien etwas Likör und etwas Sirup in ein nach Belieben mit Eiswürfeln befülltes Glas gießen.

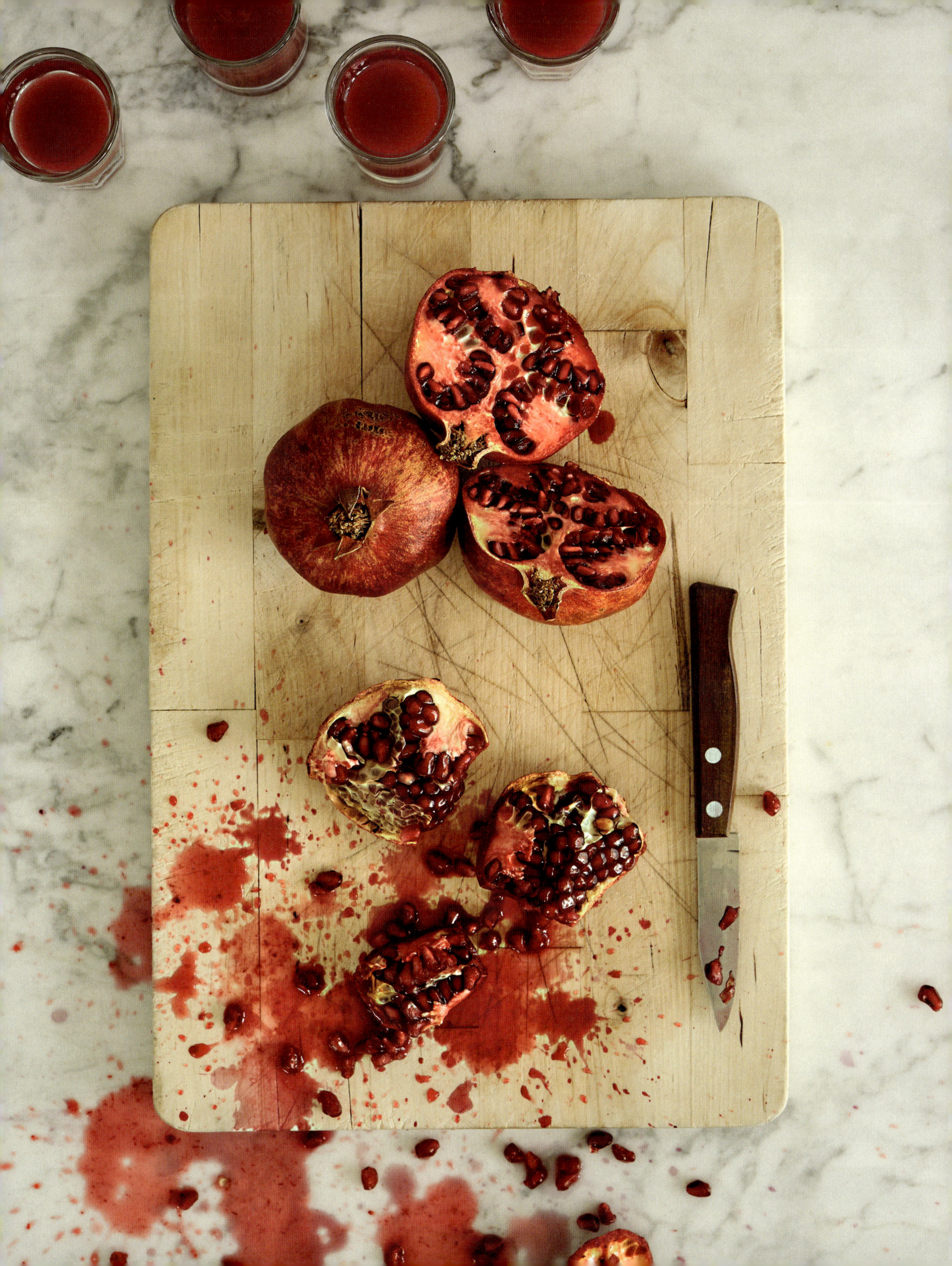

Rakomelo – Süße & Würze

ZUTATEN

300 ml	Tsipouro ohne Anis (griechischer Grappa)
1 ½ TL	Honig
30 ml	frisch gepresster Orangensaft
	Schale von ½ Bio-Orange, in Streifen geschnitten
3-4	Zimtstangen
4	Gewürznelken

1. Tsipouro, Honig, Orangensaft, Orangenschale, Zimtstangen und Gewürznelken in einem Topf bei niedriger Hitze heiß werden lassen. Die Zutaten unter konstantem Rühren aufkochen. Sobald der Honig sich auflöst, weitere 6-7 Minuten köcheln.

2. Topf vom Herd nehmen. Die Zimtstangen mit einer Zange entfernen und entsorgen. Den Rakomelo in ein Schnapsglas abseihen und warm genießen.

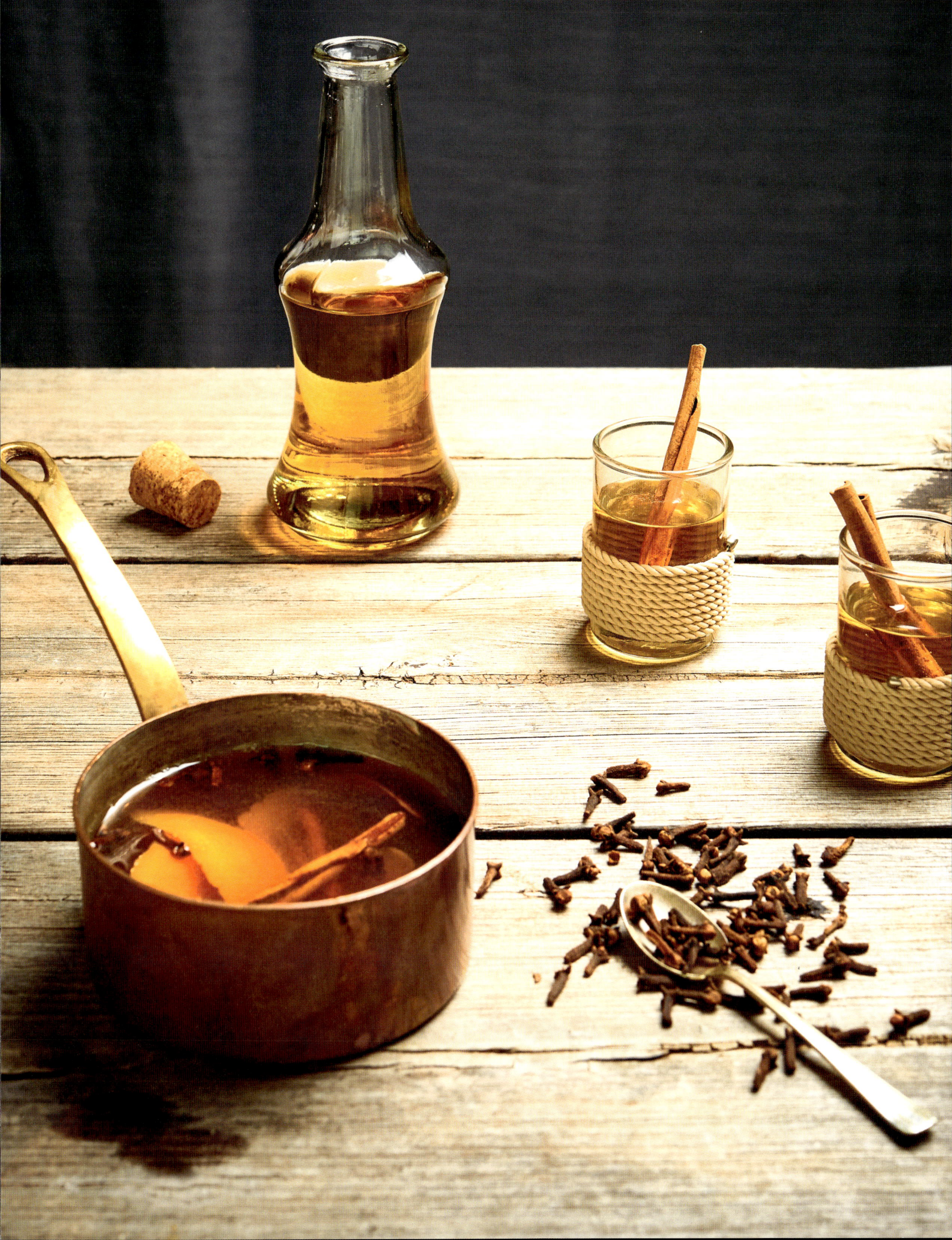

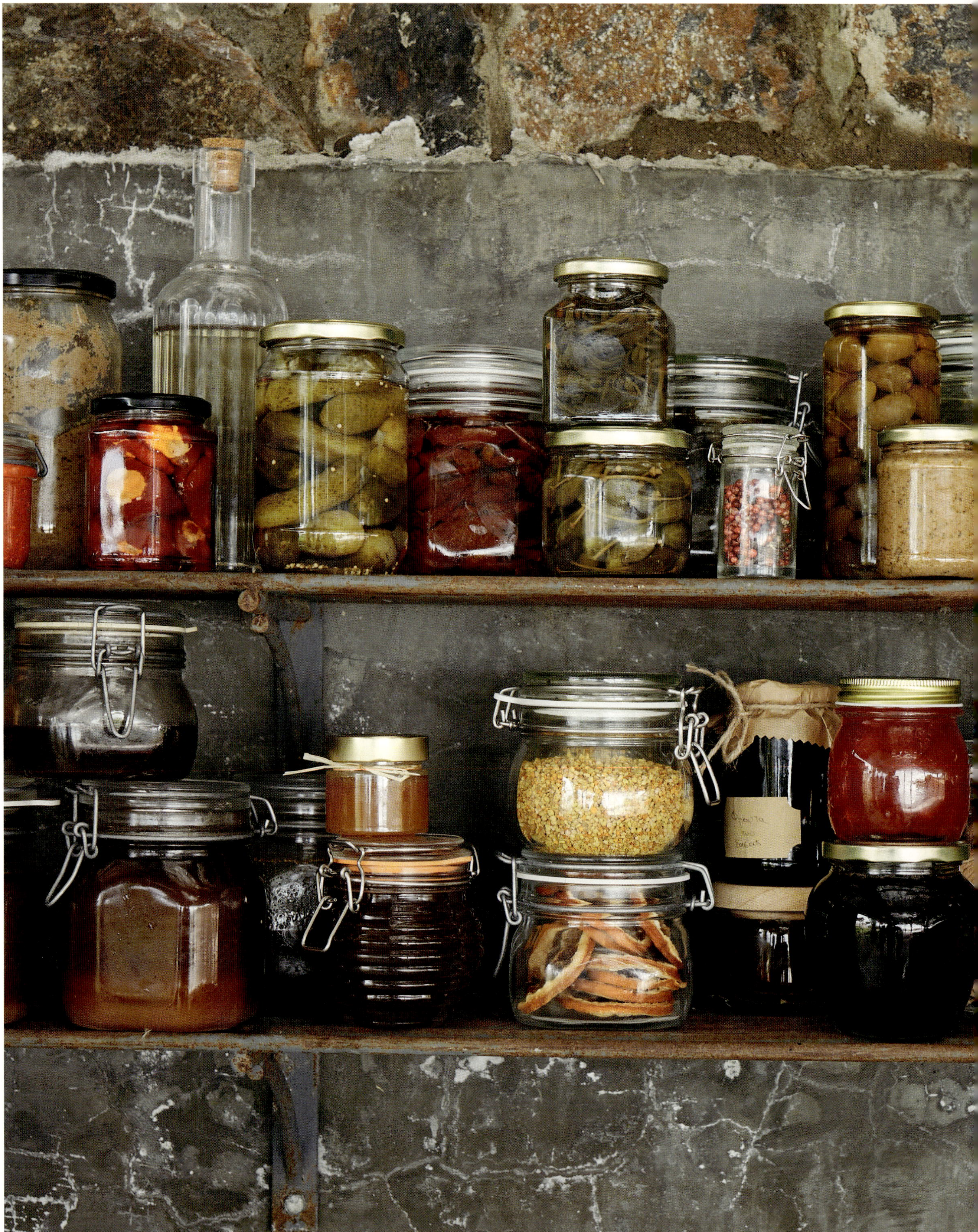

Κεράσι

FÜR DIE VORRATS-KAMMER

„Und was kommt jetzt, nachdem bereits alles gesagt wurde?"

„Ich hoffe, dass es dich in eine Speisekammer verschlägt, zwischen Trockenfrüchte, Würzsaucen, Öle, Romantik, köstliche Konfitüren, weiche Ledereinbände und brüchige Seiten voller Poesie. Dort solltest du aufbewahrt werden. Zu deiner Linken ein paar Gläser, eine Liebesgeschichte, ein Abenteuerbuch und in der anderen Ecke Oliven. Deine Freunde sollten Gedichte sein und vielleicht ein paar eingelegte Tomaten. Hier gehörst du hin, nicht eingequetscht zwischen andere Bücher. Neben einer Enzyklopädie kannst du nicht denken. In einer Kiste nicht atmen. Und wenn dich, mein Buch, jemand suchen sollte, fände er dich zwischen Speisen, Liebe, Abenteuern und Poesie – genau wie ich es tat.

Daher hoffe ich, dass es dich in eine Speisekammer verschlägt. Ich werde dich dort nicht vergessen. Selbst wenn dein Umschlag verstaubt, werde ich wissen, dass du dort bist. Und dich schmerzlich vermissen."

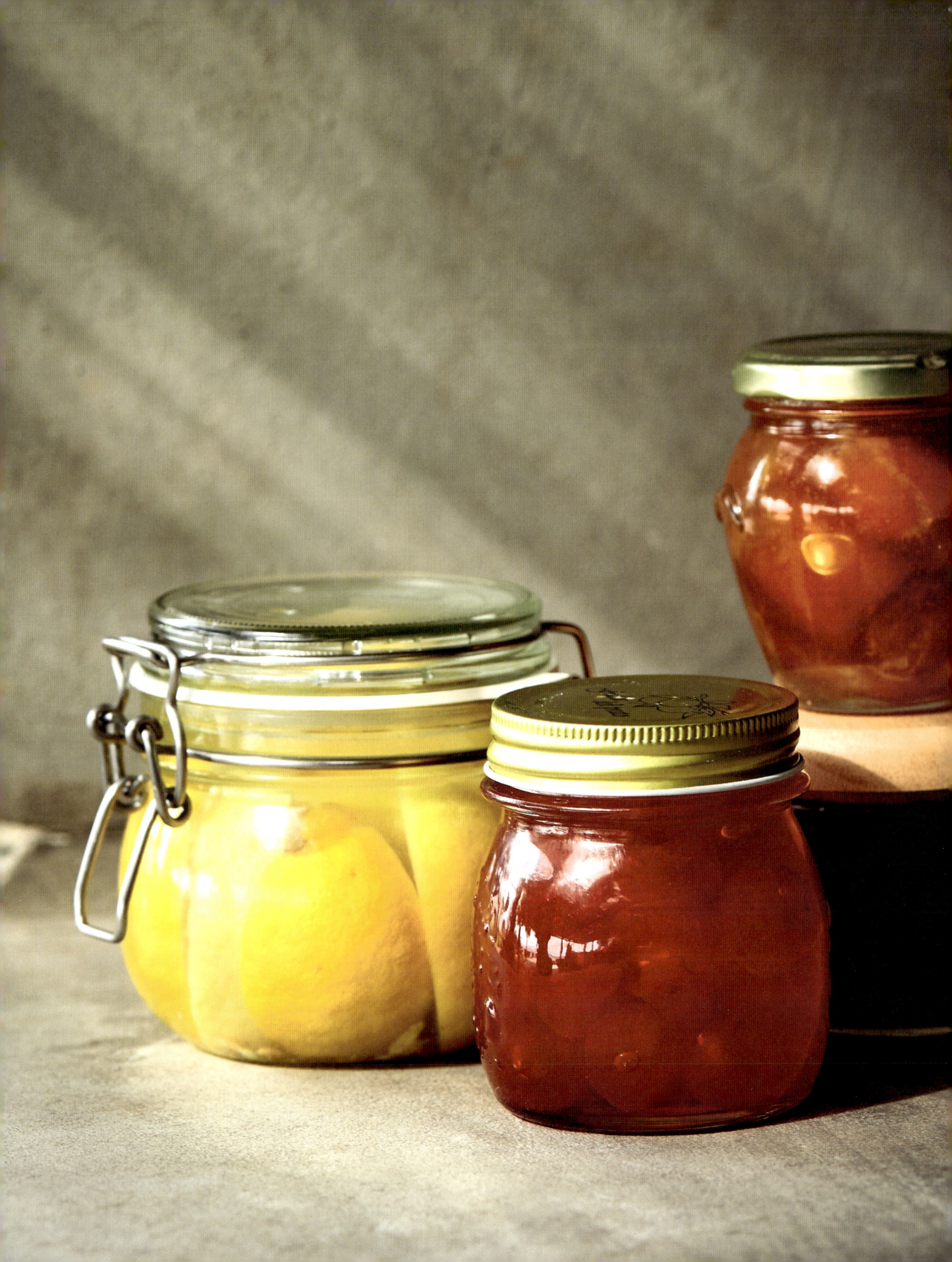

Ladolemono-Sauce

ZUTATEN

120 ml	griechisches Olivenöl
	Saft von 2 Zitronen
1 TL	frisch gehackte Petersilie

Olivenöl, Zitronensaft und Petersilie in eine Schüssel geben. Alle Zutaten mit einem Rührbesen gut vermischen.

Selbst gemachte Croutons

ZUTATEN

1	Laib altbackenes Weißbrot
1–2	Knoblauchzehen, halbiert
5	Zweige frischer Thymian
25 ml	griechisches Olivenöl
2	Prisen feines Meersalz

1. Das altbackene Weißbrot mit der Hand aushöhlen. Die Brotkruste anderweitig verwenden. Das Innere des Weißbrots in mundgerechte Stücke zupfen und auf einem Backblech verteilen.

2. Knoblauch und Thymian ebenfalls auf dem Backblech verteilen. Das Brot mit Olivenöl beträufeln und mit Salz bestreuen. Das Backblech mit Frischhaltefolie abdecken und die Brotstücke 30 Minuten ziehen lassen.

3. Inzwischen den Ofen auf 170 °C vorheizen.

4. Die Frischhaltefolie entfernen. Die Croutons 15 Minuten im Ofen backen, bis sie goldbraun und knusprig sind.

Avgolemono-Sauce

ZUTATEN

- 3 Eiweiß
- 2 Eigelb
- Saft von 1 Zitrone
- 3-4 Suppenkellen Brühe oder Fond der jeweiligen Suppe oder Sauce, die gerade zubereitet wird

1. In einer Schüssel die Eiweiße mit einem Rührbesen schaumig schlagen.

2. Die Eigelbe einzeln unter konstantem Rühren untermischen. Zitronensaft hineinträufeln und die Zutaten weiterhin kräftig mit dem Rührbesen aufschlagen.

3. Nach und nach insgesamt 3-4 Suppenkellen Brühe oder Fond untermischen. Nach jeder Kelle die Sauce gut durchrühren. Die heiße Brühe darf nur langsam zugegossen werden, damit das Ei nicht gerinnt.

4. Die Suppe oder Sauce, die gerade zubereitet wird, vom Herd nehmen. Die fertige Avgolemono-Sauce mit einem Holzlöffel unterrühren, um einer Suppe oder Sauce einen reichhaltigeren Geschmack zu verleihen.

BUTTER

Was wäre Brot ohne Butter? Es wäre wie eine Männerwelt ohne Frauen. Wie ein Leben ohne Liebe. Unser Brot wäre trocken, unsere süßesten Kuchen gäbe es nicht, und ohne unsere Lieblingssaucen wären unsere Mahlzeiten fade. Ich liebe es, Butter mit verschiedenen Aromen zu verfeinern, und experimentiere auf der Suche nach passenden Kombinationen gern mit allerlei Gewürzen. Mal mische ich für ein elegantes Gericht Butter mit Trüffelöl, ein anderes Mal füge ich Limette und Wildkräuter hinzu. Oder ich mische Butter mit griechischen Klassikern wie Joghurt, Olivenöl, Knoblauch und Gewürzen. Lassen Sie sich auf Buttervariationen genauso mutig ein wie auf die vielen Facetten der Liebe. Das Wesen einer Frau vereint auf aufregende Weise Eleganz, Freigeist und Authentizität. Bleiben Sie neugierig, probieren Sie aus, und vielleicht entdecken Sie ganz nebenbei neue Facetten an Ihrer Liebsten, die Sie fortan nicht mehr missen mögen. Verleihen Sie Ihrer Beziehung neue Würze. Lassen Sie die Fürsorge eines Liebhabers, die Fantasie eines Dichters und den Wagemut eines Verrückten walten. Wir sind alles auf einmal, wenn es um Frauen, um die Liebe (und ums Kochen) geht!

Butter mit griechischem Joghurt

ZUTATEN

2	Knoblauchzehen, fein gehackt
4 TL	griechisches Olivenöl
2 TL	feines Meersalz
1 EL	frisch gemahlener roter Pfeffer
1 EL	frisch gemahlener schwarzer Pfeffer
600 g	weiche Ziegenbutter
500 g	griechischer Joghurt

1. Knoblauch, Olivenöl, Salz, roten sowie schwarzen Pfeffer in einen Mixer geben. Bei niedriger Stufe mixen.

2. Butter und Joghurt dazugeben. Alle Zutaten bei mittlerer Stufe zu einer streichzarten Butter mixen.

3. Die Butter in eine Schale füllen und im Kühlschrank lagern.

Selbst gemachte Trüffelbutter

ZUTATEN

250 g	weiche Schafsbutter
50 ml	Trüffelöl

1. Butter und Trüffelöl in einen Mixer geben. Die Zutaten bei mittlerer Stufe zu einer streichzarten Butter mixen.

2. Butter in einem Gefrierbehälter 2 Stunden einfrieren. Zum Servieren zimmerwarm werden lassen. Im Kühlschrank lagern.

Selbst gemachte Butter mit Zitrone und aromatischen Wildkräutern

ZUTATEN

250 g	weiche Butter
	abgeriebene Schale von 1 Bio-Zitrone
½ TL	fein gehackter frischer Salbei
½ TL	fein gehackte frische Kamille
1 TL	feines Meersalz
1 TL	frisch gemahlener Pfeffer

1. Butter, Zitronenschale, Salbei, Kamille, Salz und Pfeffer in einen Mixer geben. Alle Zutaten bei mittlerer Stufe zu einer streichzarten Butter mixen.

2. Die weiche Butter in Backpapier wickeln und ca. 2 Stunden einfrieren. Vor dem Servieren zimmerwarm werden lassen. Im Kühlschrank lagern.

Skordalia – intensiver Knoblauchdip

ZUTATEN

800 g	Kartoffeln, geschält und klein geschnitten
	Salzwasser
170 ml	griechisches Olivenöl zzgl. mehr zum Garnieren
5	Knoblauchzehen, fein gehackt
50 g	grobes Meersalz
	feines Meersalz und frisch gemahlener Pfeffer
40 ml	weißer Balsamicoessig
1	Frühlingszwiebel, fein gehackt
1	Bund frische Petersilie, fein gehackt

1. Die Kartoffeln 20 Minuten in Salzwasser weich kochen.

2. Zwischenzeitlich Olivenöl, Knoblauch, grobes Meersalz und 1 Prise Pfeffer in einen Mixer geben und bei hoher Stufe samtig mixen.

3. Die weichen Kartoffeln abgießen und zu feinem Püree stampfen. Das Knoblauchöl aus dem Mixer und Balsamicoessig unterrühren. Mit Salz und Pfeffer abschmecken.

4. Zum Schluss Frühlingszwiebel und Petersilie in das Püree rühren. Das fertige Skordalia mit etwas Olivenöl beträufeln und vor dem Servieren nochmals gut durchrühren.

Oliven in Mandarinenmarinade

ZUTATEN

12 EL	griechisches Olivenöl
2	Knoblauchzehen, in dünne Scheiben geschnitten
50 g	sonnengetrocknete Tomaten
	Schale von 2 Bio-Mandarinen, in dünne Streifen geschnitten
3	Zweige frischer Thymian
500 g	schwarze Oliven

1. Olivenöl in einer Pfanne bei niedriger Hitze heiß werden lassen. Knoblauch, sonnengetrocknete Tomaten, Mandarinenschale und Thymian darin unter häufigem Rühren 5 Minuten anbraten, dann die Pfanne vom Herd nehmen.

2. Die Oliven dazugeben und untermischen. Die Pfanne mit einem Deckel verschließen und die Oliven mindestens 30 Minuten marinieren.

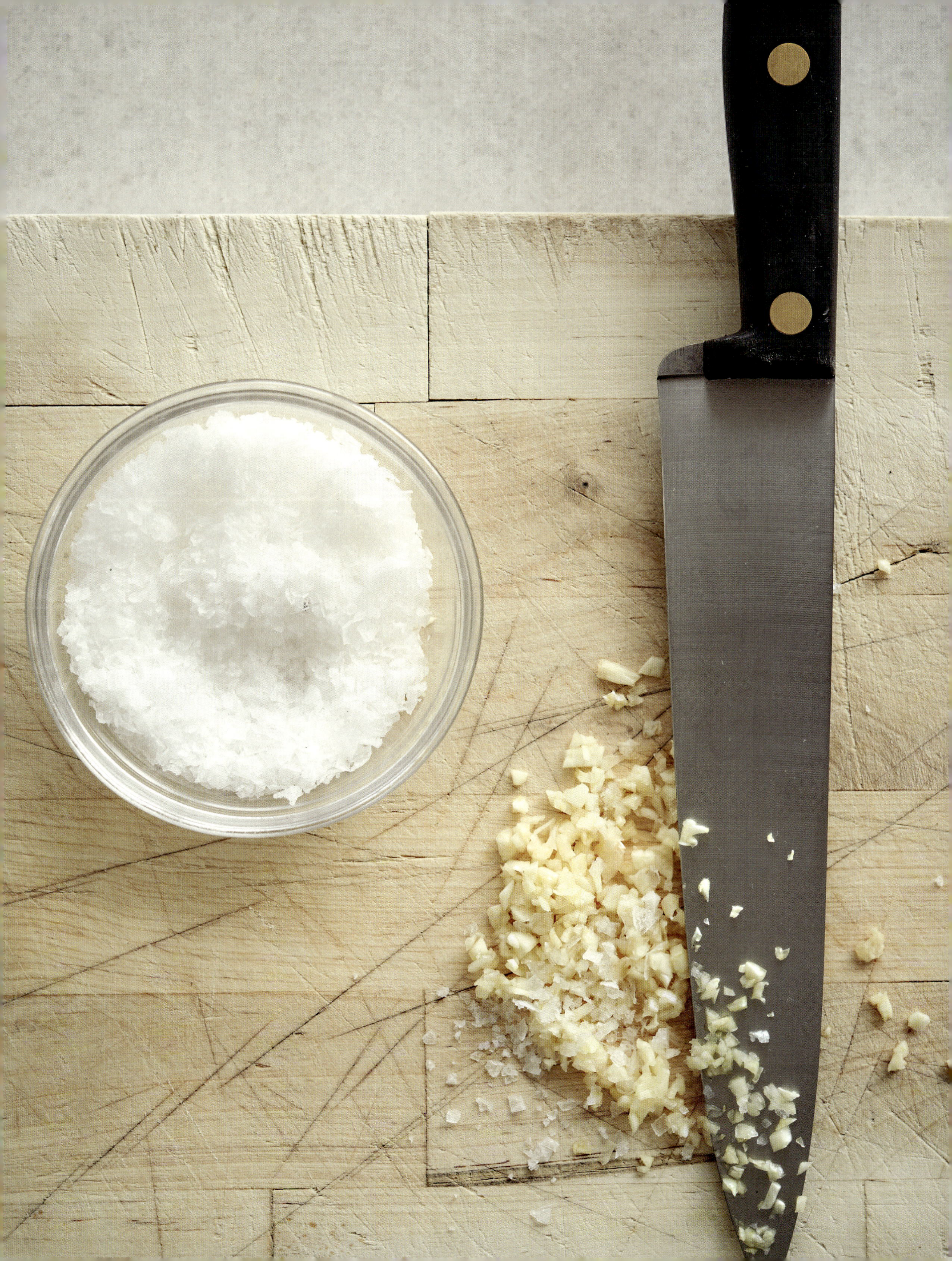

AUF WIEDERSEHEN – DIES IST NICHT DAS ENDE

Nun sind alle Seiten umgeblättert, und es wird Zeit, das Buch zu schließen. Es war schön, gemeinsam Seite für Seite, Foto für Foto und Rezept für Rezept durch das Buch zu reisen. Jetzt sind wir bei der letzten Seite angelangt. Folgen Sie immer demselben Weg, wenn Sie spazieren gehen? Dann ist Ihnen jede Ecke vertraut, genau wie die meisten Gesichter. Nehmen wir an, Sie gehen los und es gäbe eine Straße, auf der Sie Ihre Stadt noch nie erkundet haben. Sie fragen sich, ob Sie es wagen sollen, die Straße zu überqueren, an der das Bekannte aufhört und das Unbekannte beginnt. Die Grenze des Vertrauten überschreiten und Ihre Komfortzone verlassen? Nehmen wir an, mein Buch war Ihr Führer durch eine neue Welt des Kochens und der Rezepte, der Zutaten und der Prämissen. Und nun, auf der letzten Seite, bei der letzten Etappe, trennt nur noch diese eine Straße das, was Sie wissen, von dem, was noch zu erforschen ist. Überqueren Sie sie? Ich kann Sie zu dieser Straße geleiten, aber um sie zu überqueren, brauchen Sie mich nicht. Es liegt bei Ihnen. Erforschen Sie das, was dahinter liegt, offen und voller Neugier. Nutzen Sie die Zeit und lassen Sie sich auf neue Emotionen ein. Entdecken Sie eigene Rezepte. Erfinden Sie eigene Geschichten mit einem Happy End. Denn das glückliche Ende wird kommen, lange nachdem Sie dieses Buch zugeklappt haben. Und zwar auf der anderen Seite der Straße, in Ihrem neuen Denken, in Ihren Töpfen, im Stapel schmutziger Teller und in den Gläsern, wenn Sie mit anderen anstoßen. Ich wünsche Ihnen auf dem Weg dorthin viel Erfolg. Daher sind diese Zeilen nicht der Schluss. Es ist nur eine letzte Seite. Selbst wenn dieses Buch hier endet, Ihre Reise tut es nicht. Ich sage Auf Wiedersehen. Ohne glückliches Ende. Aber mit einem glücklichen Beginn.

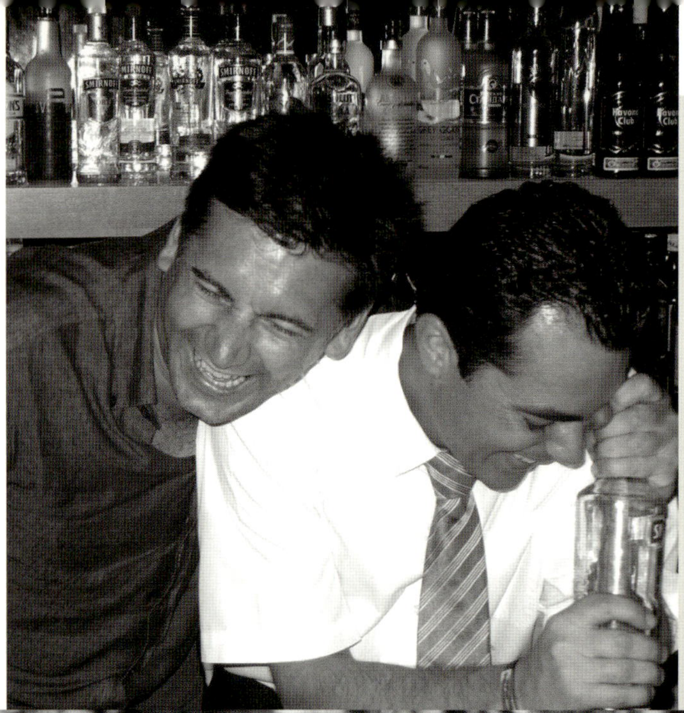

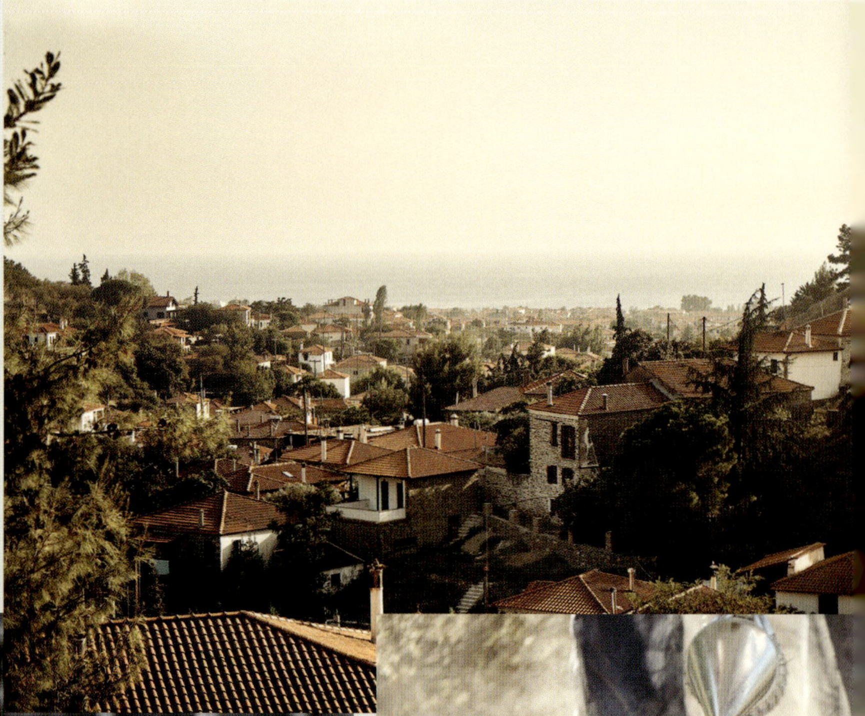

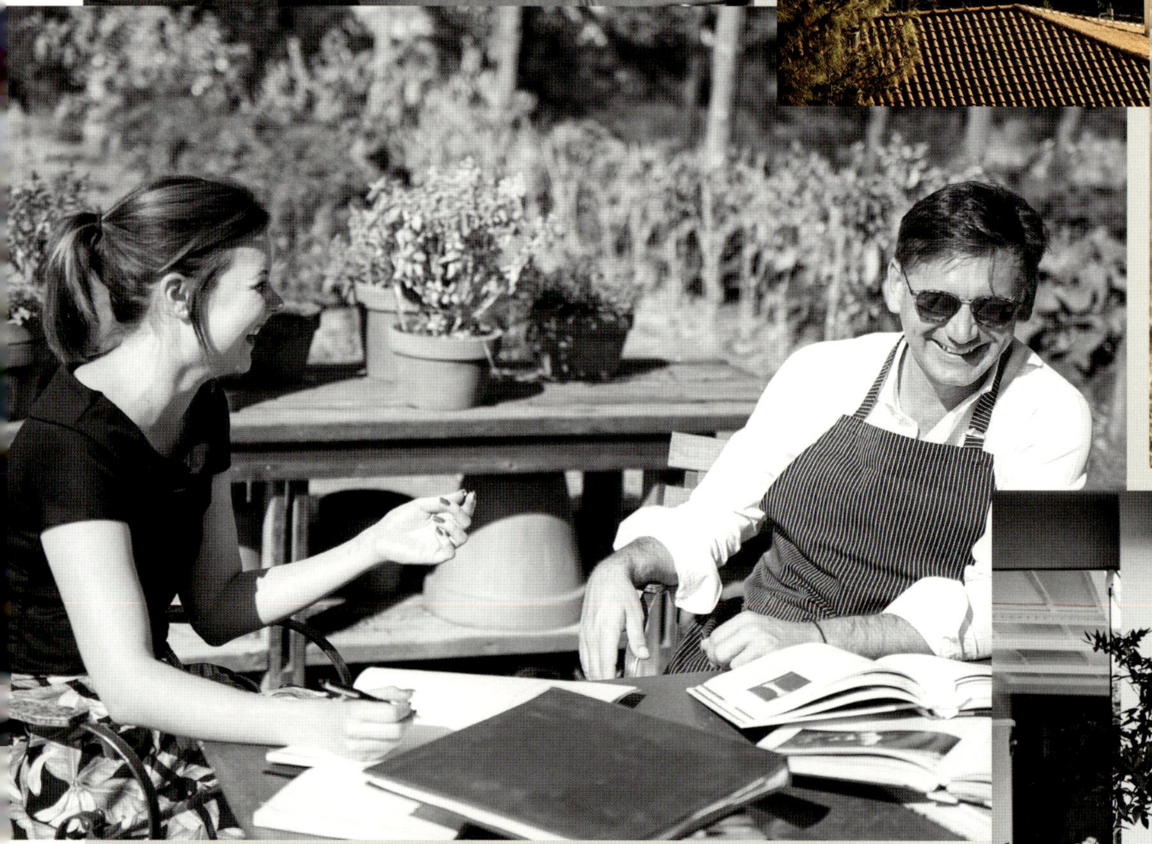

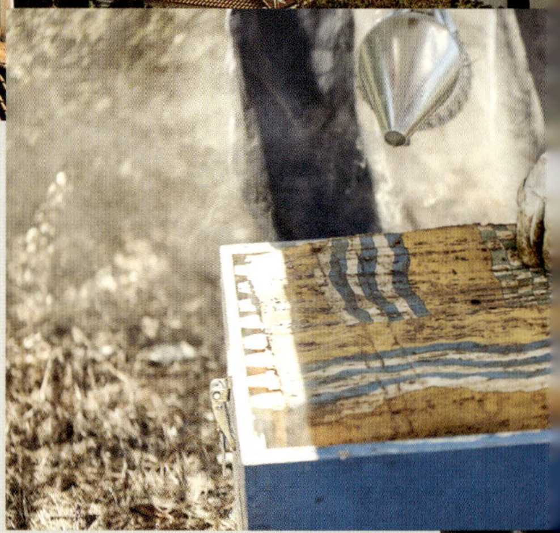

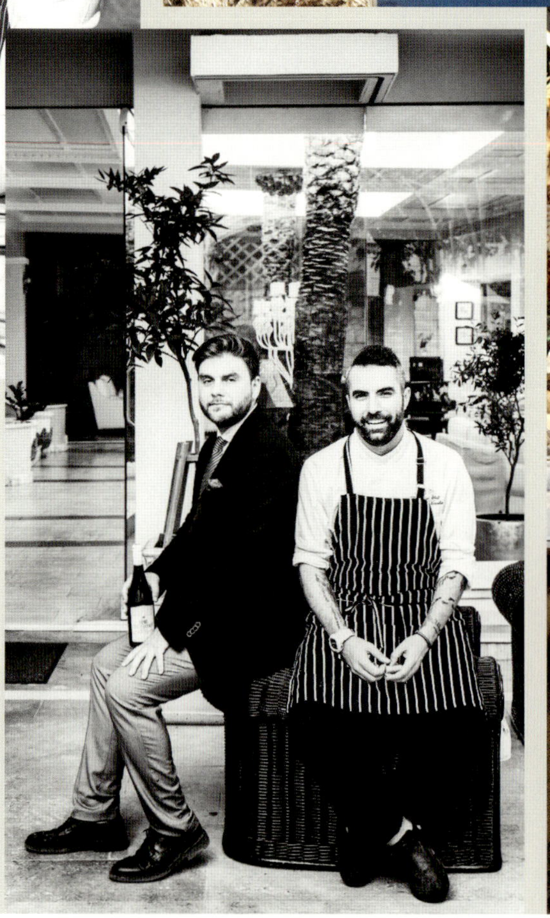

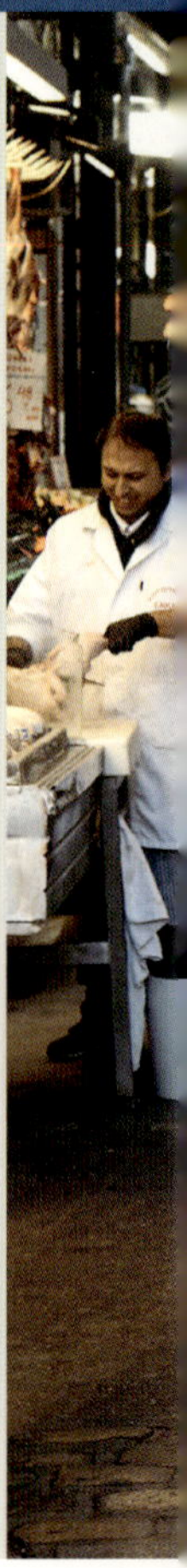

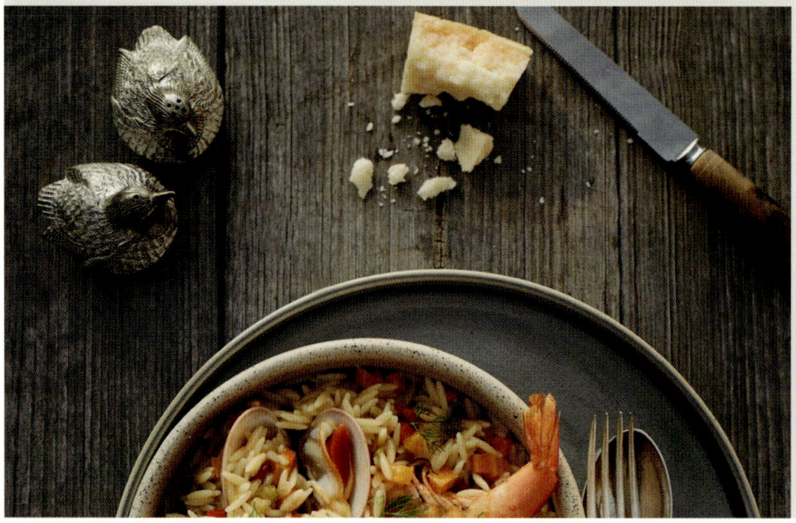

HINTER DEN KULISSEN

DANKE AN MEIN TEAM

Ich hatte alles, was ich zum Schreiben dieses Kochbuchs brauchte. Und was ich nicht hatte, lieh ich mir: die geschickten Hände des einen, die Fingerfertigkeit und den scharfen Blick des Anderen. Eine positive Einstellung, wenn ich schlecht gelaunt war. Motivation, wenn mir der Antrieb fehlte, und ganze Rezepte, um die Seiten zu füllen. Ich bekam Komplimente und Kritik, Momente des Lachens und jede erdenkliche Hilfe, noch bevor ich darum bitten konnte. Und so hatte ich alles, was ich zum Schreiben dieses Kochbuchs brauchte. Ich hatte euch.

DIE KREATIVEN KÖPFE HINTER DEM HERD
Vasilis Mouratidis
Kemal Canturk
Babis – Charalampos Pantazis
Petros Mouratidis
Afroditi Georgiadou
Dimitra Rafail
Antigoni Slamari
Aymeric Bredelle

DER BARKEEPER HINTER DEM TRESEN
George Theodosas

DER SOMMELIER HINTER DEN FLASCHEN
Apostolos Plahouras

DER EXPERTE HINTER DER KAMERA
Christopher Kennedy

DIE KREATIVE HINTER DEM FOODSTYLING
Jayne Cross

DIE KÜNSTLER HINTER DEM DESIGN
Niki Tabaki
Melina Maltsidou

DIE AUTORIN HINTER DEM TEXT
Stella Dubrikow

REGISTER

A

Auberginen-Granatapfel-Dip 67
Auf Wiedersehen – dies ist nicht das Ende 232
Augofetes – Griechischer Toast 18
Avgolemono-Sauce 227

B

Bauernfrühstück 17
Beschwipste Pfirsiche 198
Bohnensuppe 180
Bouyiourdi – Käsefondue auf Griechische Art 85
Butter 228
Butter mit griechischem Joghurt 229

C

Cocktails 210–221

D

Das Hahn-Rezept 104
Der Gott des Weins 114–115
Desserts 188–209
Die Reben 115
Dorade mit zweierlei Betepüree 164
Drei Dips 66
Dressing für Austern 99

E

Ekmek 208

F

Fisch & Meeresfrüchte 144–173
Fisch in Meersalzkruste 148
Fleischgerichte 120–143
Frühstück 10–33
Für die Vorratskammer 222–231

G

Garnelen-Saganaki 156
Gebratene grüne Peperoni 87
Gefüllte Auberginen mit Hackfleisch und Feta 62
Gefüllte Sardinen 92
Gefüllte Tomaten & Paprika 110
Gefüllte Zucchini mit Avgolemono-Sauce 137
Gegrillter Fetakäse 70
Geräucherte Makrelen 58
Giouvarlakia – Suppe mit Fleischbällchen 178
Glyko tou Koutaliou – ein Löffelchen Süßes auf leichtem Joghurt 205
Granatapfellikör 218
Griechische Salate 34–41
Griechischer Favabohnendip 74
Griechischer Joghurt mit Honig, Nüssen und Blütenpollen 14
Griechischer Salat für Feinschmecker 41
Griechischer Salat nach Boho-Art 38
Griechisches Orzo mit Meeresfrüchten 112
Griechisches Tsatsiki – das Original 46

H

Hauptgerichte 116–173
Hinter den Kulissen 235
Honig 30–34
Huhn in Joghurtmarinade 142
Huhn-Tigania 82
Hühnersuppe 183
Hummer-Moussaka 168

K

Kalamari auf frischem Blattspinat 173
Kalimera – Guten Morgen 12
Keftedes – Frikadellen 128
Kleftiko – herzhafte
Lamm-Gemüse-Päckchen 124
Knusprige Kalamari 52
Knusprige Rotbarbe 167
Knusprige Zucchinichips 57
Kretischer Dakos – die Trilogie 77
Kretischer Dakos – die Trilogie für
Fischliebhaber 81

L

Ladolemono-Sauce 226
Lammkarree 127
Langusten in Kataifi-Engelshaar mit
Erdbeergazpacho 159
Langusten-Linguini 109
Loukoumades – fluffige Hefekugeln mit
Honig 197

M

Marinierte Sardellen 91
Marmorkuchen 25
Mastiha 214
Meerbrasse auf mediterranem Gemüsebett 163
Metaxa Sour 214
Meze 42–99
Minty Watermelon 213
Muschelpilaf 96

O

Oliven in Mandarinenmarinade 230
Olivenöl 100–101
Orangenkuchen 206

P

Pasta & Reis 102–115
Pikante mediterrane Linguini 106
Pikantes Rührei mit Feta 20

R

Rakomelo – Süße & Würze 220
Rib Eye Steak mit marinierten
Cherrytomaten 140
Riesenbohnendip 69
Rote-Bete-Dip 68
Roter Paprikaaufstrich 54

S

Saftige Cherrytomaten mit Ziegenkäse und frischen Kräutern 61
Saftige Schokoladenkuchen 201
Saftige Zwiebelspalten mit Hackfleischfüllung 94
Schweinenacken mit Reis & Gemüse 134
Schweineschulter mit Lauch und Sellerie 138
Seebarsch mit knuspriger Brotkruste auf Zucchinipüree an Sommertomatensalat 152
Seeigelsalat 88
Selbst gemachte Butter mit Zitrone und aromatischen Wildkräutern 229
Selbst gemachte Croutons 226
Selbst gemachtes Kaimaki-Eis 194
Selbst gemachtes Kaimaki- & Loukoumi-Eis 192
Selbst gemachtes Loukoumi-Eis 195
Selbst gemachte Trüffelbutter 229
Selleriesuppe mit Feta & Oregano 187
Skordalia – intensiver Knoblauchdip 230
Spetsofai – griechischer Bauerneintopf 50
Suppen 174–187

T

Taramas – Fischrogendip 73
The Real Greek 217
Thessaloniki-Koulouri 22
Thunfisch auf einem Quinoa-Linsen-Bett 154
Traditionelle Pastete mit Spinat und Feta 26
Traditioneller Griechischer Salat 37
Traditionelles Moussaka 122

V

Velouté mit Kabeljau & Gemüse 184
Vom Boot frisch auf den Tisch 144

Z

Zartes Lamm mit Zitronenkartoffeln 132
Ziegenkäsetaler mit süßer Cherrytomatenkonfitüre 48

DER AUTOR

Kimon Riefenstahl widmet sich mit ebenso großer Leidenschaft und Liebe dem Kochen wie seinem familiengeführten Luxusresort in Chalkidiki, Nordgriechenland. Für das kulinarische Wohlbefinden der Gäste ist dort eine Schar herausragender und prominenter Köche zuständig, die in den drei Restaurants des Hotels, die zu den besten des Landes zählen, lokale, internationale und hochkarätige Gourmetfreuden zubereiten. Nach getaner Arbeit als Geschäftsführer und Hobbykoch kann er die Kochutensilien beiseitelegen, das Licht in seinem Büro ausschalten und sein Saxophon zur Hand nehmen, mit Freunden ein kühles Glas Wein trinken, sich zurücklehnen und den fantastischen Blick auf das Mittelmeer genießen.
www.danairesort.com

DER FOTOGRAF

Die stimmungsvollen Bilder der mediterranen Küche in diesem Buch stammen vom renommierten Londoner Reise- und Food-Fotografen Christopher Kennedy, dessen atmosphärische Fotografien das Lebensgefühl Nordgriechenlands einzufangen wissen.
www.christopher-kennedy.com

IMPRESSUM

© 2019 teNeues Media GmbH & Co. KG, Kempen
Fotos © 2019 Christopher Kennedy, außer S. 36 Mitte, S. 234 oben links und unten Mitte:
© Kimon Riefenstahl. All rights reserved.

Deutsche Ausgabe: © 2020 teNeues Media GmbH & Co. KG, Kempen
Projektkoordination, Satz und Lektorat: bookwise medienproduktion GmbH
Redaktionelle Koordination: Berrit Barlet
Übersetzung: Stella Dubrikow (Rezepte), Ursula Bachhausen (Texte)
Foodstyling: Jayne Cross
Design: Niki Tabaki und Melina Maltsidou
Herstellung: Sandra Jansen-Dorn
Farbseparation: Jens Grundei

ISBN 978-3-96171-268-7

Gedruckt in Tschechien/Tesinska Tiskarna AG

Kein Teil dieses Werkes darf ohne schriftliche Einwilligung des Verlages in irgendeiner Form reproduziert werden.

Wir sind um größtmögliche Genauikeit in allen Details bemüht, können jedoch eine Haftung für die Korrektheit nicht übernehmen. Die Geltendmachung von Mängelfolgeschäden ist ausgeschlossen.

Der Verlag hat sich bemüht, alle Rechteinhaber zu ermitteln. Sollten dennoch Inhaber von Urheber- und Persönlichkeitsrechten unberücksichtigt geblieben sein, bitten wir diese, sich mit der teNeues Publishing Group in Verbindung zu setzen.

Bibliografische Information
der Deutschen Nationalbibliothek
Die Deutsche Nationalbibliothek verzeichnet diese Publikation in der Deutschen Nationalbibliografie; detaillierte bibliografische Daten sind im Internet über http://dnb.dnb.de abrufbar.

Published by teNeues Publishing Group

teNeues Media GmbH & Co. KG
Am Selder 37, 47906 Kempen, Germany
Phone: +49-(0)2152-916-0
Fax: +49-(0)2152-916-111
e-mail: books@teneues.com

Press department: Andrea Rehn
Phone: +49-(0)2152-916-202
e-mail: arehn@teneues.com

Munich Office
Pilotystraße 4, 80538 Munich, Germany
Phone: +49-(0)89-904-213-200
e-mail: bkellner@teneues.com

Berlin Office
Mommsenstraße 43, 10629 Berlin, Germany
Phone: +49-(0)152-0851-1064
e-mail: ajasper@teneues.com

teNeues Publishing Company
350 7th Avenue, Suite 301, New York, NY 10001, USA
Phone: +1-212-627-9090
Fax: +1-212-627-9511

teNeues Publishing UK Ltd.
12 Ferndene Road, London SE24 0AQ, UK
Phone: +44-(0)20-3542-8997

teNeues France S.A.R.L.
39, rue des Billets, 18250 Henrichemont, France
Phone: +33-(0)2-4826-9348
Fax: +33-(0)1-7072-3482

www.teneues.com